GOLDMANN

Buch

Berlin-Tempelhof, kurz nach Hitlers »Machtergreifung«. Der junge Flugkapitän Markus Erdmann startet mit einer brandneuen Ju 52, um eine Flugroute nach China zu erproben. Mit an Bord sind der Funkmaschinist Klaus Steger, der Meteorologe Dr. Finger und ein Russe, der rätselhafte Michail Sergejewitsch.

Über Königsberg, Moskau, Semipalatinsk geht es China entgegen, doch als sich die Ju 52 der Gobi nähert, geschieht das Entsetzliche: Die Maschine stürzt in einem Gebirge am Rande der Wüste ab. Nur Markus Erdmann überlebt. Nach einem endlosen Kampf mit der Wildnis, nach Gefangenschaft und Flucht in dem von Kriegswirren erfüllten China wird er auf wunderbare Weise gerettet.

Eingebettet in die aktionsreiche, fesselnde Handlung ist die Leidenschaft Markus Erdmanns für seine verwöhnte, extravagante Frau Alva und seine beginnende zarte Liebe zu Jadscha, der schicksalhaft in sein Leben tretenden Schwester Michail Sergejewitschs.

Autor

C. C. Bergius gehört mit über 12 Millionen verkauften Büchern zu den erfolgreichsten deutschsprachigen Autoren. 1910 in Westfalen geboren, wurde er nach dem Abitur Wetterflieger, Flugkapitän und Fluglehrer. Nach dem Zweiten Weltkrieg begann seine Karriere als Schriftsteller. Seine Bücher wurden in neunzehn Sprachen übersetzt.

Außer dem vorliegenden Band sind von C. C. Bergius als Goldmann-Taschenbücher erschienen:

Der Agent. Roman (9093) · La Baronessa. Roman (8499) · El Comandante. Roman (9231) · Endstation Tibet. Roman (8518) · Der Fälscher. Roman (3751) · Der Feuergott. Roman (6477) · Heißer Sand. Roman (3963) · Das Medaillon. Roman (6424) · Nebel im Fjord der Lachse. Roman (6445) · Oleander, Oleander. Roman (6831) · Der Rebell. Roman (9133) · Sand in Gottes Mühlen (Der Agent/Der Rebell, 8618) · Schakale Gottes. Roman (3863) · Söhne des Ikarus. Die abenteuerlichsten Fliegergeschichten der Welt (3989) · Der Tag des Zorns. Roman (3519) · Das weiße Krokodil. Roman (3502)

C.C. Bergius

JENSEITS DER GOBI

Roman

GOLDMANN VERLAG

Ungekürzte Ausgabe

Der Goldmann Verlag
ist ein Unternehmen der Verlagsgruppe Bertelsmann

Made in Germany · 1. Auflage · 4/91

Umschlagentwurf: Design Team München
Umschlagfoto: Willet / The Image Bank, München
Druck: Elsnerdruck, Berlin
Verlagsnummer: 9673
MV · Herstellung: Heidrun Nawrot
ISBN 3-442-09673-1

Für meine Söhne
Gernot, Uwe, Heiko

1

Flugkapitän Erdmann begriff seine Frau nicht mehr. Seit drei Jahren waren sie verheiratet, sehr glücklich verheiratet. Außer kleinen Meinungsverschiedenheiten hatte es zwischen ihnen nie eine echte Auseinandersetzung gegeben. Und ausgerechnet an diesem Morgen, da er zum ersten Streckenerkundungsflug nach Peking starten sollte, erklärte sie ihm, kaum daß er am Frühstückstisch Platz genommen hatte, in der Nacht durch einen ungewöhnlichen Traum zu der Überzeugung gelangt zu sein, daß ihre Ehe über kurz oder lang in die Brüche gehen werde. Nicht etwa wegen des bevorstehenden Fluges nach China und des halbjährigen Kommandos, das er dort anzutreten habe. Der Traum habe ihr vielmehr die Richtigkeit ihrer Auffassung bestätigt, früher schon einmal gelebt zu haben. Und zwar, wie sie nun wisse, an der Seite eines wesentlich älteren Mannes, der überaus gütig gewesen sei, den sie aber schändlich betrogen und schließlich sogar von ihrem Geliebten habe umbringen lassen.

Markus Erdmann war so perplex, daß er keine Erwiderung fand. Es hatte ihn nie gestört, daß seine Frau, eine Anhängerin der Lehre des Anthroposophen Rudolf Steiner, der Meinung war, der Mensch erblicke nicht nur einmal das Licht der Welt.

Noch bevor er etwas sagen konnte, fuhr seine Frau fast aggressiv fort: »Und der Geliebte warst du!«

»Aber Alva!« ereiferte er sich. »Was ist in dich gefahren? Du kannst das doch nicht ernstlich glauben. Und wenn du hundertmal davon überzeugt bist, daß es eine Wiedergeburt gibt, dies ist wohl kaum der richtige Augenblick, über Träume, Reinkarnation und dergleichen zu diskutieren. Du weißt, vor welcher nicht gerade alltäglichen Aufgabe ich stehe, und ich muß dich bitten, mich jetzt nicht mit Dingen zu belasten, die dir deine verrückte Freundin...« Er unterbrach sich. »Entschuldige, mir sind die Nerven durchgegangen. Ich wollte dich nicht beleidigen.«

»Deine Entschuldigung nützt mir nichts, wenn du dich über die Bedeutung meines Traumes einfach hinwegsetzt.«

»Das tu' ich nicht. Im Gegenteil. Es bedrückt mich, daß du offensichtlich mehr denn je an ein früheres oder späteres Leben glaubst und dir nun sogar einbildest, einst mit einem Mann verheiratet gewesen zu sein, den du hast umbringen lassen. Daß ich der Mörder gewesen sein soll, macht die Sache nicht lustiger. Nimm's mir nicht übel, Alva, aber das ist heller Wahn.«

»Wenn du wüßtest, was ich erlebt habe, würdest du nicht so reden. Das war kein üblicher Traum. Eine Botschaft war das! Eine Mahnung! Vielleicht sogar eine Warnung! Gegeben am Vorabend deines Aufbruchs in eine fremde Welt! Ich spüre, daß uns Unheil droht!«

Markus Erdmann erhob sich und legte die Arme wie schützend um seine Frau. »Hör zu, Alva. Du stehst unter dem Eindruck eines wüsten Traumes...«

»Der war nicht wüst!« begehrte sie auf und machte sich von ihm frei. »Wie im Film lief meine Vergangenheit vor mir ab. Den Mann kann ich dir bis ins Detail beschreiben. Er hatte den gleichen Bart wie der russische Zar.«

Der Gesichtsausdruck des Flugkapitäns erhellte sich. »Du meinst wie Zar Nikolaus II.?«

»Ja.«

Er zog seine Frau an sich. »Alva, das ist des Rätsels Lösung! Von Zar Nikolaus habe ich dir vor einigen Tagen erzählt. Wegen des bevorstehenden Fluges lese ich seit Wochen ja alles, was ich über Rußland und China bekommen kann. Darunter befand sich auch eine Abhandlung über Swerdlowsk, die dritte Etappe auf unserem Flug nach Peking. Die am Ural gelegene Stadt hieß früher Jekaterinburg, und in ihr, das schilderte ich dir, wurde Nikolaus II. mit der Zarin, dem 14jährigen Thronfolger und den vier Töchtern ermordet. Dir ging das Geschehen sehr nahe. Ist es da nicht möglich, daß sich in der Nacht vor meinem

Abflug, der dich natürlich stark bewegt, das grausame Ende des Zaren und seiner Familie in einem Traum mit den Gedanken und Sorgen, die du dir im Moment machst, zu einer abstrusen Geschichte vermengt hat?«

Alva schaute betroffen drein. Die Überlegung ihres Mannes machte sie unsicher. Ihre blauen Augen blickten nervös. Wenn er recht hätte... Ein Gefühl der Erleichterung beschlich sie. Doch ihren Glauben, früher schon einmal gelebt zu haben, wollte sie nicht aufgeben.

Markus Erdmann ahnte, was in seiner Frau vorging. Kurz entschlossen nahm er ein Brötchen aus dem Brotkorb und legte es auf Alvas Teller. »Es wird höchste Zeit, daß wir frühstücken! Oder möchtest du, daß ich mit leerem Magen losfliege und noch vor Erreichen des ersten Etappenziels verunglücke?«

Sie warf den Kopf erschrocken zurück. Der Duft ihres blonden Haares stieg ihm in die Nase. »Male bloß nicht den Teufel an die Wand!«

Er küßte ihre Stirn. »Das klingt schon vernünftiger.«

»Vernünftiger wäre es auch, wenn du wieder Platz nehmen würdest.«

Gewonnen, dachte er und bemühte sich, die Stimmung weiterhin zu verbessern. »Noch ehe du Sehnsucht nach mir bekommst, rufe ich dich aus Königsberg an. Und morgen werde ich in Moskau alles dransetzen, um eine weitere Verbindung zustande zu bringen.«

Ihr Gesicht erhellte sich nur kurz. »Danach ist endgültig Schluß?«

»Nicht ganz. Der Sender Norddeich verständigt die Luft Hansa täglich über unseren Standort, den wir stets um Punkt ein Uhr mittags Mitteleuropäischer Zeit, durchgeben – sei es im Flug oder vom Boden aus. Das gilt auch, wenn die Entfernung so groß geworden ist, daß wir die Station nicht mehr empfangen können. Dann funken wir ›blind‹. Norddeich ist mit seinen starken Geräten in der Lage, uns bis an unser Ziel zu hören.«

Alva schenkte Kaffee ein. »Das kann mir meine Sorgen nicht nehmen.«

»Sorgen machst du dir doch erst, seit dein Vater dir den Floh ins Ohr gesetzt hat, unser Flug über China sei gefährdet, weil dort ein unüberschaubarer Krieg tobe. Blödsinn ist das. Unser Auftrag lautet, nach Peking zu fliegen. Die Unruhen herrschen Hunderte von Kilometern südlich dieser Stadt. Irgendein abtrünniger Heerführer möchte die Regierung von Nanking stürzen. Dein Vater hat aus einer Mücke wieder einmal einen Elefanten gemacht.«

Alva schaute ihrem Mann in die Augen. »Wird unsere Ehe durch eine lange Trennung etwa nicht gefährdet?«

»Nein! Dafür lieben wir uns zu sehr. Und was mich anbelangt: Ich bin drüben so beschäftigt, daß ich für dumme Gedanken keine Zeit habe.«

»Und wie sieht die Sache aus, wenn du im Anschluß an China ein weiteres Auslandskommando antreten mußt? In Chile, Argentinien, Brasilien oder Peru? Ein halbes Jahr wird unsere Ehe gewiß nicht gefährden, der Meinung bin auch ich. Wenn aber weitere langfristige Trennungen folgen, könnte der Tag kommen, an dem ausschweifende Gedanken Überhand gewinnen.«

Markus lachte. »Da du klar vorangestellt hast, daß eine halbjährliche Trennung uns nichts anhaben kann, sollten wir zufrieden sein und in der Ferne lauernde Gefahren erst erörtern, wenn sie an uns herantreten. D'accord?«

Alva seufzte. »Probleme wischst du stets vom Tisch. Und die Frage, was aus mir wird, wenn dir etwas zustößt, stellt sich für dich nicht.«

»Eben weil ich auf Nummer Sicher gehe und unübersehbare Risiken grundsätzlich meide. Also Schluß mit dem Thema! Die letzten Minuten unseres Zusammenseins möchten wir doch wohl beide in erfreulicher Erinnerung behalten, oder?«

Sie hielt ihm die Hand hin. »Hast recht. Papa pflegt zu sagen: Man muß das Erworbene zu wahren wissen.«

*

Es erleichterte Flugkapitän Erdmann, daß seine Frau ihm beim Abschied nachdrücklich versicherte, sich keine unnützen Gedanken mehr zu machen. Dennoch war er besorgt, als er das Haus verließ und auf den nahe gelegenen Taxistand zuging. Der Tag hatte schlecht begonnen. War das ein böses Omen? Er beschleunigte die Schritte. Nur einen kleinen Handkoffer führte er mit sich. Das Hauptgepäck hatte er am Abend zuvor in der dreimotorigen Ju 52 verstaut, mit der er nach China fliegen sollte. Alva hatte ihn begleitet, um sich das Flugzeug anzusehen. Das hätte sie besser nicht getan. Sie war in der Führerkanzel von den vielen Hebeln, Knöpfen, Skalen und Zeigern so betroffen gewesen, daß sie ausgerufen hatte: ›Um Gottes willen, damit kann doch kein Mensch fertig werden!‹

Die verwirrende Anzahl der Instrumente hatte ihr Angst eingejagt, und die in jener Stunde über sie gekommene Beklemmung war wahrscheinlich mit eine Ursache dafür gewesen, daß ein verworrener Traum sie konfus gemacht hatte.

Auf der Fahrt nach Tempelhof verdrängte der Flugkapitän die Erinnerung an das so unheilvoll begonnene Gespräch. Er mußte sich auf die vor ihm liegende Aufgabe einstellen. Das Erreichen des ersten Etappenziels bereitete allerdings keine Schwierigkeit. Der Flug von Berlin nach Königsberg dauerte nur gut drei Stunden, lief aber auf eine kleine Prüfung hinaus, da die Besatzung noch nie zusammen geflogen war. Verschiedene Umstände hatten dies bedingt.

Bevor Markus Erdmann in die Dienste der Luft Hansa eingetreten war, hatte er sich bei Junkers als Testpilot betätigt, und er erschien der Direktion der Luftverkehrsgesellschaft deshalb als besonders geeignet für den Erkundungsflug mit der Junkers Ju 52. Der ihm zugeteilte Funkmaschinist Klaus Steger, ein eigenwilliger Berliner, war eine Kapazität auf seinem Gebiet. Als Angehöriger der deutsch-russischen Fluggesellschaft Deruluft hatte er auf der Strecke Berlin – Moskau – Omsk beachtliche Erfahrungen sammeln können. Das dritte Besatzungsmitglied war ein Meteorologe namens Dr. Finger, der sich im Flugdienst zwar noch nie betätigt hatte, im synoptischen Wetterdienst aber als besonders versiert galt. Er sollte nach Beendigung des Fluges darüber urteilen, ob die über die Wüste Gobi führende Route für den in Aussicht genommenen Luftverkehr nach China in meteorologischer Hinsicht geeignet sei oder nicht.

Dr. Finger und Klaus Steger erwarteten den Piloten vor der Ju 52. Im Gegensatz zum schlanken Markus Erdmann waren sie von mittlerer Größe und beide etwas korpulent. Im Temperament unterschieden sie sich jedoch sehr. Der Funkmaschinist war ein quirliger, unruhiger Geist. Der Meteorologe hingegen machte einen behäbigen Eindruck. Er hatte seine künftigen Flugkameraden beim ersten Zusammentreffen mit der befremdlichen Feststellung schockiert, daß er nicht gern fliege und an der Expedition nur teilnehme, weil ihm neben der meteorologischen Erfahrung, die er auf diese Weise sammeln könne, der Mehrverdienst wichtig sei. Denn er erhalte nun zusätzlich zu seinem Gehalt eine Fliegerzulage von hundertfünfzig Mark und täglich fünfzig Mark Auslandsspesen. Dieser Mehrverdienst versetze ihn in die Lage, seiner Frau, die in drei Monaten ein Kind erwarte, einen Pelzmantel zu schenken. Ihr sehnlichster Wunsch sei ein Persianer, den er sich vom Einkommen eines Regierungsrates niemals leisten könne.

Klaus Steger hatte provozierend die Augen verdreht. »Sonst haben Se keene Sorgen?«

Markus Erdmann war Dr. Finger beigesprungen: »Lassen Sie sich nicht ins Bockshorn jagen. In Fliegerkreisen ist es üblich, Neukommer zu hänseln und zu verunsichern.«

»Meine Frotzeleien kommen aber nie von ungefähr«, hatte der Funkmaschinist zu bedenken gegeben. »Wer sie nicht beachtet, wird es früher oder später bereuen.«

Umfassende flug- und funktechnische Erfahrungen verleiteten Klaus Steger, schnell überheblich zu werden. Daß dennoch gut mit ihm auszukommen war, hatte sich schon in den Tagen der gemeinsamen Vorbereitung des Fluges herausgestellt.

Dies war zweifellos auch ein Verdienst des überaus gutmütigen Meteorologen gewesen. Dessen Gedanken kreisten unentwegt um seine Frau, um das zu erwartende Baby und um den Persianer, den er zur Vervollständigung des Familienglücks zu erwerben trachtete.

Daß die Besatzung trotz der Kürze der Zusammenarbeit guten Kontakt zueinander fand, lag nicht zuletzt an Flugkapitän Erdmann. Seine klare und bestimmte Art weckte keine Auflehnung. Man spürte, daß seine Weisungen wohlüberlegt waren und einer präzisen Zielvorstellung entsprachen. Er hatte auch für alles Verständnis. Lediglich unangebrachte Sticheleien konnte er nicht leiden.

Er reagierte deshalb unwillig, als der Funkmaschinist nach der Begrüßung am Morgen des Abfluges auf den Meteorologen wies und hämisch fragte: »Sieht unser Doktorchen nicht verdammt blaß aus? Angeblich hat er sich den Magen verkorkst. Wahrscheinlich hat er aber Schiß vorm Fliegen.«

Markus Erdmann konterte prompt: »Ich kann das verstehen. Seit ich weiß, daß Sie uns begleiten, geht's mir ähnlich. Sie sollen ja ein ausgezeichneter Funker sein und von Motoren viel verstehen, doch was nützt uns das, wenn Ihnen Takt und Kameradschaft fehlen?«

Klaus Steger stutzte. »Nu werden Se nicht drollig, Käpten. Ick hab' 'nen Scherz gemacht, weiter nischt!«

»Schön, das zu hören. Dennoch möchte ich Ihnen empfehlen, künftig Scherze zu machen, über die man lachen kann.«

Der Funkmaschinist schüttelte den Kopf. »Ick dachte, meine Duftmarke sei Ihnen längst bekannt. Hab' mir eben getäuscht und zieh' die Konsequenzen. Werd' keinen mehr auf den Arm nehmen und mich nur noch streng dienstlich verhalten.« Er knallte die Hacken zusammen. »Melde gehorsamst: Flugzeug startklar! Funkgerät in Ordnung!«

Markus Erdmann erkannte, daß er übertrieben reagiert hatte, und im Bestreben, seinen Fehler wettzumachen, tippte er an den Schirm seiner Dienstmütze. »Danke, Sie Knallkopp!«

Klaus Steger lachte. »Jetzt fühl' ick mir wieder wohler. Ick sah schon ein Unwetter heraufziehen.«

»Bloß keine Unkerei!« warnte der Meteorologe.

Der Flugkapitän klopfte dem Funkmaschinisten auf die Schulter. »In einer Viertelstunde werden die Herren der Direktion erscheinen. Ich geh' mit Doktor Finger schnell noch zur Wetterwarte.«

»Das Bordbuch ist bereits abgefertigt.«

»Sie scheinen brauchbarer zu sein, als ich dachte.«

»Freut mich, daß bei Ihnen ein Groschen nach dem anderen fällt.«

Markus Erdmann ging mit dem Meteorologen zum Verwaltungsgebäude, um den neuesten Streckenbericht einzuholen. Als sie zurückkehrten, hatten sich drei Direktoren der Luft Hansa schon vor der Ju 52 eingefunden. Sie ließen sich die Wetterlage schildern und waren zufrieden, als sie hörten, daß auf der Strecke zwar in den Wolken geflogen werden müsse, die Untergrenze in Königsberg aber mindestens 300 Meter betrage und die Landung somit keine Schwierigkeiten bereite. Für die nächsten Tage sei infolge eines ausgedehnten Hochs mit einer bis nach China reichenden wesentlichen Wetterverbesserung zu rechnen.

Der Geschäftsführer der Luft Hansa, ein im Propellerwind ergrauter ehemaliger Pilot, ersparte es sich, die Besatzung mit markigen Worten zu verabschieden. Er drückte jedem die Hand und wünschte ›Toi, toi, toi‹ und ›Hals- und Beinbruch‹. Doch als das Flugzeug bestiegen werden sollte, trat eine kleine Panne ein. Der Funkmaschinist wollte die Kabinentür öffnen, zog statt dessen aber den Griff mit dem Vierkanteisen aus dem Schloß.

»Verdammter Mist!« fluchte er. »Und das vorm Start nach China! Der Sicherheitsbolzen muß nicht richtig gestaucht worden sein.«

Heute scheint nichts glatt zu verlaufen, dachte Markus Erdmann betroffen.

Der Meteorologe war wie erstarrt.

»Nur nicht die Nerven verlieren«, flachste einer der Direktoren. »Ich gehe jede Wette ein, daß die Motoren, das Leitwerk und die Tragflächen richtig festgeschraubt sind.«

Klaus Steger betrachtete den Türgriff. »Der fehlende Bolzen läßt sich durch einen einfachen Nagel ersetzen! Ick hol' schnell einen. Der Start kann pünktlich erfolgen.«

Tatsächlich gab es keine Verzögerung. Aber es mißfiel Flugkapitän Erdmann, daß das Türschloß des Flugzeuges, das zum ersten Flug nach Peking starten sollte und mit vielen wertvollen Ersatzteilen für einige in China bei der Eurasia eingesetzten Junkers W 33 beladen war, mit einem schäbigen Nagel gesichert werden mußte.

Als er durch die von den Ersatzteilen und manchen vorsichtshalber mitgenommenen Expeditionsgütern wie Zelt, Spirituskocher, Lebensmittelkonserven, Wasserkanister, Fellkombinationen, Pelzstiefeln und mehreren zusätzlich eingebauten Benzintanks eng gewordene Kabine schritt, dachte er: Ich bin ja nicht abergläubisch, doch heute bin sogar ich versucht, böse Vorzeichen zu wittern. Viele Tage hatten er und seine Flugkameraden gebraucht, um die Zuladung gleichmäßig zu verteilen und jeden Gegenstand ordnungsgemäß zu verzurren, und nun stellte sich heraus, daß an der Tür ein Bolzen nicht richtig gestaucht war.

In der Kabine gab es zwei Sessel. Der eine stand vor der Funkanlage, die rechts an der Trennwand zur Kanzel angebracht war, so daß Funker und Pilot sich während des Fluges auch sehen konnten, wenn mit dem großen Gerät gearbeitet werden mußte. Der zweite Sessel befand sich neben dem ersten Backbordfenster. Er war für einen russischen Begleiter bestimmt, der in Königsberg zusteigen und bis zur chinesischen Grenze mitfliegen sollte. Die Regierung der UdSSR hatte das Überfliegen der Sowjetunion nur unter dieser Bedingung gestattet. Flugkapitän Erdmann hatte Verständnis dafür, daß die Russen sich nicht in alle Töpfe gucken lassen wollten und das Recht forderten, den Kurs ändern zu dürfen, falls die gewählte Flugroute über ein Luftsperrgebiet führen sollte. Unabhängig davon war es ihm ganz lieb, jemanden an Bord zu haben, der als Dolmetscher fungieren konnte.

In der Kanzel nahm er hinter dem Steuer auf der Backbordseite Platz. Dr. Finger setzte sich hinter das Segment auf der

Steuerbordseite. Klaus Steger blieb zwischen den beiden stehen und ließ die Motoren an. Danach trat er nochmals in die Kabine, um seine ›Kleinstation‹ abzustimmen und die Verbindung mit dem Peiler aufzunehmen.

Währenddessen rollte Markus Erdmann die Maschine zum Startplatz, und noch bevor dieser erreicht wurde, kehrte der Funkmaschinist zurück und klappte eine zwischen den Führersesseln angebrachte Bank herunter. Den Kopfhörer aufgesetzt und die Morsetaste mit einer Klammer am Oberschenkel befestigt, schnallte er sich an und meldete kurz darauf: »Der Peiler gibt den Start frei!«

Flugkapitän Erdmann umspannte die drei Gashebel und schob sie behutsam vor. »Drehen Sie die Klappen auf fünfzehn Grad!«

Die Motoren brausten auf. Das Flugzeug setzte sich erst langsam, dann immer schneller werdend in Bewegung und hob nach etwa 450 Metern vom Boden ab.

»Ging besser, als ick dachte«, freute sich Klaus Steger.

»Die Zusatztanks sind ja auch noch leer! In Königsberg wird die Startstrecke um einiges länger werden.«

»Da ist der Platz wenigstens von keinem Häusermeer umgeben.«

Markus Erdmann flog eine Abschiedsrunde und nahm Kurs auf Königsberg.

Der Meteorologe zog ein in Leder gebundenes Notizbuch aus der Tasche und verkündete freudestrahlend: »Ein feierlicher Augenblick, meine Herren! Ich nehme die erste Eintragung im Tagebuch unseres Fluges nach China vor!« Und er notierte: ›Dienstag, 13. Nov. 1933. Start 09 Uhr 12.‹

Der Funkmaschinist sah den Piloten fragend an. »Und was erzähl' ick dem Peiler?«

»Kurs 62 Grad. Steigen auf 700 Meter. Wolkenuntergrenze – wir tauchen gerade ein – 280 Meter. Voraussichtliche Landezeit in Königsberg: 12 Uhr 25.«

Klaus Steger blickte verwundert auf. »Wir fliegen direkten Kurs?«

»Na klar. Quer über den polnischen Korridor hinweg! Auf der ganzen Strecke herrscht Waschküche. Da kann uns niemand sehen.«

»Aber das ist doch nicht erlaubt!« gab Dr. Finger zu bedenken.

Markus Erdmann zuckte die Achseln.

Der Funkmaschinist feixte. »Im Falle einer Anzeige werden wir in der Gerichtsverhandlung erklären, bei der schlechten Wetterlage seien die Wegweiser nicht zu sehen gewesen.« Er drückte den Kopfhörer stärker ans Ohr und meldete bald darauf: »Alles klar! QAK nil! Keine Zusammenstoßgefahr! In 700 Meter Höhe ist außer uns niemand auf der Strecke.«

*

Der Flug nach Königsberg verlief ohne Zwischenfall. Markus Erdmann registrierte mit Genugtuung, daß die Peilungen, die er zunächst von Tempelhof und später von Königsberg erhielt, absolut konstant blieben und den Funkmaschinisten zu der anerkennenden Feststellung veranlaßten:

»Daß man so genau Kurs halten kann, hätt' ick nicht für möglich gehalten.«

Dann will ich mal demonstrieren, was mit ›stehenden‹ Peilungen anzufangen ist, dachte der Flugkapitän und drückte auf den Startknopf einer an seinem Steuer befindlichen Stoppuhr. Gleichzeitig veränderte er die Flugrichtung um 30 Grad.

Der Meteorologe machte einen verzagten Eindruck. »Mir wird immer unheimlicher zumute. Bald drei Stunden fliegen wir schon in den Wolken, und die sind zeitweilig so dicht, daß man nicht einmal das Ende der Tragfläche sehen kann.«

Markus Erdmann wies auf die Instrumente. »Die da erzählen mir alles, was ich wissen muß. Sogar die Entfernung vom Zielort kann ich ihnen entnehmen.«

Klaus Steger hob den Kopf. »Übertreiben Sie jetzt nicht?«

»Nein. Mit Ihrer gütigen Hilfe läßt sich der Abstand prächtig bestimmen. Ich habe bei der Kursänderung auf die Stoppuhr gedrückt und brauche von Ihnen nun eine Peilung nach exakt vier Minuten. Das Zeichen gebe ich. Nicht vorher morsen!«

»Ist det 'ne neue Tour?«

»Ich nenne es ein exzellentes Verfahren. Aufpassen, gleich ist es soweit! Achtung – jetzt!«

Der Funkmaschinist drückte auf die Taste und meldete nach einer Weile sichtlich enttäuscht: »Wir liegen plötzlich schwer daneben: 78 Grad!«

»Ungefähr diese Peilung habe ich erwartet«, tröstete ihn der Pilot, der inzwischen auf den alten Kurs zurückgekurvt war. »Die Differenz von 15 Grad verrät mir, daß wir den Platz in acht Minuten erreichen.«

Klaus Steger sah ihn ungläubig an. »Und wie errechnen Sie das?«

»Da der Sinus von 30 Grad... Das erkläre ich Ihnen lieber später. Jetzt brauche ich laufend Peilungen, bis wir etwa 130 Grad erhalten. Dann kurve ich um 90 Grad, und genau zwei Minuten danach liegt der Platz unter uns, und der Peiler wird Ihnen QGH geben.«

Tatsächlich erhielt Markus Erdmann zur vorhergesagten Zeit die Aufforderung, aus den Wolken herauszustoßen.

Der Funkmaschinist strahlte. »Tolle Sache! Macht Spaß, mit Ihnen zu fliegen.«

Das Gesicht des Meteorologen war vor Aufregung rot angelaufen.

Klaus Steger stieß ihn in die Seite. »Na, wat sagen Se zu unserer Leistung?«

Dr. Finger blickte mit geweiteten Augen nach draußen. Etwa 300 Meter unter ihnen lag der Flughafen. »Ich begreife nicht, wieso Sie das gewußt haben.«

Flugkapitän Erdmann legte die Maschine in eine Kurve und entdeckte vor dem Verwaltungsgebäude eine Junkers W 33 mit der Beschriftung ›Ural‹. »Kommt der Vogel Ihnen nicht bekannt vor?« fragte er Klaus Steger.

Der zuckte wie elektrisiert zusammen. »Mensch, det is ja 'ne Maschine von der Deruluft...«

»...mit der unser ›Aufpasser‹ hierhergeflogen sein dürfte. Vermutlich werden wir bereits erwartet.«

Markus Erdmanns Annahme traf zu. Noch während er die Ju 52 zum Abstellplatz rollte, erschien im Ausgang des Verwaltungsgebäudes eine stämmige Gestalt in dunkler Lederkombination, die lebhaft die Arme schwenkte und schnurstracks auf das Flugzeug zulief. Es war offensichtlich der Russe, der bis zur chinesischen Grenze mitfliegen sollte. Sein Gesicht umrahmte ein struppiger Vollbart. »Coroschaja ssamalot!« rief er zur Führerkanzel hinauf. »Die Ju 52 sieht ja phantastisch aus!«

Der Flugkapitän schnallte sich los und steckte den Kopf durch das vom Funkmaschinisten zurückgeschobene Glasdach. »Ich komme sofort zu Ihnen.«

»Njet! Ichch komme in die Kanzel. Muß doch sehen...« Er vollendete den Satz nicht, sondern eilte zur Kabinentür.

Markus Erdmann wandte sich an Klaus Steger. »Seien Sie ihm beim Einsteigen behilflich.«

»Bei dem Temperament braucht der keine Hilfe.«

Tatsächlich hatte der Russe die Kabinentür bereits geöffnet, als der Funkmaschinist sie erreichte. »Michail Sergejewitsch«, stellte er sich vor und ergriff Stegers Hand. »Sie Pilott?«

»Nein, Funkmaschinist.«

»Aha!« Der Russe klopfte an einen der in der Kabine eingebauten Benzinbehälter. »Zusatztanks?«

»Ja.«

»Serr gutt!« Ohne ein weiteres Wort zu verlieren, zwängte er sich an den Tanks vorbei der Führerkanzel entgegen.

Der Flugkapitän reichte ihm die Hand und nannte seinen Namen.

»Michail Sergejewitsch. Freue mich auf den Flug mit Ihnen.«

Markus Erdmann wies auf den Steuerbordsitz. »Ich möchte Sie mit Herrn Doktor Finger bekannt machen. Er begleitet uns als Meteorologe.«

Michail Sergejewitsch schüttelte den Kopf. »Das wird zu kompliziert. Für einen Russen sind Sie nicht Herr, sondern Bürger. Und ichch bin Towaritschtsch. Machen wir es einfach.

Nennen wir uns bei unseren Vornamen. Ichch heiße Michail. Sie...?«

»Markus.«

»Und Sie?« fragte er den Wissenschaftler.

»Lothar.«

»Und wie ist der Vorname vom Funkmaschinisten?«

»Klaus«, antwortete Steger, der dem künftigen Begleiter gefolgt war.

Der Russe lachte. »Serr gutt! Kaum zusammen – schon beste Freundschaft.«

»Druschba!« tönte der Funkmaschinist mit erhobener Faust.

Michail Sergejewitsch flog förmlich herum. »Sie sprechen russisch?«

»Nur ein paar Brocken. War eine Weile auf der Strecke nach Omsk eingesetzt.«

»Und wo haben Sie Ihr perfektes Deutsch gelernt?« fragte Markus Erdmann den Russen.

»Bei meiner Mutter, einer Wolgadeutschen. Außerdem war ichch 1927 bei Junkers in Dessau. Damals wurde die G 24 gebaut.«

»Welch ein Zufall! Auch ich war in Dessau tätig.«

»Serr gutt! Aber jetzt dürfen wir keine Zeit verlieren. Wir müssen schnell tanken, weil ichch möchte, daß wir noch heute nach Moskau fliegen.«

Markus Erdmann spürte, daß der Russe keinen Scherz machte. Er entgegnete deshalb bestimmt: »Der Weiterflug ist für morgen vorgesehen.«

»Allein aus technischen Gründen ist es unmöglich, noch heute nach Moskau zu fliegen,« kam ihm der Funkmaschinist zu Hilfe. »Bis die Maschine startklar ist...«

»Besprechen wir die Angelegenheit draußen«, unterbrach ihn Michail Sergejewitsch und legte die Hand auf die Schulter des Piloten. »Kommen Sie. Wir werden schon einen Weg finden.« Ohne eine Erwiderung abzuwarten, verließ er die Kanzel.

Dieser Mensch nimmt das Heft einfach in die Hand, dachte Flugkapitän Erdmann und ärgerte sich darüber, daß er dem Russen trotzdem folgte.

Klaus Steger warf ihm einen warnenden Blick zu.

Draußen übernahm Michail Sergejewitsch gleich wieder das Wort. »Es ist jetzt 12 Uhr 30. In einer halben Stunde kann die Maschine betankt sein.«

»Unmöglich!« widersprach der Funkmaschinist. »Alle Zusatztanks müssen gefüllt werden. Das Tanken wird mindestens eine Stunde dauern ...«

»Na schön, dann ist es 13 Uhr 30.«

»Und essen und verschnaufen müssen wir auch!«

»Gutt, legen wir noch eine Stunde drauf. Dann ist es 14 Uhr 30.«

»Die Zollabfertigung wird bestimmt eine halbe Stunde in Anspruch nehmen. Hinzu kommen Wetterberatung, Vorlage des Bordbuches bei der Luftaufsicht ...«

»Dann werden wir, großzügig gerechnet, spätestens um 15 Uhr 30 starten können«, unterbrach ihn der Russe. »Und das reicht. Bis Moskau brauchen wir sechs Stunden. Also sind wir um 21 Uhr 30 am Ziel.«

»MEZ!« betonte Flugkapitän Erdmann, froh, einen konkreten Einwand machen zu können. »Die Ortszeit wäre 23 Uhr 30, somit fast Mitternacht! Da wird der Peiler nicht mehr besetzt sein, und wir werden keine Befeuerung der Landebahn erhalten.«

»Doch!« versicherte Michail Sergejewitsch. »Ichch habe vorgesorgt. Um 20 Uhr 30 Ortszeit werden die Lampen aufgestellt. Zur selben Zeit wird unsere beste Funkerin am Peiler sitzen. Ferner steht ein Auto bereit, das Sie in die Stadt bringt. Und zwar ins hervorragende Hotel Lux. Dort bekommen Sie bis drei Uhr morgens zu essen, was Sie wollen. Und am nächsten Tag können Sie bis in die Puppen schlafen.«

Markus Erdmann wurde es zuviel. »Und wozu die Hetzerei?«

Der Russe faltete die Hände wie zum Gebet und gab seiner Stimme einen beschwörenden Klang. »Weil ichch Tatjana überraschen möchte! Ichch habe ihr gesagt, daß ichch frühestens morgen nachmittag bei ihr sein werde. Wenn ich nun schon heute nacht auftauche ...«

... ist sie des Betruges überführt, dachte der Flugkapitän und erklärte verstimmt: »Nehmen Sie es mir nicht übel, wenn ich kein Verständnis dafür habe, daß wir stundenlang durch die Nacht jagen sollen, nur damit Sie Ihre Frau überraschen können.«

Michail Sergejewitsch lachte hell auf. »Tatjana ist nicht meine Frau, sondern meine elfjährige Tochter! Ichch bin viel unterwegs. Sie hat kaum etwas von mir, lebt bei einer alten Tante. Verstehen Sie, daß ichch ... Wenn wir heute fliegen, kann ichch mich morgen den ganzen Tag um sie kümmern. Und es soll nicht Ihr Schaden sein. Ichch werde alles tun, um dafür zu sorgen, daß Ihr Flug in den nächsten Tagen reibungslos verläuft.«

Er kann uns unter Umständen sehr helfen, dachte Markus Erdmann und war fast schon bereit, den Flugplan zu ändern. Wie um sich Rückendeckung zu verschaffen, schaute er Klaus Steger und Dr. Finger fragend an. »Was meint ihr dazu?«

»Na ja«, antwortete der Funkmaschinist, »ick hab' zwei Jungens, die sich ooch mächtig auf mich freuen, wenn ick mal längere Zeit unterwegs war. Wenn wir uns dranhalten, können wir vielleicht etwas Zeit einsparen und früher starten.«

»Das sollten wir unbedingt versuchen«, erklärte der Meteorologe. »Nachts und dazu noch blind zu fliegen, scheint mir des Schlechten zuviel zu sein.«

Überschwenglich umarmte und küßte Michail Sergejewitsch einen nach dem anderen nach russischer Sitte. »Ihren Entschluß werden Sie nicht bereuen, Towaritschtschi! Und morgen zeige ichch Ihnen Tatjana. Sie ist wunderhübsch!«

*

Der Flug nach Moskau war anstrengend, verlief aber programmgemäß. Michail Sergejewitsch verbrachte die ganze Zeit in dem für ihn auf der Backbordseite montierten Sessel, und er las, wie Klaus Steger feststellte, Stunde um Stunde in einem voluminösen flugtechnischen Werk. Erst als der Funkmaschinist ihm sagte, daß er Verbindung mit dem Peiler Moskau aufgenommen habe und die Landung voraussichtlich in einer Viertelstunde erfolgen werde, klappte er das Buch zu und bat Dr. Finger, den Platz mit ihm zu wechseln. Als Begründung führte er an, daß er das Landefeld genauestens kenne und in der Lage sei, dem Piloten den einen oder anderen Hinweis zu geben.

Es erleichterte Markus Erdmann, sich in der Nacht nicht allein auf einem fremden Flugplatz zurechtfinden zu müssen. Doch er erschrak, als der Russe unmittelbar nach dem Durchstoßen der Wolkendecke das Doppelsteuer ergriff und die Maschine, noch bevor die ersten Lichter der Stadt klar erkennbar wurden, in eine Linkskurve legte.

»Das Überfliegen von Moskau ist verbotten!« rief er erläuternd. »Und westlich vom Platz steht ein hoher Sender! Drehen Sie über Nord nach West, und landen Sie neben der Lampenreihe in östliche Richtung.«

Der Flugkapitän war verblüfft. »Sie können fliegen?«

»Nicht so gut wie Sie. Ichch besitze nur das Patent für Sportflugzeuge.«

»Haben aber eine hervorragende Kurve eingeleitet!«

»Herzlichen Dank für das Kompliment.«

Nach der Landung dirigierte Michail Sergejewitsch die Maschine zu einer Halle, vor der mehrere Wagen standen. »Sie brauchen sich um nichts zu kümmern«, sagte er, nachdem die Motoren abgestellt waren. »Ichch bringe Sie gleich zum Hotel. Das Flugzeug wird bewacht. Schließen Sie die Tür aber dennoch ab. Zum Tanken fahren wir morgen nachmittag hierher. Alle Formalitäten erledige ichch.«

Die Besatzung fragte sich unwillkürlich: Wer mag dieser Russe sein? Ein namhafter Apparatschik? Ein hoher Offizier der Fliegertruppe? Warum werden wir von einer zweifellos hochrangigen Persönlichkeit begleitet?

Michail Sergejewitsch schien nicht schnell genug in die Stadt kommen zu können. Den Monteuren des Flughafens und den Beamten der Luftaufsicht gab er Weisungen, die salutierend wiederholt wurden. Ihm stand eine große Limousine zur Verfügung, in deren Fond die dreiköpfige Besatzung bequem Platz fand. Er selbst setzte sich zum Chauffeur und machte während der Fahrt auf Gebäude und Plätze aufmerksam, die im trüben Licht der mäßig erleuchteten Stadt nur undeutlich zu erkennen waren. Helle oder gar bunte Reklameflächen gab es nicht. Das nächtliche Moskau glich einer Tranfunzel. Michail Sergejewitsch geriet trotzdem in eine so gehobene Stimmung, daß er pathetisch zitierte: ›Jeder Russe, der Moskau erlebt, spürt, daß es seine Mutter ist.‹

Markus Erdmann hatte an diesem Tag fast zehn Stunden hinter dem Steuer gesessen. Er dachte an seine Frau, die er von Königsberg angerufen hatte. Sie war guter Dinge gewesen und hatte sich amüsiert, als er ihr sagte, daß sein russischer Begleiter etwa so aussehe wie der Mann mit dem Vollbart, von dem sie geträumt habe. Sie verlor ihre gute Stimmung auch nicht, als er ihr eröffnete, noch am gleichen Tag weiter nach Moskau fliegen zu müssen, von wo er sie, wie er nun wisse, leider nicht werde anrufen können. Sein Begleiter habe ihm aber versichert, daß sie und die Frauen der Flugkameraden spätestens zwei Stunden nach den Landungen in Moskau, Swerdlowsk, Semipalatinsk und Sergiopol über die jeweilige Ankunft informiert würden. Und zwar durch die russische Botschaft in Berlin, der er von Königsberg aus schon die entsprechenden Telefonnummern durchgegeben habe.

Wie von einer Gedankenübertragung dazu ermuntert, wandte sich Michail Sergejewitsch an die Besatzung. »Übrigens habe ichch die Flugleitung beauftragt, das Auswärtige Amt über unsere Ankunft in Kenntnis zu setzen. Ihre Frauen dürften also schon in Kürze den ersehnten Bescheid erhalten.«

Der Chauffeur verlangsamte das Tempo.

»Wir haben es gleich geschafft«, erklärte der russische Begleiter. »Dies ist die Gorki-Straße. Zum Hotel ist es nicht mehr weit, und es wird Zeit, Ihnen einige Informationen zu geben. Vor allen Dingen möchte ich Sie bitten, sich im Lux weitgehend zurückzuhalten und sich von den dort wohnenden Deutschen in keine Gespräche verwickeln zu lassen. Es sind Emigranten, führende Mitglieder der ehemaligen Deutschen Sozialdemokratischen und der Kommunistischen Partei. Sie werden verstehen, daß diese Herren nicht gut auf Hitler zu sprechen sind.«

»Und warum werden wir ausgerechnet in diesem Hotel untergebracht?« fragte Markus Erdmann irritiert. »Ich habe nichts gegen Sozialdemokraten und Kommunisten, aber es wäre besser gewesen ...«

»Ichch hätte Sie bestimmt anderswo einquartiert, wenn es möglich gewesen wäre«, fiel Michail Sergejewitsch ein. »Das Haus der Deruluft ist im Moment besetzt.«

»Gott sein Dank«, ketzerte Klaus Steger. »Wer dort wohnt, darf ohne Genehmigung keinen Schritt vor die Tür setzen.«

»Diese Bestimmung gilt auch für die Bewohner des Hotels Lux. Das ist nun mal so«, fügte der Russe, wie sich entschuldigend, hinzu. »Fremden gegenüber sind wir sehr mißtrauisch. Da ichch öfters ins Ausland komme und sehe, wie wir aufgenommen werden, ärgere ichch mich ständig darüber. Aber da kann man nichts machen. Bei uns regiert der Apparatschik und nicht die Vernunft.«

»Das wagen Sie offen auszusprechen?«

»Der Fahrer versteht kein Deutsch. Und Sie werden mich gewiß nicht verpetzen.« Er wies nach draußen. »Wir sind am Ziel. Bevor ichch nach Hause fahre, werde ichch Ihnen ein Essen bestellen, das Sie versöhnlich stimmen wird. Sie sind selbstverständlich Gäste der Regierung. Morgen um elf holen Tatjana und ichch Sie ab. Wir zeigen Ihnen ein wenig die Stadt und fahren anschließend zum Flughafen. Wenn Sie die Maschine startklar gemacht haben, bringe ichch Sie zum Hotel zurück. Ihnen bleibt dann genügend Zeit zum Kräftesammeln für den nächsten Tag. Zufrieden?«

Flugkapitän Erdmann lachte. »Es wäre unhöflich und ungerecht, jetzt nein zu sagen.«

Die Hotelzimmer waren ziemlich klein, der im Erdgeschoß gelegene Speisesaal aber hatte ungewöhnliche Ausmaße. Seine Wände zierten Atlanten, muskelbepackte Männergestalten, die mit emporgestreckten Armen die hohe Decke zu tragen schienen. Der Raum strahlte jedoch keine Wärme aus, erinnerte vielmehr an einen Wartesaal Erster Klasse.

Wahrscheinlich auf Geheiß von Michail Sergejewitsch wurde der Flugzeugbesatzung ein Tisch nahe dem Eingang zugeteilt. Zwischen ihr und den im Hintergrund sitzenden Hotelgästen standen viele leere Tische.

Klaus Steger erschien als letzter und fragte verdächtig grinsend: »Habt ihr die beiden Matronen gesehen, die am Ende des Flurs zu den Zimmern sitzen?«

»Nicht so laut«, ermahnte ihn Markus Erdmann, da bei dem Funkmaschinisten immer damit zu rechnen war, daß er sich über etwas mokierte.

Der Berliner dämpfte die Stimme. »Die beiden haben 'ne drollige Aufgabe. Als ick das erste Mal nach Moskau kam, hat man mir vorsorglich informiert. In russischen Hotels sitzen am Ende eines jeden Ganges immer zwei Weiber, die drauf achten müssen, daß keine Person, sei sie männlichen oder weiblichen Geschlechts, ein anderes als das ihr zugewiesene Zimmer aufsucht.«

»Das spricht dafür, daß in russischen Hotels Zucht und Ordnung herrschen«, amüsierte sich der Flugkapitän.

»Und was ist mit diesen Vaterlandsverrätern, die hier herumsitzen und Fettlebe machen?« begehrte Klaus Steger auf.

»Reden Sie keinen Mist!« erregte sich Markus Erdmann. »Das sind Männer, die flüchten mußten, weil eigene Meinungen daheim mit Konzentrationslager geahndet werden.«

Der Funkmaschinist kniff die Augen zusammen. »Sind Sie etwa gegen Hitler?«

»Ich war es vor Jahren, als ich sein Buch gelesen hatte. Seine heutigen Leistungen haben mich umgestimmt. Trotzdem ängstigt mich das Vorgehen der Partei gegenüber Juden und politisch Andersgläubigen. Doch Schluß mit dem Thema. Wir sind hier Gäste und haben uns dementsprechend zu verhalten.«

»Das ist auch meine Meinung«, pflichtete ihm Dr. Finger bei. »Zumal daheim wirklich nicht alles in Ordnung ist.«

»Fliegerzulage und Auslandsspesen gehen aber in Ordnung, wa?« konterte Klaus Steger anzüglich.

»Schluß, habe ich gesagt!« forderte Markus Erdmann.

Das Gespräch hätte angesichts der Vorspeise, die kurz darauf gereicht wurde, ohnehin eine andere Richtung genommen. Es gab Blini, kleine Pfannkuchen aus Buchweizenmehl, dick belegt mit großkörnigem Kaviar und übergossen mit saurem Rahm. Dazu wurde Wodka in Wassergläsern gereicht.

Der Flugkapitän bekam glänzende Augen. »Daß man uns mit Kaviar verwöhnen würde, hätte ich nicht für möglich gehalten.«

»Und dazu Wodka!« freute sich der Funkmaschinist.

Im Gegensatz zu ihnen betrachtete der Meteorologe den Kaviar mit skeptischer Miene. »Ist das nicht der Laich von Fischen?«

»Allerdings. Wenn Sie darauf verzichten, werden wir uns Ihrer Portion gern erbarmen.«

»Ich kann ja mal probieren.«

»Schade«, bedauerte Klaus Steger. »Dann weiß ick jetzt schon, daß Sie Ihren Teil nicht stehenlassen.«

Dr. Finger aß den Kaviar, obwohl er ihn nicht mochte. Er scheute sich zu erklären, daß ihn der Geruch der teuren Delikatesse an Meerestang erinnere und er den Verdacht hege, die saure Sahne diene in erster Linie dazu, diesen Hautgout zu überdecken. Beim Hauptgang aber kam er auf seine Kosten. Es gab Rebhühner mit Speckscheiben und Sauerkraut, dazu Kwaß, ein bierähnliches, erfrischendes Getränk, das nicht ganz zum Fleisch des Rebhuhns paßte.

Als Nachspeise wurden Krimtrauben und Zuckermelonen serviert, und die Flugzeugbesatzung fragte sich, was das russische Volk wohl sagen würde, wenn es wüßte, welch prächtiges Leben seine Apparatschiks führen.

*

Verabredungsgemäß erschien Michail Sergejewitsch am nächsten Morgen um elf Uhr im Hotel, um die Besatzung abzuholen. Seine elfjährige Tochter wartete im Wagen. Offensichtlich wollte er jegliches Aufsehen vermeiden.

Tatjana war ungewöhnlich hübsch. Ihre stahlblauen Augen und ihr pechschwarzes Haar bildeten einen faszinierenden

Kontrast. Bei der Begrüßung wünschte sie jedem einen wohleinstudierten ›Gutten Morgen!‹

Während der Fahrt saß sie zwischen dem Chauffeur und ihrem Vater. Er machte auf alle Sehenswürdigkeiten aufmerksam, die ins Blickfeld rückten: der Rote Platz; das Lenin-Mausoleum; der Kreml mit seiner hohen Mauer und der berühmten Kanone, aus der nie eine Kugel abgefeuert wurde, und seinen fünf mächtigen Toren und der Glocke, die niemals geläutet hat; schließlich die Basilius-Kathedrale mit ihren vielen Türmen und Kuppeln im byzantinischen und im tatarischen Stil.

Moskau machte auf Markus Erdmann einen größeren Eindruck, als er erwartet hatte. Immer wieder gab es Plätze und Gebäude zu bewundern: das Kloster Nowodewitschi, auf das Michail Sergejewitsch allerdings nur flüchtig hinwies; das aus dem 17. Jahrhundert stammende Nowospasski-Kloster, von dessen Zwiebeltürmen leider kein Blattgold mehr leuchtete.

Betroffen aber machte ihn eine Reaktion des Russen, als dessen Tochter angesichts eines schäbig aussehenden neuen Häuserblocks etwas dem Klang nach Verächtliches sagte. Er fuhr sie augenblicklich an und redete dann gestenreich auf den Chauffeur ein, dem er einiges zu erklären schien. Später, als sie am Flughafen den Wagen verlassen hatten, verriet er der Besatzung, um was es gegangen war. Tatjana hatte eine abfällige Bemerkung über Fertighäuser und Wohnkolonien gemacht, die es ihm angeraten erscheinen ließ, sein Entsetzen zum Ausdruck zu bringen und sich darüber zu empören, was Kinder auf der Straße so alles aufschnappten und kritiklos nachplapperten.

Der Flugkapitän fragte verwundert: »Sie befürchten, Ihr Chauffeur könnte Ihnen anlasten, was Ihre Tochter gesagt hat?«

Michail Sergejewitsch hob die Schultern. »Bei uns muß jeder vor jedem Angst haben.«

»Entsetzlich.«

»Man gewöhnt sich daran und verhält sich dementsprechend. Es ist natürlich peinlich, wenn ein Kind einen Fehler macht. Das kommt aber nur selten vor, weil alle Kinder daheim entsprechend geschult werden und sehr genau Bescheid wissen. Tatjana ist der Fehler heute vermutlich unterlaufen, weil sie in Gesellschaft der deutschen Flugzeugbesatzung die Gegenwart des Fahrers völlig vergaß.«

»Und Sie fühlen sich unter solchen Lebensbedingungen wohl?«

Michail Sergejewitsch überhörte die Frage und brachte seine Tochter in das Flughafenrestaurant. Danach ging auch er zur Ju 52 und sorgte dafür, daß Klaus Steger die erforderliche Unterstützung erhielt. Nachdem zwei Tankwagen vorgefahren waren, stieg er in die Kabine und entnahm einer Aktenmappe, die er hinter seinem Sitz verstaut hatte, ein kleines Päckchen und wandte sich an Markus Erdmann, der in der Kanzel einige Instrumente kontrollierte.

»Ichch habe eine Bitte an Sie«, sagte er und wickelte das Päckchen aus. »In Königsberg kaufte ich für Tatjana eine Tafel Schokolade. Jeglicher Schmuggel ist aber streng verbotten. Stecken Sie die Tafel ein, und bieten Sie sie Tatjana beim Tee, den wir gleich mit ihr trinken werden, als einen Teil Ihres Reiseverzehrs an. Damit es echt aussieht, nehmen auch wir jeder ein Stückchen. Einverstanden?«

Der Flugkapitän war betreten. »Hätte ich gewußt, daß es hier keine Schokolade gibt, dann hätte ich in Königsberg zehn Tafeln gekauft.«

»Und wären womöglich in die Bredouille geraten! Ichch sagte schon: Schmuggel ist streng verbotten!«

Markus Erdmann schüttelte den Kopf. »Und das finden Sie in Ordnung?«

»In gewissem Sinne schon. Im Grunde genommen natürlich nicht. Auch damit muß man fertig werden.«

2

Am nächsten Morgen erstrahlte der Himmel kobaltblau. Die Flugzeugbesatzung atmete auf und geriet in eine gehobene Stimmung, die sich noch steigerte, als Michail Sergejewitsch erklärte, von der Botschaft in Berlin die Bestätigung erhalten zu haben, daß die Ehefrauen schon zwei Stunden nach der Landung über die Ankunft in Moskau verständigt worden seien. Daheim gehe es allen gut, und man sei glücklich darüber, daß die Berliner Botschaft auch in den nächsten Tagen die Verbindung aufrechterhalten wolle.

Ein Wermutstropfen fiel jedoch in den Becher der Freude, als Markus Erdmann auf der Wetterwarte erfuhr, daß der Flughafen Swerdlowsk über 35 Zentimeter verharschten Schnee meldete. Da hieß es, bei der Landung aufzupassen und der Gefahr eines Überschlages entgegenzuwirken.

»Am besten nehmen Sie beim Anflug auf dem zweiten Führersitz Platz«, schlug er seinem russischen Begleiter vor. »Wenn Sie vorm Aufsetzen das Steuer mit mir halten, habe ich eine Hand frei und kann das Leitwerk durch Gasgeben nach unten drücken, falls die Bremswirkung des Schnees zu groß werden und der Rumpf sich heben sollte.«

Michail Sergejewitsch dankte für den Vertrauensbeweis. Um so unverständlicher war sein Verhalten gleich nach dem Start. Er erschien in der Führerkanzel und forderte, ohne eine Erklärung dafür zu geben: »Steuern Sie nicht 92, sondern 98 Grad.«

Der Flugkapitän sah ihn ungläubig an. »Nach Swerdlowsk sind es 92 Grad!«

»Steuern Sie 98 Grad!«

»Gibt es auf der Route ein Sperrgebiet?«

»Nein.«

»Dann weiß ich nicht, weshalb ich den Kurs ändern soll.«

»Weil ich das wünsche«, erklärte der Russe kurz angebunden und kehrte in die Kabine zurück.

Klaus Steger beugte sich zum Piloten hinüber. »Spinnt der?«

Das glaube ich nicht, dachte Markus Erdmann. Er ist nur blödsinnig impulsiv. Es ist wie in Königsberg. Um jeden Preis wollte er noch am gleichen Tag nach Moskau fliegen. Damals gab er wenigstens eine Erklärung. Heute hingegen . . .

Mit der Frage »Was werden Sie tun?« riß der Funkmaschinist ihn aus den Gedanken.

Anstatt eine Antwort zu geben, kurbelte der Flugkapitän 98 Grad ein.

»Sie gehorchen widerspruchslos?«

»Aus Vernunftsgründen. Natürlich fliegen wir bei diesem Kurs am Ziel vorbei. Doch das können wir uns auf der heutigen Strecke, die Flüsse, Eisenbahnen und dergleichen aufweist, ohne weiteres leisten. Da lassen sich Fehler jederzeit korrigieren, und da Swerdlowsk einen Peiler hat, werden wir unser Ziel schon nicht verfehlen. Morgen sieht die Geschichte anders aus. Semipalatinsk hat keine Funkstation, und auf der weiten Strekke dorthin könnte uns eine Abweichung von sechs Grad in eine mißliche Lage bringen. Um das zu verhindern, muß ich heute beweisen, daß der von mir errechnete Kurs stimmt.«

»So ein Knallkopp!«

»Sie müssen das anders sehen. Er hat uns bis jetzt sehr geholfen, und seine Unterstützung müssen wir uns für die nächsten Tage sichern. Ist das nicht Grund genug, auf sein Spiel einzugehen?«

»Mag sein. Sie sollten aber bedenken, daß er Kommunist ist! Den Brüdern ist trotz Kaviar, Rebhühnchen und Krimtrauben nicht zu trauen.«

»Bornierten Menschen ebensowenig.«

Der Funkmaschinist beschäftigte sich pikiert mit seinem Gerät.

Nach annähernd zwei Flugstunden über eine völlig verschneite Landschaft wurde ersichtlich, warum Michail Sergejewitsch die Kursänderung gefordert hatte. Er erschien in der Kanzel und bat Dr. Finger, den Platz mit ihm zu wechseln. Und als dies geschehen war, wies er in die Flugrichtung. »Der Ort, der da am Horizont auftaucht, ist Nishnij Nowgorod. Im vorigen Jahr wurde er nach unserem Dichter Gorkij, der dort geboren wurde, umbenannt.«

»Und wegen dieser Stadt haben wir den Kurs gewechselt?«

»Erraten!« Der Russe legte die Hände ans Steuer. »Darf ichch?«

»Bitte.«

»Ichch bin ebenfalls in Nishnij Nowgorod geboren. Ein malerischer Ort, wie Sie gleich sehen werden. Er liegt an der Mündung der Oka in die Wolga.« Michail Sergejewitsch drückte die Maschine auf etwa 200 Meter hinunter, so daß trotz der weißen Schneedecke viele Details der Stadt gut erkennbar wurden. In ihrem oberen, etwa 100 Meter über der Wolga gelegenen Teil, der sich amphitheatrisch auf dem rechten Ufer ausbreitete, erhob sich ein mächtiger Kreml mit zwei großen Kathedralen. Von der unteren Stadt führte eine Pontonbrücke zu einem Vorort auf der Landzunge zwischen Oka und Wolga, der viele Kais aufwies, die für einen regen Schiffsverkehr sprachen. Im übrigen gab es zahlreiche bedeutende Bauwerke und wohl über fünfzig Kirchen.

»Wieviel Einwohner hat Gorkij?« erkundigte sich Markus Erdmann.

»In meiner Jugend lebten hier nahezu hunderttausend Menschen; heute werden es fünfhunderttausend sein. Die Gemütlichkeit ist vorbei. Meine Großmutter ist schon vor vielen Jahren in ein an der äußersten Peripherie gelegenes kleines Bauernhäuschen gezogen. Wir fliegen dorthin, wenn ichch Ihnen gezeigt habe, wo ichch meine erste Ausbildung erhielt.« Er wies auf einen grauen Backsteinbau mit weitem Innenhof. »Das ist das Araktschejewsche-Militärgymnasium.«

»Sie wurden Offizier?«

»Dazu hat es nicht mehr gereicht. Mit sechzehn Jahren wurde ichch an die Front geschickt.« Er beendete die Kurve und flog in östlicher Richtung über die Stadt hinweg. »Das Herz meiner Babuschka wird schneller schlagen, wenn wir über ihrem Häuschen einen Kreis drehen. Sie weiß dann, daß ichch am Steuer sitze. Das hab' ichch schon einmal gemacht. Natürlich mit einer kleinen Maschine.«

Letzteres bezweifelte der Flugkapitän. Michail Sergejewitsch steuerte die Ju 52 wie jemand, der schon oft hinter dem Segment eines großen Flugzeuges gesessen hat.

Wenige Minuten später flog der Russe in nur 20 Meter Höhe auf ein kleines Holzhäuschen zu, das von einem Gemüsegärtchen umgeben war. »Gleich wird meine Babuschka erscheinen«, rief er und leitete eine steile Kurve ein. »Unser Deduschka, das Großväterchen, ist schon vor Jahren gestorben. Babuschka lebt seitdem allein.« Der Glanz seiner Augen verstärkte sich plötzlich. »Da ist sie! Da ist sie! Sie winkt – weiß, daß ichch sie besuche!«

Markus Erdmann kam aus dem Staunen nicht heraus. Michail Sergejewitsch gebärdete sich wie ein ausgelassener Junge. Seine kindliche Freude beim Anblick des Großmütterchens war bewegend.

Nach dreimaligem Umkreisen des Häuschens legte der Russe das Flugzeug wieder gerade und übergab das Steuer. »Herzlichen Dank, Markus! Ichch werde mich erkenntlich zeigen.«

»Schon gut. Aber eines möchte ich nicht unausgesprochen lassen: Wenn Sie mir früher gesagt hätten, was Sie vorhaben, wäre es leichter für mich gewesen.«

Michail Sergejewitsch lachte. »Für Sie hätte es dann aber keine Überraschung mehr gegeben.«

Der Flugkapitän kurbelte den neuen Kurs nach Swerdlowsk ein und war froh, daß sich die Angelegenheit zur allseitigen Zufriedenheit erledigt hatte.

In den nächsten Stunden wechselten tief verschneite, blendende Ebenen mit dichten, von Horizont zu Horizont sich erstreckenden Wäldern ab. Dann endlich überflogen sie den Ural, das längste Meridiangebirge der Alten Welt, das sich von den Tundren der Karaseeküste bis zu den Steppen des Uralflusses erstreckt und die russische Ebene über 2000 Kilometer vom

Westsibirischen Tiefland trennt. Auf der Landkarte sieht der als ›Wetterscheide‹ bezeichnete Höhenrücken imponierend aus, in der Natur hingegen...

Markus Erdmann hatte seine Schulkenntnisse gründlich aufgefrischt und wußte, daß der Ural, von einigen größeren Erhebungen abgesehen, im Durchschnitt nur 400 bis 500 Meter hoch ist. Dennoch mutete es ihn absurd an, als er in 400 Meter Höhe das weltbekannte Gebirge überflog. Nicht eine einzige Erhebung war zu erkennen, und das Gelände stieg so allmählich an, daß es überhaupt nicht feststellbar war.

Dr. Finger schüttelte den Kopf. »Den Ural habe ich mir anders vorgestellt. Wir nennen ihn ja nicht nur ›Wasser-‹, sondern auch ›Klimascheide‹.«

»Im Lexikon wird er sogar ›Völkerscheide‹ genannt«, ergänzte der Pilot.

»Eben! Wir wissen alles mögliche, lernen die Wirklichkeit aber nicht kennen, wenn wir nur in Studierstuben hocken und uns draußen nicht umsehen. Was nützt uns das Wissen, daß es östlich vom Ural im Winter kälter, im Frühjahr hingegen wärmer ist, wenn man vom Gebirge selbst eine völlig falsche Vorstellung hat. Ich ziehe die Konsequenz aus dem heutigen Erlebnis. In Zukunft werde ich alles dransetzen, durch möglichst viele Flüge praktische Erfahrungen zu sammeln.«

»Gratuliere!« lobte ihn Klaus Steger. »Wenn Sie so weitermachen, werden Sie mir direkt sympathisch.«

Der Flugkapitän sah ihn vorwurfsvoll an. »Anstatt zu lästern, sollten Sie sich die Weite dieses Landes vergegenwärtigen! Moskau liegt im Moment ziemlich genau zwischen Berlin und uns. Und wieviel Tausende von Kilometern sind es noch bis zur östlichen Grenze der Sowjetunion? Die Unendlichkeit dieses Landes ist beängstigend.«

»Da haben Sie recht«, pflichtete ihm der Funkmaschinist bei. »Vor allen Dingen, wenn man bedenkt, daß hier ausschließlich Kommunisten leben.«

Markus Erdmann lag eine scharfe Erwiderung auf der Zunge, doch dann dachte er daran, daß in dem Ort, dem sie entgegenflogen, der Zar und seine Familie gnadenlos umgebracht worden waren. Es hatte keinen Sinn, sich aufzuregen. Klaus Steger war nun mal ein Kommunistenfresser. Und es wurde auch Zeit, die Landung auf dem verharschten Schnee vorzubereiten.

Wie besprochen übernahm Michail Sergejewitsch das zweite Steuer. Um das Flugzeug möglichst schwanzlastig zu machen, wies Flugkapitän Erdmann den Meteorologen und den Funkmaschinisten an, auf der an der hinteren Rückwand der Kabine befindlichen Notbank Platz zu nehmen und sich gut anzuschnallen, damit sie, falls es zu einem Kopfstand kommen sollte, nicht nach vorn katapultiert würden.

Ein kurzer Flug über Swerdlowsk ließ erkennen, daß das einst als malerisch gepriesene Jekaterinburg seinen ursprünglichen Charakter verloren hatte. Nur die weitläufig angelegte Altstadt hob sich wohltuend gegen die nach allen Richtungen sich ausbreitenden Industrieanlagen und vielstöckigen Mietskasernen ab.

Der Russe wies auf zwei große Produktionsstätten. »Das sind unsere ›Fabriken der Fabriken‹. Die Uralmasch, in der Hütten-, Walzwerks- und Straßenbaumaschinen hergestellt werden, und die Uralchimmasch, die chemische Stoffe produziert.«

»Sie bieten einen ebenso unerfreulichen Anblick wie das deutsche Ruhrgebiet«, entgegnete der Pilot.

»Ja, Swerdlowsk wurde zur größten Siedlung im gesamten Uralraum. Aber jetzt sollten wir die Landung nicht länger hinausschieben.«

Markus Erdmann kurvte zum Flugplatz hinüber, dessen Ausmaß ihn von jeglicher Sorge befreite. »Da können wir mit halber Motorkraft dicht über Grund dahinfliegen und die Schneedecke langsam im ›ausgehungerten Zustand‹ berühren. Der Propellerwind wird das Leitwerk dabei nach unten drücken. Und sollte es nicht reichen, dann kann ich im letzten Moment immer noch kurz Vollgas geben.«

Michail Sergejewitsch nickte zustimmend. »Ich bin überzeugt, daß Sie es schaffen!«

Tatsächlich verlief die Landung weniger spektakulär, als Flugkapitän Erdmann angenommen hatte. Aber schon beim Wenden der Maschine veränderte sich sein Gesichtsausdruck so sehr, daß der Russe, dem dies nicht entging, besorgt fragte:

»Ist etwas nicht in Ordnung?«

»Doch, doch. Mir ist nur eben klargeworden, daß das Problem nicht die Landung war, sondern der Start sein wird. Die Räder werden im verharschten Schnee einbrechen. Wir können hier niemals die erforderliche hohe Geschwindigkeit erreichen.«

»Das lassen Sie meine Sorge sein. Spätestens morgen früh steht Ihnen eine feste Startbahn zur Verfügung.«

*

Daß Michail Sergejewitsch kein leichtfertiges Versprechen gegeben hatte, wurde schon eine Stunde später ersichtlich. Vom Platzrand aus marschierten dreihundert Soldaten, immer zwanzig untergehakt in einer Reihe, stampfend über die Strecke, die das Flugzeug bei der Landung genommen hatte. Aber nicht nur bis zu der Stelle, an der die Radspuren endeten, sondern bis an den äußersten Rand des Flugplatzes heran. Dort angekommen, machten sie kehrt und stampften singend zurück. Mehrere Male marschierten sie so hin und her.

»Es ist toll, was Sie zuwege bringen«, sagte Markus Erdmann anerkennend, als er kurz vor Einbruch der Dunkelheit mit dem Russen die Maschine inspizierte. Sie war unter der Aufsicht von Klaus Steger von sowjetischen Monteuren betankt und gewartet worden.

Der Funkmaschinist wies zu den über das Landefeld stampfenden Soldaten. »Ist das nicht phantastisch? Der Mensch ist die beste Maschine.«

»Lenin nannte es die schöpferische Kraft der Massen«, hielt Michail Sergejewitsch dagegen.

Klaus Steger verbeugte sich in devoter Weise. »Ick danke Euer Gnaden für die Belehrung.«

Um das deplazierte Gehabe herunterzuspielen, raunte Markus Erdmann dem Russen zu: »Der muß immer meckern und das letzte Wort haben.«

»Solche Burschen sind mir lieber als Speichellecker.« Michail Sergejewitsch schlug den Weg zum nahe gelegenen Verwaltungsgebäude ein. »Wollen wir eine Tasse Tee trinken?«

»Gerne.«

Sie nahmen in einem kleinen Nebenraum der Kantine vor einem bauchigen Samowar Platz, der, im Gegensatz zu üblichen Schilderungen, nicht heimelig summte, sondern laut zischte und mächtige Dampfwolken zur Decke stieß.

Der Russe rieb seinen struppigen Bart. »Ichch bin froh, daß meine Babuschka einen Gruß von mir bekommen hat, der ihr das Herz noch lange wärmen wird. Sie ist meine Großmutter väterlicherseits. Ihr Ältester, mein Vater, war Verwaltungsoffizier im Nowgoroder Kreml. Er lernte meine Mutter, eine Wolgadeutsche, auf einer Inspektionsreise in Saratow kennen. Sie heirateten in Nishnij Nowgorod, wo er wenig später zum Kommandeur der Festung ernannt wurde. Aber das genügte ihm nicht. Er wollte ganz hoch hinaus und schaffte es, nach Sankt Petersburg ins Kriegsministerium berufen zu werden. Wir waren voller Seligkeit, natürlich auch froh darüber, daß wir daheim eine gute Schule besucht hatten. Ichch das Militärgymnasium, meine vier Jahre jüngere Schwester das berühmte Mriensche Institut. Doch unser Glück, in der Nähe des Winterpalais an der Bolschaja Newa zu wohnen, währte nur kurz. Mein Vater, ein glühender Verehrer Leo Tolstojs, der wegen seiner Kritik an der verlogenen Gesellschaft und des sozialen Unrechts nicht nur am Hofe in Ungnade gefallen, sondern auch von der Kirche exkommuniziert worden war, verbrannte sich die Zunge, als er den Dichter in einer abendlichen Runde mit hohen Offizieren über Gebühr verteidigte. Das kam einer Majestätsbeleidigung gleich. Vierundzwanzig Stunden später wurden meine Eltern nach Sibirien deportiert. Wir haben nie wieder etwas von ihnen gehört.«

»Schon unter dem Zaren gab es keine Freiheit des Denkens?« empörte sich Markus Erdmann.

»In Rußland hat immer nur die Knute regiert. Im Gegensatz zu früheren Verbannungen, die irgendwo im fernen Osten unseres Landes abzusitzen waren, müssen die heutigen Strafgefangenen beim Aufbau von Industriekombinaten und dergleichen Schwerstarbeit leisten.«

»Finden Sie das in Ordnung?«

»Nein, aber notwendig.«

»Da trennen uns Welten.«

»Wie könnte es anders sein? Sie haben das Glück gehabt, nicht selbst aufbauen und in aller Schnelligkeit erstellen zu müssen, was Ihre Vorfahren in Ruhe erledigen konnten. Mindestens vierzig bis fünfzig Jahre haben wir nachzuholen!«

Um das verfängliche Thema zu wechseln, erwiderte der Flugkapitän: »So betrachtet, haben Sie recht. Aber was wurde aus Ihrer Schwester und Ihnen, als sie plötzlich allein dastanden?«

»Eine Tante nahm sich unserer an. Und dann brach der Krieg aus. Ichch wurde an die Front geschickt. Doch das Schicksal war mir hold. Ichch erlitt keine Verwundung und erlebte den großen Umbruch an der Seite eines Kommandeurs, der beispielsweise die Auffassung vertrat, die Französische Revolution sei nicht vom einfachen Volk, sondern von gebildeten Kreisen wie Philosophen, Enzyklopädisten, Freimaurern, Schriftstellern und so weiter gemacht worden. ›Und genauso ist es bei uns‹, erklärte er. ›Während wir gegen den Feind ankämpfen, wird unser Volk von einer gewissen Intelligenzija so umnebelt, daß es höhere Herrschaften bewundert, die ihre Salons politischen Kreisen öffnen, und nicht merkt, daß sich unter ihren Fittichen ein Staat im Staat bildet. Vor solchen Kreaturen werde ichch meine Soldaten zu schützen wissen.‹«

»Dann haben Sie die Revolution ja gut überstanden«, sagte Markus Erdmann im Bestreben, den immer redseliger werdenden Russen zu bremsen.

»Ja. Verrückterweise kam mir in Petrograd, wie Sankt Petersburg seit Kriegsbeginn hieß, der Umstand zugute, daß meine Eltern nach Sibirien verbannt worden waren. Also entstammte ichch einer revolutionären Familie! Meiner Schwester hätte dies ebenfalls geholfen, wenn sie in ihrer Aufrichtigkeit und weil sie es so gelernt hatte, mit ihren fünfzehn Jahren nicht den wahnwitzigen Fehler gemacht hätte, während des Aufstandes vor dem Winterpalast ›Bosche, Zarja chrani!‹ auszurufen. ›Gott schütze den Zaren!‹ Das war zuviel für die Bolschewiki. Sie wurde abgeführt und nach Sibirien transportiert. Wohin, das erfuhr ich erst vor zwei Jahren, als sie mir endlich einen Brief schicken durfte. Sie teilte mir mit, nach vierzehnjähriger Internierung das Schlimmste überstanden zu haben. Ihr nicht gerade appetitlicher Lagerkommandant sei Befehlshaber einer Festung für straffällige Offiziere geworden, und er habe ihr völlig überraschend das Angebot gemacht, sie aus ihrer mißlichen Lage zu befreien, wenn sie bereit sei, ihn zu heiraten. Ihr Brief endete mit der bitteren Feststellung: ›Prostration und Prostitution!‹«

»Können Sie ihr nicht helfen? Sie haben doch großen Einfluß!«

Michail Sergejewitsch schüttelte den Kopf. »Es gibt Grenzen. Meine Schwester machte einen zweiten unverzeihlichen Fehler: Sie heiratete einen Offizier! Daß der wenig taugt, andernfalls wäre er wohl kaum als Kommandant in einem sibirischen Lager eingesetzt worden, will nichts besagen. Er ist sowjetischer Offizier, und eine Russin, die sich von einem Schildträger der Nation trennt, saust in das tiefste Loch, das es gibt. Meine Schwester hat es richtig formuliert: Niederwerfung und erzwungene Hingabe zum Geschlechtsverkehr sind ihr Los.«

*

An diesem Abend konnte Markus Erdmann nicht gleich einschlafen. Nie zuvor hatte er bewußt empfunden, welch gesegnetes Leben ihm zuteil geworden war. Gewiß, auch er hatte seine Eltern verloren. Aber nicht in jungen Jahren und nicht durch Deportation. Sie waren mit Karl Helfferich, dem Vorsitzenden der Deutschnationalen Volkspartei, bei einem Zugunglück in Bellinzona ums Leben gekommen.

Das Schicksal der Familie seines russischen Begleiters ging ihm nicht aus dem Kopf. Dessen Gelassenheit war ihm allerdings ein ebenso großes Rätsel wie die Tatsache, daß er nie über seine Frau sprach, sie kein einziges Mal erwähnte. Hatte sie ihn verlassen? Es interessierte ihn, mehr über Michail Sergejewitsch zu erfahren, vor allen Dingen hätte er gern gewußt, in welcher Funktion er in der Sowjetunion tätig war. Während des Fluges nach Swerdlowsk hatte er wieder pausenlos in einem dicken Wälzer gelesen. Daß ein Mann mit seinem Einfluß und seinem höchstwahrscheinlich großen Wissen an einem für Rußland letztlich belanglosen Flug teilnahm, mußte einen besonderen Grund haben.

Es gab aber noch etwas anderes, das Flugkapitän Erdmann schwer einschlafen ließ. Sie waren in einem Gebäude untergebracht, in dem es außer dem in Kasernen üblichen Mief stark nach verbrutzeltem Öl, Knoblauch und anderen Küchengewürzen roch. Und als Schlaflager standen keine Matratzen, sondern Strohsäcke zur Verfügung, über die wenig vertrauenerweckende Leinentücher gelegt waren. Doch mit solchen Dingen hatten er und seine Flugkameraden rechnen müssen. In Semipalatinsk, Sergiopol und den nachfolgenden chinesischen Zwischenstationen würden sie wahrscheinlich noch wesentlich primitiver untergebracht sein.

*

Nach einem üppigen Frühstück mit Speck und Eiern wurde um neun Uhr zum Flug nach Semipalatinsk gestartet. Der Flugplatz der Hauptstadt der gleichnamigen Provinz im russisch-zentralasiatischen Generalgouvernement verfügte über keine Funkstation. Bei der guten Wetterlage war es jedoch trotz vielfacher Einöden und wenig markanter Punkte auf der 1500 Kilometer weiten Strecke kein Problem, die am unübersehbaren Irtysch gelegene Stadt zielgerecht anzusteuern. Zumal auch die neue ›Turksib-Bahn‹, die Turkestan mit Sibirien verbindet, zu ihr führte.

In den ersten drei Flugstunden gab es nichts als Schnee zu sehen. Das zwischen Ob und Irtysch gelegene Westsibirische Tiefland lag unter einer weißen Decke, deren Sonnenreflexion dunkle Brillen verlangte. Nach etwa sechshundert Kilometern stieg die Temperatur auf zehn Grad, und unter dem langsam weichenden Schnee trat blaßgraue Erde hervor, die hin und wieder wie mit feinem Zucker bestäubt aussah, dann aber eine kräftige Farbe annahm.

An Bord der Ju 52 stieg die Stimmung, obwohl es nichts zu entdecken gab, das von Interesse hätte sein können. Ton, Sand, versiegende kleine Flüsse, Salzpfannen, abflußlose Seen, Steppenflächen mit spärlichem Graswuchs und gelegentlich, wie aus einer fremden Welt auftauchend, mächtige Gesteinsbrocken – erste Vorboten des noch weit entfernten Altai-Systems. Mit jeder Stunde wurde deutlicher, daß die Höhenzüge des Tarbagataj-Gebirges mehr und mehr in die Steppe hineindrängten.

Um sich über die ermüdend eintönige Strecke hinwegzuretten, zwang sich Markus Erdmann, die geologischen Veränderungen intensiv zu beobachten.

Michail Sergejewitsch hingegen las, wie schon in den Tagen zuvor, unablässig in technischen Büchern. Nur einmal, nach etwa vier Stunden Flugzeit, schaute er in die Kanzel hinein und bat Klaus Steger, den ihm bereits in Swerdlowsk übergebenen Funkspruch ›Mit der Arbeit beginnen‹ auszustrahlen.

»Ist es unverschämt, sich nach dem Sinn Ihrer Weisung zu erkundigen?« fragte der Flugkapitän.

»Keineswegs«, antwortete der Russe. »Die Hälfte der Strecke nach Semipalatinsk ist überschritten. Wir werden somit selbst im Falle einer Motorpanne nicht nach Swerdlowsk zurückkehren, sondern den nun näher liegenden Zielort ansteuern. Das bedeutet, daß wir die festgestampfte Piste keinesfalls mehr brauchen, und ich ordnete an, sie mit Eggen wieder zu lockern, sobald ich das Kommando gebe, mit der Arbeit zu beginnen.«

»Und weshalb soll der Schnee gelockert werden?«

»Damit die darunter liegende Erde atmen kann! Festgestampfter Schnee wird zu Eis und taut mindestens einen Monat später auf. Das können wir uns bei unserem Klima nicht leisten. Die Piste würde unter Umständen im nächsten Jahr nur noch bedingt benutzbar sein.«

Beeindruckt dachte Markus Erdmann: Auch von der Sowjetunion kann man was lernen. Aber wer glaubt das schon? Für viele sind Russen böse Kommunisten, die die Welt ins Unglück stürzen wollen.

Nach knapp sieben Stunden wurde ein nach Westen verlaufender großer Bogen des Irtysch überflogen, und eine Stunde später tauchte das in trostloser Steppe gelegene Semipalatinsk am Horizont auf. Seine unterschiedlichen Stadtteile sprangen beim Überfliegen deutlich ins Auge. Im weitläufigen, allem Anschein nach wohlhabenderen Teil, den Tataren bewohnten, gab es zahlreiche Moscheen, wohingegen zwei unbedeutende Kirchen und ein verfallenes Fort den russischen Distrikt kennzeichneten.

Flugkapitän Erdmann hatte von der sowjetischen Botschaft in Berlin die Zusage erhalten, daß in Semipalatinsk ein Waggon Treibstoff bereitstehen werde. Zu seiner Verwunderung verfügte die Stadt über keinen eigentlichen Flughafen. Auf dem völlig ebenen Gelände konnte aber praktisch überall gelandet werden, und er tat dies direkt neben der Bahnlinie in unmittelbarer Nähe einer Blockhütte, die die Bahnstation zu sein schien. Ein Benzinwaggon war jedoch weit und breit nicht zu sehen.

»Das kann ja heiter werden«, ereiferte er sich, als die Maschine zum Stillstand gekommen war. »Wenn wir hier keinen Sprit bekommen, ist es aus.«

»Nicht die Nerven verlieren«, hielt Michail Sergejewitsch dagegen. »In Rußland sind alle Wege weit.« Als aber ein Tatar mit der Schirmmütze eines Stationsvorstehers aus dem Blockhaus heraustrat und auf Befragen erklärte, daß ihm bis zur Stunde kein Waggon mit Benzin avisiert worden sei, wurde auch er nervös.

Zum Glück erschien bald darauf der Gouverneur von Semipalatinsk. Die über die Stadt hinwegdonnernde Ju 52 hatte ihn aufgeschreckt. Er versicherte: »Der Treibstoff ist unterwegs!

Die Aeroflot hat telegrafiert, der Tankwagen sei wegen eines Gleisdefektes vor Nowo Pestschanoja liegengeblieben. Inzwischen befinde er sich auf dem Weg nach Semipalatinsk, wo er voraussichtlich in zwei oder drei Tagen eintreffen werde.« Gestenreich fügte er hinzu, daß die Besatzung selbstverständlich sein Gast sei und daß er fünfzig Soldaten zur Bewachung der Maschine abkommandiert habe. Dies sei erforderlich, weil große Teile der Bevölkerung, die das Flugzeug ja gehört und gesehen habe, bestimmt in Kürze erscheinen und dann, ihrer Art entsprechend, versuchen werde, das Luftfahrzeug ebenso zu betasten wie unbekannte Kleiderstoffe oder sonstige Materialien. Dem Militär habe er den Auftrag gegeben, einen Sicherheitskreis um das Flugzeug zu bilden, und falls fünfzig Mann nicht ausreichen sollten, sei für Nachschub gesorgt.

Einen Vorgeschmack auf das zu erwartende Tohuwabohu erhielt die Besatzung, als bald nach Aufstellung der mit Lastwagen herbeigeschafften Soldaten die ersten Kirgisen, Kalmücken und Tataren heranrückten. Sie bestaunten die Ju 52 mit offenen Mäulern, und da sie nicht an die Maschine herankonnten, begannen sie ungeniert, die Fliegerkombinationen der Besatzung zu befühlen und über deren Qualität in gutturalen Lauten zu debattieren. Da half es auch nicht, daß Michail Sergejewitsch einigen Männern kräftig auf die Finger schlug. Die Gezüchtigten lachten, als habe man sich einen Spaß mit ihnen erlaubt.

»Nur weg von hier!« rief Klaus Steger, als er nach dem Abdekken der Flugzeugkanzel und der Motoren den schützenden Kreis der Soldaten verließ und sein Monteuranzug von allen Seiten betastet und begrapscht wurde.

Das hinderte ihn jedoch nicht daran, auf der Fahrt in die Stadt den Meteorologen gleich wieder zu hänseln. »Na, wie fühlen Sie sich? Sind Gast beim Gouverneur und kassieren täglich fünfzig Mark Auslandstagegeld! Da kommen für den Persianer weitere hundertfünfzig bis zweihundert Märkerchen zusammen.«

»Toll, wie schnell Sie rechnen können«, entgegnete Dr. Finger. »Aber bei mir ist inzwischen ein Wandel eingetreten. Mir macht das Fliegen jetzt richtig Spaß. Alles, was ich sehe und erlebe, ist mir sowohl in beruflicher als auch menschlicher Hinsicht wichtiger geworden als die monetäre Seite.«

Markus Erdmann klopfte dem Meteorologen auf die Schulter. »Gut gebrüllt, Löwe!«

Klaus Steger ließ sich nicht in die Ecke drängen. »Schade, daß es hier keene Berliner Destille gibt. Ick würde Sie jetzt glatt zu einem freundlichen Bierchen einladen.«

*

Der Gouverneur von Semipalatinsk verstand es, den ihm in der Abgeschiedenheit der Steppe nicht gewährten beruflichen Glanz durch Liebenswürdigkeit und Wärme wettzumachen. Sein schmales Gesicht und ein dunkles kaftanähnliches Gewand gaben ihm ein asketisches Aussehen. Ungeachtet der frugalen Kost, die er servieren lassen konnte, bat er mit dem Gehabe eines Grandseigneurs zu Tisch. Und er genoß es, wenn er sich mit Michail Sergejewitsch zu einer Plauderstunde zurückziehen konnte.

Der Funkmaschinist benutzte die auferlegte Zwangspause zur Wartung der Motoren, und er war verblüfft, als er feststellte, daß der Pilot ihm dabei nicht nur zur Hand ging, sondern in der Lage war, das diffizile Einstellen von Ventilen selbst vorzunehmen. »Wo haben Sie das gelernt?« fragte er erstaunt.

»Na, wo schon? Bei Junkers! Alles von der Pike auf!«

Der Meteorologe versuchte ebenfalls, sich nützlich zu machen. Es blieb natürlich bei kleinen Handreichungen. Vielleicht atmete er deshalb besonders erleichtert auf, als der Zug mit dem Benzin am Mittag des dritten Tages endlich eintraf.

Da die Entfernung zur russischen Grenzstation Sergiopol nur 500 Kilometer betrug, wäre Markus Erdmann am liebsten noch am gleichen Tag gestartet, um die Zollabfertigung hinter sich zu bringen und am nächsten Morgen über Tschugutschak nach Urumtschi zu fliegen, wo, einem Bescheid der Eurasia zufolge, Benzin für den Weiterflug nach Soutschou gelagert war. Doch Michail Sergejewitsch warf plötzlich alle Pläne über den Haufen.

Unter dem Vorwand, die Startstrecke vorsorglich prüfen zu wollen, um sich zu vergewissern, daß es keine Mulden, Buckel oder dergleichen gebe, die der nun schwerbeladenen Maschine gefährlich werden könnten, forderte er den Flugkapitän auf, ihn zu begleiten. Sie waren aber noch keine hundert Meter gegangen, da erklärte er ohne Umschweife, daß er beabsichtige, nicht nur bis zur russischen Grenze mitzufliegen. Für ihn sei es überaus wichtig, am Flug über China teilzunehmen. Komplikationen werde es nicht geben, weil er über einen entsprechenden Paß mit gültigem Visum verfüge.

Markus Erdmann war wie vor den Kopf gestoßen. »Sie sind ja für manche Überraschung gut«, erregte er sich, »doch es gibt Grenzen, die ich nicht überschreiten werde!«

»Sie stehen in meiner Schuld! Ohne mich...«

»Wollen Sie mich erpressen?«

»Ein unschönes Wort. Unter Umständen kann man es freilich so nennen. Unter Umständen, sagte ichch, weil ichch hoffe und glaube, daß Sie mir keinen Stein in den Weg legen, wenn Sie erfahren, worum es geht.«

»Darf ich erst mal Ihren Paß sehen?« forderte der Pilot, um Zeit zu gewinnen. Er fühlte sich überrumpelt und wußte nicht, wie er sich verhalten sollte.

Michail Sergejewitsch entnahm der Brusttasche seiner Lederkombination zwei Pässe. »Bitte serr! Der eine lautet auf meinen Namen und ist ohne Visum. Der andere mit Visum ist auf meinen Vor- und den Geburtsnamen meiner Mutter ausgestellt.«

Im ersten Moment war Markus Erdmann sprachlos, dann aber arbeitete sein Hirn mit der Präzision eines Uhrwerks. »Der zweite Paß stammt nicht von der gleichen Behörde?«

»So ist es.«

»Ihr Vorhaben entzieht sich der Kenntnis Ihrer Vorgesetzten?«

»Bitte, sagen Sie es nicht weiter«, frotzelte der Russe.

»Der Paß ist gefälscht?«

»Ja und nein. Beamte der zuständigen sowjetischen und der chinesischen Dienststelle fertigten ihn aus. Es gibt also keinen Fehler, der aufgedeckt werden könnte.«

»Und was ist für Sie so überaus wichtig, an dem Flug teilzunehmen? Etwa Spionage?«

»Wo denken Sie hin? Mich interessiert weder das Vorgehen des bei uns in Moskau in die Lehre gegangenen Generals Tschiang Kai-schek noch das Treiben seiner abtrünnigen Offiziere, die als sogenannte Kriegsherren das Land drangsalieren. Politik interessiert mich nicht im geringsten. Ichch wünsche einzig und allein, daß die geplant gewesene, dann aber über Bord gekippte Luftverbindung Berlin – Moskau – Peking allen Widerständen zum Trotz doch noch verwirklicht wird. Wir ziehen also am gleichen Strang, Markus!«

Einmal skeptisch geworden, traute der Flugkapitän dem Russen nicht. »Das müssen Sie mir schon näher erklären. Vor allen Dingen: Warum nennen Sie die in Aussicht genommene, aber nicht zustande gekommene Verbindung Luft Hansa-Deruluft-Eurasia ›über Bord gekippt‹? Wer soll das getan haben?«

»Unsere Regierung.«

»Und dagegen wollen Sie mit einem Paß auf den Namen Ihrer Mutter ankämpfen? Nein, Michail, da müssen Sie sich schon etwas Gescheiteres einfallen lassen.«

»Jetzt hören Sie mir mal in Ruhe zu, Sie sturer Bock! Mit dem Paß hat es eine besondere Bewandtnis. Der hat nur indirekt mit der Sache zu tun. Ichch besorgte ihn mir, weil ein großer Teil der seinerzeit von Admiral Koltschak geführten zaristischen Armee, die gegen die Bolschewiki kämpfte, um ihrer totalen Vernichtung zu entgehen, nach Tschugutschak und Urumtschi geflüchtet ist. Wenn ichch in diesen Städten mit meinem echten Paß auftauche...«

»Geschenkt!« fiel Markus Erdmann ein.

»Bedenken Sie, daß ichch Ihnen als ausgewiesener Wolgadeutscher in sprachlicher Hinsicht gewiß behilflich sein kann«, lockte der Russe.

Markus Erdmann blieb auf Distanz. »Sie wollten mir sagen, warum Ihre Regierung die geplante Verbindung ›gekippt‹ hat.«

»Bin schon dabei. Also: Lenin betrieb die ›Neue Ökonomische Politik‹, das heißt eine Politik der kleinen Freiheiten, die dieses und jenes ermöglichte. So auch die Inaussichtnahme des Plans einer Flugverbindung zwischen Europa und Asien. Stalin aber denkt anders. Ihm passen kleine Freiheiten nicht. Er wünscht die Zwangskollektivierung der Landwirtschaft und die Beschleunigung der Industrialisierung. Im Politbüro war die Mehrheit gegen ihn, doch er setzte sich durch. So sind nun mal Diktatoren. In Deutschland werden Sie das gleiche erleben, wenn Hitler erst ein paar Jahre am Ruder ist.«

»Da täuschen Sie sich gewaltig.«

»Für Ihre Nation würde mich das freuen. Aber wie beurteilen Sie nun meinen Wunsch, Sie weiterhin zu begleiten? Wenn ichch sagen kann, die Streckenverhältnisse persönlich in Augenschein genommen zu haben, bekommt meine Aussage ein anderes Gewicht. Mir schwebt eine russische Beteiligung auf der Route Omsk – Urumtschi – Lantschou vor. Bis Omsk fliegen die in der Deruluft vereinten Luft Hansa und Aeroflot, und zwischen Lantschou und Schanghai ist die Eurasia tätig geworden.«

»Mit Piloten der Luft Hansa!« betonte Markus Erdmann.

»Das ist kein Grund, unsere Leute vor der Tür stehenzulassen!«

Der Flugkapitän reichte dem Russen spontan die Hand. »Also gut: Vereint gegen Stalin!«

Michail Sergejewitsch hielt sich die Ohren zu. »Lassen Sie das bloß niemanden hören!«

»Sind Sie eigentlich gegen oder für ihn?«

»Natürlich für ihn. Er ist zwar äußerst rücksichtslos, hat für Mütterchen Rußland aber Enormes geleistet.«

Mütterchen Rußland, dachte Markus Erdmann. Gibt es eine schönere Bezeichnung?

*

Der Gouverneur von Semipalatinsk wurde überredet, die erforderliche Zollabfertigung an Ort und Stelle vorzunehmen. Dadurch konnte die in Aussicht genommene Zwischenlandung in Sergiopol entfallen und der chinesische Flughafen Tschugutschak direkt angeflogen werden. Die Begründung dafür lieferten die für eine schwerbeladene Maschine zu geringen Ausmaße des russischen Grenzflugplatzes.

Die Stimmung des Piloten ließ trotzdem zu wünschen übrig. Es bedrückte ihn, daß er sich auf etwas eingelassen hatte, das er nicht hätte tun dürfen. Wenn es in China zu einem Zwischenfall kam, konnte das unangenehme Folgen für ihn haben.

Unwillkürlich dachte er an seine Frau, die den Flug in den Fernen Osten mit dem Kopf, nicht aber mit dem Herzen akzeptiert hatte. Sie sah ihre Ehe in Gefahr. Ihr Vater hatte in das gleiche Horn geblasen, und nun schien er mit seinen politischen Unkereien sogar recht zu behalten. Den letzten in Semipalatinsk eingegangenen Nachrichten zufolge machten Dunganen, türkisch-tatarische Bewohner des nordwestlichen Chinas, das Gebiet um Tschugutschak unsicher.

An diese Meldung erinnerte sich Markus Erdmann, als er nach dem Überfliegen von Sergiopol Kurs auf die chinesische Grenzstadt nahm. Vor ihm lag das Tarbagataj-Gebirge, das Höhen von 3000 Metern aufwies. Bis Semipalatinsk hatte er die Ju 52 nie über 700 Meter steigen lassen müssen. Machte ihn die dünnere Luft nun nachdenklich? Ihn überkam das Bedürfnis, sich wegen der Mitnahme des Russen, soweit dies noch möglich war, abzusichern. Nach einigen Überlegungen fragte er Klaus Steger: »Konnten Sie nach der gestrigen Durchgabe unseres Standortes die Bestätigung des Funkspruches empfangen?«

»Ick hab' was piepsen gehört, das war aber auch alles. Zu verstehen war nischt.«

»Glauben Sie, daß sich der Empfang im Flug mit ausgefahrener Schleppantenne verbessert?«

»Wahrscheinlich. Doch die Bestätigung ist allenfalls 'ne Selbstbefriedigung. Wichtig ist einzig und allein, daß Norddeich uns hört! Und dafür garantiere ick.«

Der Flugkapitän schaute in die Kabine zurück und sah, daß Michail Sergejewitsch wie eh und je las. Dennoch dämpfte er seine Stimme, soweit der Lärm der Motoren dies zuließ.

»Geben Sie mit der Standortmeldung durch, daß der Russe uns bis Peking begleitet.«

Der Funkmaschinist stieß vernehmlich Luft aus. »Jetzt fühl' ick mir wieder wohler. Ick hatte mir schon Gedanken gemacht. Na, Schwamm drüber. Mit der Meldung sind Sie aus dem Schneider.«

Markus Erdmann warf einen Blick auf seine Landkarte. Bei dem Maßstab 1 : 4 000 000 waren aus ihr nicht viel mehr als Berge zu erkennen und Entfernungen zu entnehmen. Er zog seine Kursvorbereitung zu Rate. Bis Urumtschi waren es 1100 Kilometer. In Tschugutschak, der chinesischen Grenzstation, die etwa auf der Mitte der Strecke lag, würden sie vermutlich kein Benzin bekommen. Warum also dort landen? Nur um sich zollamtlich abfertigen zu lassen und dabei der Gefahr ausgesetzt zu sein, mit Dunganen aneinanderzugeraten? Kurz entschlossen wandte er sich an Dr. Finger und Klaus Steger: »Wir fliegen durch bis Urumtschi! Eine Zwischenlandung bedingt größeren Spritverbrauch, den wir uns ersparen können. Und sollte die Wetterlage uns zwingen, über Urumtschi hinauszufliegen, dann macht das nichts. Wir haben genügend Treibstoff, um beispielsweise Hami zu erreichen. Irgendwelche Bedenken?«

Beide verneinten.

Von diesem Augenblick an war der Flugkapitän in weitaus besserer Verfassung. Berlin würde in wenigen Stunden über seine Eigenmächtigkeit informiert sein, und er wies den Funkmaschinisten vorsorglich auch noch an, mit der Standortmeldung gleich die Abweichung vom Flugplan durchzugeben. Ihn brauchte nichts mehr zu bedrücken.

Schon bald nach dem Überfliegen des russischen Grenzortes Sergiopol tauchte voraus das in einem weiten Talkessel gelegene Tschugutschak auf. Die Stadt war von kahlen, graurosa schimmernden Bergen umgeben und hatte nicht den geringsten chinesischen Charakter. Sie glich eher jenen vielen kleinen, schmucklosen russischen Orten, die in den letzten Tagen überflogen worden waren. Während europäische Dörfer und Kleinstädte aus der Höhe an bunte Bausteine aus einer Spielzeugschachtel erinnern, sahen die im Osten gelegenen Siedlungen wie willkürlich zusammengewürfelte Haufen grau gebleichter Holzhütten aus. Von diesem Bild unterschied sich Tschugutschak nur durch eine um die Stadt führende, dem Anschein nach sogar intakte Verteidigungsmauer.

Gut, daß wir uns die Zwischenlandung geschenkt haben, dachte Markus Erdmann. Benzin hätten wir dort bestimmt nicht bekommen.

Sein Blick streifte über den Horizont. Hinter dem Tarbagataj-Gebirge, das nun überflogen werden mußte, breitete sich die flache Dsungarei aus. Dennoch war es zweckmäßig, die Flughöhe nicht zu wechseln. Sie näherten sich dem Tienschan, dessen höchste Erhebung, der Bogdo-ola, 6300 Meter aufweist. Am Fuße des Bergriesen lag das Tagesziel Urumtschi.

Die Motoren dröhnten ihr monotones Lied. Dr. Finger machte sich Notizen über die Bewölkung. Klaus Steger kontrollierte den Öldruck und die Temperaturen. Michail Sergejewitsch las nicht mehr konstant in seinen Büchern, sondern schaute des öfteren in die Kanzel hinein, um einen Überblick über das vor ihnen liegende Gelände zu gewinnen.

»Wird das Wetter halten?« fragte er den Meteorologen.

Der zeigte nach Süden. »In weiter Ferne, für uns nicht sichtbar, erhebt sich da irgendwo die Kette des Bor Choro Uul, die zum Tienschan gehört und bis auf über 5000 Meter steigt. Über dem Gebirgsrücken befinden sich, deutlich erkennbar, abgeflachte Wolken, wie sie bei Föhnlagen am Nordrand der Alpen zu beobachten sind. Ich schließe daraus, daß über der Tienschan-Kette Südwind herrscht, der die linsenförmige Bewölkung verursacht und die Luft beim Herabfallen auf der Nordseite des Gebirges erwärmt. Deshalb wage ich die Prognose, daß sich das Wetter auf unserem Kurs in den nächsten Stunden nicht ändern wird.«

Als sollte dokumentiert werden, daß auch auf eine fundierte meteorologische Vorhersage kein Verlaß ist, bildete sich eine Viertelstunde später im Norden, auf der Backbordseite des Flugzeuges, ein Sandsturm, dessen Heftigkeit trotz einer Entfernung von fünfzig bis siebzig Kilometern angst und bange machen konnte. So weit das Auge reichte, erhob sich über der Dsungarei, wie mit dem Zauberstab aus dem Nichts geschaffen, eine braungraue, undurchsichtige Wand, vor der unzählige helle Sandhosen emporwirbelten, die im Licht der Sonne wie Feuerwerk glitzerten, dann plötzlich, als habe ein Orkan sie erfaßt, zur Seite gerissen wurden, zusammenfielen und sich auf unerklärliche Weise neu bildeten.

»Das ist ja hochinteressant!« rief Dr. Finger mit vor Erregung geröteten Wangen. »Hochinteressant ist das!«

Markus Erdmann sah ihn entgeistert an. »Was Sie hochinteressant nennen, ist für uns *hochbrisant*! Denn wenn der Sandsturm sich auf uns zubewegt, müssen wir nach Süden ausweichen. Dort aber liegt das Tienschan-Gebirge, dessen Höhen wir mit unserer beladenen Maschine nicht überfliegen können. Uns wird gegebenenfalls nichts anderes übrigbleiben, als einen geeigneten Landeplatz zu suchen und den Sandsturm am Boden über uns ergehen zu lassen.«

»Ein Durchfliegen ist nicht möglich?«

»Binnen weniger Minuten würden die Motoren infolge Kolbenfresser aussetzen, weil mit der angesaugten Luft unzählige Sandpartikel in die Zylinder eindringen!«

Michail Sergejewitsch erschien im Türrahmen der Kanzel. »Sieht nicht gut aus, wie?«

Der Flugkapitän wies auf die wie mit dem Messer abgeschnittene braungraue Wand, vor der Hunderte von kleinen Sandfontänen emporwirbelten. »Wenn wir Glück haben, wandert die unheimliche Front nicht zu uns herüber.«

»Ich würde vorsorglich so weit wie möglich nach Süden ausweichen.«

Markus Erdmann blickte nachdenklich vor sich hin. »Das bringt nichts. Denn wenn der Sturm sich auf uns zubewegt, wird uns ein Ausweichen um fünfzig oder hundert Kilometer kaum etwas nützen. Oder sind Sie anderer Meinung, Doktor Finger?«

Der Meteorologe war nicht wiederzuerkennen. Er schien sich keinerlei Sorge zu machen. »Ja, *wenn* der Sturm sich verlagert! Meines Erachtens tut er das aber nicht.«

»Und warum nicht?«

»Weil er das längst getan hätte, wenn er es könnte. Beobachten Sie ihn: Er steht da wie eine Mauer. Nirgendwo fließende Übergänge. Vermutlich hält ihn uns der über den Tienschan hinweg wehende Südwind mit seinem föhnartigen Charakter vom Hals. Solange keine wesentliche Veränderung eintritt, sollten Sie auf Kurs bleiben.«

»Mensch, Lothar! Sie sind ja Klasse!« begeisterte sich Klaus Steger. »In Berlin glaubte ick, Sie würden vor Angst in die Hose machen.«

Der Meteorologe lachte. »Und nun muß ich mir die Tagesspesen im Schweiße meines Angesichts verdienen. Aber Sie haben recht: Mein Uhrwerk läuft anders als noch vor wenigen Tagen. Ich fühle mich wie verwandelt und werde mich gleich nach meiner Rückkehr um Verwendung im Wetterflugdienst bewerben.«

Flugkapitän Erdmann salutierte. »Gratuliere! Und Ihrer Empfehlung folgend, bleibe ich auf Kurs.«

Dr. Finger strahlte. »Schön zu wissen, nicht mehr nutzlos in der Kanzel zu sitzen.«

Michail Sergejewitsch kehrte auf seinen Platz zurück.

Der Funkmaschinist schaute hinter ihm her. »Der wird froh sein, daß er weiterlesen kann.«

Die Prognose des Meteorologen traf zu. Der Sandsturm änderte seine Lage nicht, er wanderte eher etwas nach Norden.

Nach weiteren zwei Flugstunden tauchte am Horizont der schneebedeckte Bogdo-ola auf. Seine dreiteilige Kuppe hob sich wie eine Krone gegen den kobaltblauen Himmel ab.

Markus Erdmann fiel ein Stein vom Herzen. »Wir haben es geschafft! Der Sandsturm kann uns nichts mehr anhaben. In zwanzig Minuten landen wir in Urumtschi.«

»Und werden als erstes gründlich duschen!« prophezeite Klaus Steger.

3

Als die Maschine auf dem ebenen Gelände vor der Stadt landete, die eine hohe Mauer umgab, war sich jeder an Bord darüber im klaren, daß Klaus Stegers Wunsch nach einem erfrischenden Bad nicht in Erfüllung gehen würde. Trotz mehrfachen Überfliegens des etwa hunderttausend Einwohner zählenden Ortes war auf den Straßen kaum jemand zu sehen gewesen. Und die wenigen, die man hatte entdecken können, schienen ängstlich zum Flugzeug hinaufzuschauen.

»Komische Sache«, wunderte sich der Flugkapitän. »Sonst stürzen doch Tausende aus den Häusern, wenn wir über eine entlegene Stadt hinwegdonnern.«

Der Funkmaschinist schob das Glasdach der Kanzel zurück und steckte den Kopf ins Freie, um über den Mittelmotor hinwegzusehen. »Wenn nicht bald jemand erscheint, traue ick dem Braten nicht. Womöglich will man uns in den Hinterhalt locken.«

Markus Erdmann ließ die Ju 52 vorsorglich langsam auf die Verteidigungsmauer zurollen.

Michail Sergejewitsch schaute zur Kanzel hinein. »Merkwürdig, daß sich niemand blicken läßt.«

»Beim Überfliegen haben wir kaum Menschen gesehen.«

»Das ist auch mir aufgefallen.«

»Und die paar, die zu uns hinaufstarrten, machten einen verängstigten Eindruck.«

»Genau«, pflichtete der Meteorologe bei. »Ich habe an die letzte Meldung denken müssen, die wir in Semipalatinsk erhielten. Es hieß, Dunganen seien über Chinesen hergefallen.«

Der Flugkapitän drosselte die Motoren. »Das bezog sich auf Tschugutschak! Vor uns liegt Urumtschi!«

»Wenn's in dieser Zone gärt, dann meistens gleich an mehreren Plätzen«, gab der Russe zu bedenken.

»Malen Sie den Teufel nicht an die Wand!«

Klaus Steger beugte sich in die Kanzel zurück. »Aus dem Tor kommt jemand herausgeritten! Wir sollten die Zündung ausschalten, sonst zertrümmert ihm ein Propeller noch die Rübe.«

Markus Erdmann drückte auf den Zentralknopf der Zündanlage, und Sekunden später blieben die drei Motoren stehen. Die eintretende Ruhe hatte etwas Erlösendes. »Mach Platz«, wandte er sich an den Funkmaschinisten. »Ich möchte mir den Burschen genau ansehen.«

»Haben Sie eine Waffe an Bord?« erkundigte sich Michail Sergejewitsch.

»Ja, eine Walther PPK.«

»Stecken Sie die vorsichtshalber ein, wenn wir von Bord gehen.«

Der Flugkapitän blickte ins Freie. »Das Schießeisen werden wir nicht brauchen. Der da heranreitet, ist ein alter, bärtiger Knabe. Gehen wir raus, ihn zu begrüßen.«

Die Besatzung folgte ihm. Und dann geschah etwas, das niemand für möglich gehalten hätte. Noch bevor der Reiter die Gruppe erreichte, hob er die Arme und rief:

»Ist denn das die Möglichkeit! Ein deutsches Großflugzeug in dieser entlegenen Gegend?« Er sprang von seinem kleinen Steppenpferd. »Herzlich willkommen in Urumtschi! Ich bin Pater Hillbrenner von der katholischen Mission.«

Markus Erdmann stellte sich vor und sagte wie zu sich selbst: »Pater Hillbrenner? Ihr Name kommt mir bekannt vor.« Im nächsten Moment schlug er sich vor die Stirn. »Ja, natürlich! Sven Hedin erwähnt Sie in seinem Werk!«

Der Mönch strich sich verlegen über seinen Knebelbart. »Ich konnte ihm ein wenig behilflich sein.«

Michail Sergejewitsch stellte sich als Michael Häusler, Wolgadeutscher, vor. »Ich nehme an dem Flug als Dolmetscher für die russische Sprache teil.«

Klaus Steger reichte die Hand. »Und ick bin Berliner und Funkmaschinist.«

Als letzter nannte Dr. Finger seinen Namen und seine Funktion.

Pater Hillbrenner, dessen röhrenartige Hosenbeine, Schafsfellweste und gestrickte Kopfbedeckung kaum an einen Missionar denken ließen, brachte bewegt zum Ausdruck, wie sehr er sich freue, wieder einmal Landsleuten zu begegnen. Vor einem halben Jahr seien zwei sehr viel kleinere, einmotorige Flugzeuge mit deutschen Piloten in Urumtschi gelandet.

»Und wir haben unter anderem den Auftrag, eben jenen Kameraden Ersatzteile für ihre Maschinen zu bringen«, erklärte Markus Erdmann. »Nach Soutschou! Von dort geht es weiter nach Peking.«

Der Missionar faltete die Hände. »Gut, daß Sie nicht vor vierzehn Tagen hier gelandet sind. Wir wurden von Dunganen überfallen. Die müssen darüber informiert gewesen sein, daß die in Urumtschi lebenden Mitglieder der ehemaligen zaristischen Armee, es sind fast viertausend, die Stadt verlassen hatten, um die Truppe eines abtrünnigen chinesischen Generals zu vernichten. Dessen Einheiten überfallen Dörfer und Kleinstädte und töten rücksichtslos, nur um in den Besitz fremden Eigentums zu gelangen. Die Russen boten eine Garantie dafür, daß Urumtschi weder von den Banden des Kriegsherren noch von ungezügelten Dunganen überfallen wurde. Und nun ist es doch passiert. Unsere Freunde waren noch keine zwei Tage fort, da überfielen uns die Dunganen. Natürlich haben schnelle Reiter die Russen sofort informiert, und sie sind auch prompt zurückgeeilt und konnten ein noch größeres Unheil verhüten. Dennoch sind an die fünfzehntausend Tote zu beklagen, von denen die meisten noch in den Straßen liegen.« Er bekreuzigte sich. »Die Chinesen kümmern sich nicht um die Ermordeten, die durchweg der besitzenden Klasse angehörten. Bei der war natürlich am meisten zu holen. Die Überlebenden sehen nicht ein, daß sie das etwas angeht. Und wir sind beim besten Willen nicht in der Lage, die Leichen fortzuschaffen. Erschrecken Sie also nicht, wenn Sie überall Tote liegen sehen. Die ehemaligen zaristischen Soldaten sind gleich wieder losgeritten, um das Nest jenes Kriegsherrn auszuräuchern, der es auf unsere Stadt abgesehen hat. Ja, wir leben in einer furchtbaren Zeit.«

Die Flugzeugbesatzung war erschüttert. Trotzdem stellte sich dem Flugkapitän die nüchterne Frage, ob unter den gegebenen Umständen in Urumtschi aufgetankt werden könne. Ohne zu bedenken, was er tat, wandte er sich an den Missionar: »Wissen Sie zufällig, ob Benzin für uns angeliefert wurde?«

Pater Hillbrenner empfand die Frage offensichtlich nicht als deplaziert, denn er antwortete unbefangen: »Das kann ich nicht sagen. Da müssen Sie sich an Herrn Kirkegaard wenden. Er ist Däne und Postdirektor der Provinz Singkiang. Mit seiner Frau lebt er schon seit vielen, vielen Jahren in Urumtschi.«

»Ja, richtig!« erinnerte sich Markus Erdmann. »Sven Hedin erwähnt das Ehepaar ebenfalls in seinem Werk.«

Der Missionar griff nach dem Zügel seines Pferdchens. »Ich werde schnell zurückreiten und der Bevölkerung Bescheid sagen, daß sie sich keine Sorge zu machen braucht. Wir befürchteten schon, es seien Sowjets gelandet.«

Michail Sergejewitsch horchte auf. »Wie sind Sie darauf gekommen?«

»Es heißt in Urumtschi seit langem, die Dunganen würden von Bolschewisten unterstützt.« Er schwang sich auf sein Steppenpferd. »Bis gleich. Ich sorge auch für Wachposten. Die haben wir den Besatzungen der beiden kleinen Maschinen ebenfalls zur Verfügung gestellt. Zwei Herren können bei mir übernachten. Die beiden anderen wird Familie Kirkegaard aufnehmen.«

Als Pater Hillbrenner davongeritten war, blickte Markus Erdmann in die Runde. »Na, wie ist euch zumute?«

»Was nützen uns Quartiere, wenn wir keinen Sprit kriegen!« maulte der Funkmaschinist.

»Das steht noch nicht fest.«

»Das finde ich auch!« bekräftigte Dr. Finger. »Es spricht aber Bände, daß Klaus fern der Heimat zur Unke wird!«

»Wenn Sie mir auf den Arm nehmen wollen, müssen Sie früher aufstehen.«

Der Flugkapitän überhörte das Gerede und fragte den Russen: »Was sagen Sie zu dem Gerücht, Ihr Land unterstütze die Dunganen?«

Michail Sergejewitsch zögerte mit der Antwort. »Erst war ichch verblüfft und dachte: Das ist doch Blödsinn. Aber dann erinnerte ichch mich daran, daß der Pater erwähnte, hier seien fast viertausend ehemalige Angehörige der zaristischen Armee seßhaft geworden. Da ist es nicht ausgeschlossen, daß einer unserer Apparatschiks rotsieht und versucht, Dunganen aufzuhetzen und zu unterstützen. Womöglich sogar mit Waffen.«

»Sie halten das für denkbar?«

»Nach Lage der Dinge kann ichch keine Möglichkeit ausschließen.«

Dr. Finger hob die Hand mit nach oben gerichtetem Daumen. »Bravo! Sie sind ehrlich!«

»Nur so kann man sich davor schützen, überheblich zu werden. Politiker beachten dies leider nie.«

»Welch eine Erkenntnis!« mokierte sich Klaus Steger. »Direkt vergleichbar mit der Feststellung: Eine Tollkirsche ist eine Tollkirsche, und eine Rose ist eine Rose!«

Der Flugkapitän wies zur Stadtmauer hinüber, durch deren Tore plötzlich überall Menschen nach draußen drängten. »Praktische Überlegungen sind uns jetzt nützlicher als philosophische Quasseleien.«

Hinter der herbeieilenden Menge wurde ein überaus alter Ford sichtbar. Begleitet von Pater Hillbrenner steuerte Postdirektor Kirkegaard geradewegs auf die Besatzung zu. Nachdem er angehalten hatte, hieß er sie auf englisch willkommen und fügte, vom Missionar gedolmetscht, wie nebenbei hinzu: »Durch die Unruhen haben sich in meinem Office fast fünfhundert Kilo Post angesammelt, die ich Ihnen zur Weiterbeförderung anvertrauen möchte.«

»Sorry, Sir, that's impossible«, erklärte Markus Erdmann in der von dem Dänen gewählten Sprache. »Unsere Maschine ist so beladen, daß wir keine weitere Fracht aufnehmen können.« Der an die sechzig Jahre alte Postdirektor klopfte dem Flugkapitän wohlwollend auf die Schulter. »Not so stormy, young man! Wenn Sie einen vom Gouverneur geäußerten Wunsch in ähnlicher Form zurückweisen würden, könnte es verhängnisvoll für Sie werden. Ich empfehle Ihnen dringend, in diesem Land niemals einen Wunsch ohne weiteres abzuschlagen. Sie müssen in jedem Fall erst versichern, daß Sie alles tun wollen, um zu Diensten zu sein. Und daß Sie unverzüglich prüfen werden, wie weit es technisch möglich ist... Sie verstehen, was ich meine? Ein abschlägig gegebener Bescheid, den Sie später womöglich gezwungenermaßen korrigieren müssen, läßt Sie so sehr an Gesicht verlieren, daß Sie sich bei weiteren Verhandlungen nie mehr werden durchsetzen können. Und was meinen Wunsch anbelangt: Es müssen nicht unbedingt fünfhundert Kilo sein; drei- bis vierhundert würden mich schon sehr entlasten.«

»Sir! Drei- bis vierhundert Kilo...«, der Pilot unterbrach sich, «... sind ein beachtliches Gewicht. Um die Durchführbarkeit Ihres Wunsches prüfen zu können, muß ich zunächst den Ladeplan zu Rate ziehen.«

»Very good! Sie sind ein gelehriger Schüler. So müssen Sie beim Gouverneur argumentieren. Er ist äußerst halsstarrig. Seien Sie also auf der Hut! Besonders da Sie, wie mir Pater Hillbrenner sagte, Treibstoff brauchen. Das wird eine harte Nuß werden!«

»Ist denn Benzin vorhanden?«

»Ich bin nicht berechtigt, darüber Auskunft zu erteilen. Mir ist aber bekannt, daß wegen der derzeitigen Gefahren über hundert Fässer eingebuddelt wurden.«

»Das wären ja mindestens zwanzigtausend Liter!«

»Dagegen sind zwei- bis dreihundert Kilo Post ein Klacks, nicht wahr?«

So ein Fuchs, dachte Markus Erdmann nicht ohne Bewunderung.

Pater Hillbrenner blinzelte ihm zu. »Es wird nichts so heiß gegessen, wie es gekocht wird.«

Der Postdirektor schien den deutsch gesprochenen Hinweis verstanden zu haben, denn er sagte lachend: »Let's go! Zwei von Ihnen können uns gleich begleiten.«

»Die anderen holen wir in zehn Minuten ab«, ergänzte der Missionar.

»Geben Sie mir lieber zwanzig Minuten«, bat Klaus Steger. »Ick muß die Maschine noch abdecken.«

Dr. Finger ergriff eine der Zeltplanen, die der Funkmaschinist bereits aus der Kabine herausgeholt hatte. »Ich helfe Ihnen.«

»Im Ernst?«

»Na klar!«

»Dann wohnt ihr beide zweckmäßigerweise bei mir«, schlug Pater Hillbrenner vor. »Und die Herren der ersten Fuhre übernachten bei Familie Kirkegaard. Dort werden wir auch gemeinsam zu Abend essen. Der Yamen des Gouverneurs wurde stark beschädigt. Deshalb stellt der Postdirektor sein Heim für das Begrüßungsessen zur Verfügung.«

*

Gleich nach der Fahrt durch das Haupttor wurde erkennbar, daß in Urumtschi schwere Kämpfe stattgefunden hatten. Viele der aus Holz gebauten Wohnungen waren abgebrannt. Aus Ziegelsteinen, Lehm und Flechtwerk errichtete Häuser glichen Ruinen. Unheilverkündend war der süßliche Geruch von Leichen.

Michail Sergejewitsch, der dieses Phänomen aus dem Krieg kannte, hielt sich ein Tuch vor die Nase. Doch er verlor die Nerven, als er die ersten auf der Straße liegenden, verwesenden Toten erblickte. Er schlug die Hände vors Gesicht und stieß unverständliche Worte aus. Es mochten Klagerufe oder Verwünschungen sein.

Markus Erdmann griff nach dem Arm seines Begleiters.

Dessen Backenknochen traten hervor. Offensichtlich versuchte er, sich zu beherrschen. Dies gelang ihm schließlich auch. Leichenblaß bat er um Entschuldigung für seine Unbeherrschtheit.

Der Postdirektor tat so, als habe er nichts bemerkt, und dirigierte den Wagen in den Innenhof seines Hauses. »My home is your castle!«

Pater Hillbrenner war so taktvoll vorzuschlagen: »Am besten machen wir Ihre Gattin mit den Herren erst bekannt, wenn auch die beiden anderen hier sind.«

»That's right«, stimmte der Däne zu. »Sie kennen sich ja aus. Führen Sie die Herren in ihr Zimmer.«

Kaum dort angekommen, warf sich Michail Sergejewitsch auf eines der Betten.

Flugkapitän Erdmann wußte nicht, wie er sich verhalten sollte. Nach kurzer Überlegung setzte er sich neben den Russen. »Kann ich Ihnen irgendwie helfen?«

Es dauerte lange, bis Michail Sergejewitsch antwortete: »Vielleicht ist es gut, wenn ichch mich einmal ausspreche. Was ichch Ihnen jetzt sage, weiß nur meine Familie.« Er richtete sich auf. »Zwei Jahre nach der Geburt unserer Tochter Tatjana nahm meine Frau ihr Medizinstudium wieder auf. Sie praktizierte in dem nahe der Moskwa gelegenen Pawlowskij-Hospital. Bei gutem Wetter machte sie abends gern noch einen kleinen Spaziergang am Ufer des Flusses. Sie kam dann gegen sieben Uhr nach Hause. Eines Tages aber wartete ichch vergeblich auf sic. Als sic um Mitternacht noch nicht zurückgekommen war, rief ichch von einer Polizeistation das Krankenhaus an. Zu meinem Entsetzen erhielt ichch den Bescheid, Wanda, so hieß meine Frau, habe das Hospital zur üblichen Zeit verlassen und müsse längst daheim sein. Sie werden sich vorstellen können, in welche Verfassung ichch geriet. Doch ichch konnte nichts unternehmen.« Die Erinnerung übermannte Michail Sergejewitsch. »Zwei Wochen wartete ichch vergebens. Dann erhielt ichch die Nachricht, Wanda sei vierzig Kilometer südlich der Stadt am Ufer der Moskwa tot aufgefunden. Meinem Wunsch, sie noch einmal zu sehen, wurde nicht entsprochen. Ihr Körper war... Begreifen Sie, daß ichch vorhin, als ichch zum ersten Mal in meinem

Leben einen verwesten Leichnam sah, die Nerven verlor?« Er stützte den Kopf in die Hände. »Es war zuviel für mich.«

Markus Erdmann legte den Arm um die Schulter des Russen. »Ich verstehe Sie, Michail.«

»Dabei wissen Sie das Schrecklichste noch gar nicht. Die Obduktion ergab, daß meine Frau vergewaltigt und erwürgt worden war.«

*

Die Besatzung der Ju 52 wurde, gleich nachdem sie sich erfrischt hatte, zum Gouverneur gebeten. Pater Hillbrenner und Postdirektor Kirkegaard begleiteten sie und gaben ihr den Rat, sich auch dann so zuvorkommend wie nur möglich zu verhalten, wenn der Provinzgewaltige sie lange warten lasse. Das sei üblich in China und erforderlich, um sein Gesicht nicht zu verlieren.

Trotz dieses Hinweises hätte Markus Erdmann am liebsten Krach geschlagen, als sie nach einer halben Stunde immer noch nicht vorgelassen wurden. Über fünfundvierzig Minuten ließ der hohe Herr sie im Vorzimmer sitzen.

Und dann präsentierte sich ihnen ein etwa siebzig Jahre alter Chinese, dessen ins Auge springende Unsauberkeit in krassem Widerspruch zum Ansehen eines Gouverneurs stand. Eine seitlich aufgeplatzte, kegelförmige, schwarze Kappe bedeckte seinen Kopf. Sein aschgraues Gesicht schien seit Wochen nicht gewaschen zu sein. Drei oder vier vom Kinn herabhängende lange graue Haare machten ihn beinahe zur komischen Figur. Sein weites Obergewand aus karmesinroter Seide war voller Fettflecken. Einzig seine lebhaften Augen, denen nichts zu entgehen schien, waren klar wie ein Gebirgsbach.

Nachdem der Postdirektor die Flugzeugbesatzung vorgestellt hatte, kam der Gouverneur, ohne die sonst landesübliche lange Vorrede zu halten, gleich zur Sache. Pater Hillbrenner übersetzte: »Mir wurde mitgeteilt, daß Sie Treibstoff benötigen.«

Michail Sergejewitsch reagierte schneller als der Flugkapitän. »Nicht unbedingt, Exzellenz! Wir haben noch nicht geprüft, ob es notwendig ist, nachzutanken. Bis Soutschou, unserem nächsten Ziel, sind es 1100 Kilometer, von denen gut 500 über die Wüste Gobi führen. Bei ungünstigem Wind könnte unser Benzinvorrat vielleicht nicht ganz ausreichen, und es wäre deshalb gewiß gut, hier vorsorglich ein wenig nachzutanken.«

So ein raffinierter Kerl, dachte Markus Erdmann bewundernd. Bestimmt nimmt er nicht zum ersten Mal an einer schwierigen Verhandlung teil.

Der Postdirektor, Pater Hillbrenner, Dr. Finger und Klaus Steger waren von der Taktik des Russen überrascht.

Der Gouverneur hingegen, der schon ein größeres Geschäft gewittert hatte, war enttäuscht. Er ließ sich dies jedoch nicht anmerken. »Wieviel Benzin würden Sie schätzungsweise brauchen?«

»Etwa 500 Liter«, antwortete der Flugkapitän. »Bei günstigem Preis würden wir eventuell auch 1000 oder mehr Liter übernehmen. Ich verfüge über Blankoschecks in Pfund Sterling, einlösbar bei allen Filialen der Hongkong-and-Shanghai-Banking.«

Der Gouverneur erwiderte gelassen: »Geben Sie mir Bescheid, wenn Sie wissen, wieviel Benzin sie benötigen. Es ist durchaus möglich, daß wir über 500 oder gar mehr Liter verfügen. Ich lasse das feststellen. Bei Ihren Überlegungen sollten Sie aber einkalkulieren, daß ich darum bitten muß, sieben meiner Beamten in Ihrem Flugzeug mitzunehmen. Nach dem Überfall, den wir hier erlebt haben, ist in Soutschou viel zu besprechen und zu regeln. Außerdem müssen 450 Kilo Gold in Sicherheit gebracht werden. Vielleicht ist es unter diesen Umständen für Sie richtiger, nicht hier, sondern in Soutschou zu tanken. Zumal, wie ich hörte, unser Postdirektor ebenfalls einen Wunsch hat, den Sie schlecht ablehnen können.« Der Gouverneur erhob sich. »Ich danke Ihnen, meine Herren. Teilen Sie mir bis morgen um neun Uhr Ihre Entscheidung mit.«

Die Anwesenden waren wie vor den Kopf gestoßen.

Markus Erdmann kochte vor Wut. So ein durchtriebener Hund, fluchte er insgeheim. Hat den Spieß einfach umgedreht. Jetzt sind wir die Dummen.

Der Funkmaschinist empörte sich: »Hier scheint man von Tuten und Blasen keine Ahnung zu haben. Bei der in Aussicht gestellten Zuladung hebt die Maschine niemals ab!«

Postdirektor Kirkegaard wandte sich an den Piloten. »Nehmen Sie die Sache um Gottes willen nicht auf die leichte Schulter! Sie ist ernster, als Sie denken. Denn mit der Erklärung, morgen früh Ihren Bescheid zu erwarten, hat der Gouverneur unausgesprochen zum Ausdruck gebracht, daß er am heutigen Empfangsessen nicht teilnimmt!«

»Und das haben wir noch nie erlebt!« betonte der Missionar. »Der Grund liegt auf der Hand. Er wird nicht damit fertig, daß ihm der Wind aus den Segeln genommen wurde. Doch wie auch immer: Sie haben zu hoch gepokert! Der Gouverneur wird nun erst recht auf Erfüllung seiner Wünsche bestehen.«

»Und ich muß Ihnen, schon um mein Gesicht nicht zu verlieren, mindestens hundert bis zweihundert Kilo aufbürden«, erklärte der Postdirektor.

Flugkapitän Erdmann und Michail Sergejewitsch standen wie begossene Pudel da und wußten nicht, was sie sagen sollten. In diesem Augenblick übernahm der Meteorologe die Initiative. »Ich schlage vor, daß wir vier uns zur Beratung zurückziehen. Ich sehe nämlich eine Möglichkeit ...«

Pater Hillbrenner hob die Hand. »Bleiben Sie hier, ich wollte ohnehin etwas mit Postdirektor Kirkegaard besprechen.«

»Sehr liebenswürdig«, bedankte sich Dr. Finger und fuhr, als die beiden gegangen waren, mit der Feststellung fort: »Wenn ich mich recht erinnere, betrug unsere Gesamtzuladung in Berlin 1700 Kilo. Treibstoff nicht inbegriffen. Diese Summe schließt 250 Kilo Wasser, Notproviant, Zelte, Schlafsäcke et cetera ein, auf die wir im Hinblick auf die vor uns liegende Wüste Gobi nicht verzichten können. Unsere Fracht, sprich die Ersatzteile für die Eurasia in Lantschou, beträgt somit 1450 Kilogramm.«

»Worauf wollen Sie hinaus?« fragte Markus Erdmann.

»Darauf, daß schlimmstenfalls, wenn uns nichts anderes übrigbleibt, als zu Kreuze zu kriechen, die Ersatzteile ausgeladen werden müssen.«

»Kommt überhaupt nicht in Frage«, ereiferte sich der Flugkapitän. »Mir sind die Kameraden bei der Eurasia wichtiger als dieser chinesische Drecksack.«

»Der uns aber in der Hand hat!« gab Michail Sergejewitsch zu bedenken. »Es wäre also falsch, Doktor Fingers Überlegung einfach abzutun. Laßt uns vielmehr ausrechnen, wieviel Fracht man uns aufzubürden gedenkt. Beginnen wir mit den Chinesen. Die sind kleiner und leichter als wir. Sie werden schätzungsweise 70 Kilo wiegen. Mal sieben macht das 490 Kilo. Hinzu kommen 450 Kilo Gold. Das wären zusammen 940 Kilo. Veranschlagen wir des weiteren 200 Kilo Post. Dann sind wir bei 1140 Kilo angelangt. Werden Ersatzteile in Höhe dieses Gewichtes ausgeladen...«

»Dann liegen die hier herum und verrotten!« fiel Markus Erdmann unwillig ein.

»Nicht unbedingt«, widersprach der Meteorologe, der sich in dieser Stunde als erstaunlich ideenreich erwies. »Wir könnten beispielsweise Herrn Kirkegaard anbieten, die gesamte bei ihm aufgestaute Post im Gewicht von 500 Kilo mitzunehmen, wenn er sich verpflichtet, unsere Ersatzteile fein säuberlich in seinem Lager aufzubewahren. Die Zuladung würde dann 1640 Kilo betragen, also noch knapp unter dem Startgewicht von Berlin liegen.«

Der Flugkapitän gab sich nicht geschlagen. »Und wie kommt die Eurasia an das Material heran?«

»Da wird sich schon ein Weg finden.«

»Ich weiß sogar einen«, erklärte der Funkmaschinist. »Die Eurasia verfügt über zwei Junkers W 33. Wenn die Zusatztanks erhalten und in Soutschou ein Benzindepot angelegt wird, können beide Maschinen von dort hierherfliegen und, da die Zusatztanks dann leer sind, je 700 Kilo aufnehmen.«

»Eine gute Überlegung«, lobte der Russe hocherfreut.

»Die leider den Haken hat, daß beide Flugzeuge einmotorig sind!« stellte Markus Erdmann fest. »Mit nur einem Motor zweimal 500 Kilometer über die Wüste Gobi fliegen? Nee! Wenn da der Motor verreckt, ist es aus!«

»Die können doch im Verband fliegen«, warf Klaus Steger ein. »Dann kann, wenn eine Panne eintritt, der eine dem anderen helfen oder Hilfe herbeiholen.«

Dies Argument stimmte den Flugkapitän um. »Gut«, sagte er, »greifen wir Doktor Fingers Vorschlag auf. Ohne nachzugeben, bekommen wir sowieso keinen Sprit, und ohne nachzutanken, ist Soutschou nicht zu erreichen. Wir sind diesem widerlichen Alten auf Gedeih und Verderb ausgeliefert.«

Wie sehr dies der Fall war, erwies sich am nächsten Morgen, als der Funkmaschinist zur Kontrolle der vorgenommenen Berechnung den Ladeplan aus dem Flugzeug holen wollte. Sechs mit Karabinern ausgerüstete Soldaten bewachten die Ju 52 und untersagten ihm, die Maschine zu betreten. Und als sich die Besatzung in Begleitung des Missionars und des Postdirektors zur verabredeten Zeit im Vorzimmer des Gouverneurs einfand, standen auch dort zwei Posten mit Gewehr.

Pater Hillbrenner war so erschrocken, daß er sich bekreuzigte. »Ein Glück, daß Sie dem Wunsch des hohen Herrn entsprechen wollen. Die hier dokumentierte Drohung ist unmißverständlich. Doch wenn er hört, daß Sie sogar bereit sind, die gesamte Post mitzunehmen, wird er allein schon wegen der Zahlung in Pfund Sterling jede Menge Benzin liefern.«

Der Missionar täuschte sich nicht. Zwar dauerte es diesmal über eine Stunde, bis der schmuddelige Provinzgewaltige geruhte, die Wartenden zu empfangen. Als Postdirektor Kirkegaard ihm aber schilderte, auf welche Weise der Transport möglich gemacht werde, legte sich um seinen welken Mund ein Lächeln, das unmißverständlich zum Ausdruck brachte: Und ihr habt geglaubt, mich ausspielen zu können!

*

Wie sehr es die Besatzung auch erleichterte, daß der Weiterflug gesichert war, in jedem steckte ein Stachel, der erheblich piesackte, als es ans Ausladen der Ersatzteile für die Eurasia ging. Dies um so mehr, als das Betanken des Flugzeuges mit unerwarteten Schwierigkeiten verbunden gewesen war. Schon das Ausgraben der Fässer, die an einigen freien Plätzen der Stadt zwischen Sträuchern und Pagoden in die Erde gebuddelt waren, brachte böse Überraschungen. Mehrere Fässer waren nicht fest genug zugeschraubt worden und ausgelaufen. Und der Funkmaschinist, der bei jedem Faß das spezifische Gewicht des Benzins prüfte, schimpfte wie ein Rohrspatz, wenn sich herausstellte, daß das gerade geöffnete Faß mit reinem Benzol gefüllt war. Dank der zahlreichen Arbeitskräfte, die der Postdirektor abkommandiert hatte, gelang es dennoch, das Flugzeug bis zum Einbruch der Nacht startklar zu machen.

An diesem Abend nahm die Besatzung in weitaus besserer Stimmung als am Tage zuvor an der Tafel des überaus gastfreundlichen dänischen Ehepaares Kirkegaard Platz. Und die reizende Frau des Postdirektors verwöhnte ihre Gäste mit den erlesensten Delikatessen. Sie verriet allerdings nicht immer, was in den vielen kleinen Schälchen gereicht wurde. Aber das war sicher gut so, denn dem einen oder anderen wäre der Appetit vielleicht vergangen, wenn er gewußt hätte, daß die Köstlichkeit, die er sich auf der Zunge zergehen ließ, Schlangenfleisch oder Hundeleber war.

Es ist nicht zu begreifen, dachte Markus Erdmann. Draußen verwesen die Leichen, und wir tafeln hier, als sei nichts geschehen.

»Stimmt es eigentlich, daß Chinesen faule Eier essen?« erkundigte sich Dr. Finger.

Frau Kirkegaard schüttelte den Kopf. »Die sogenannten faulen Eier sind nichts anderes als Soleier.«

»Und wie steht's mit den angeblich kandierten Mäusen?«

»Mir wurden sie noch nicht angeboten, doch es soll sie geben. Aber wohl nicht in der Form, wie man sich das vorstellt. Es wird ähnlich wie beim Frosch sein. Da werden ja auch nur die Schenkel gegessen. In diesem Fall vielleicht in kandierter Form.«

Klaus Steger wandte sich an die Gastgeberin. »Jetzt hab' ick 'ne Frage: Rülpsen die Chinesen tatsächlich beim Essen ganz ungeniert?«

Die Frau des Postdirektors lachte. »Sogar voller Wonne. Wäre der Gouverneur gestern abend als Gastgeber erschienen, hätten wir Sie darauf aufmerksam gemacht, daß Sie nach jedem Gang kräftig rülpsen müssen. Nur so können Sie bei Chinesen zum Ausdruck bringen, daß es Ihnen schmeckt.«

Ihr Mann ergänzte: »Je kräftiger der Rülpser so richtig von unten aus dem Magen herauskommt, um so größer das Lob.«

Der Flugkapitän crgriff sein Glas. »Auf Ihr Wohl, gnädige Frau! Und auf das Glück, daß der Gouverneur gestern böse mit uns war.«

*

Am nächsten Morgen trat kurz vor dem Start etwas ein, das Markus Erdmann erneut in Rage brachte. Unter dem Kommando eines Offiziers erschienen sechs Soldaten mit geschultertem Gewehr, und der Anführer erklärte dem Missionar, das Flugzeug dürfe Urumtschi nicht verlassen, ohne noch einen weiteren Passagier, der für den Goldtransport verantwortlich sei, aufgenommen zu haben.

»Das ist Erpressung!« empörte sich der Pilot. »Hundsgemeine Erpressung ist das!«

Michail Sergejewitsch versuchte, ihn zu beruhigen. »Die zusätzlichen 70 Kilo machen den Kohl nicht fett.«

»Es geht ums Prinzip! Wir überschreiten jetzt unser Limit! Wenn was passiert, bin ich der Dumme.«

»Das Gelände ist hier weit und breit so eben, daß Sie jederzeit die Möglichkeit haben, den Start abzubrechen, wenn die Maschine überladen sein sollte. Es kann also nichts passieren.«

»Zugegeben, die Wahrscheinlichkeit ist gering. Ich habe aber schon Pferde kotzen sehen.«

»Wohl kaum in Wirklichkeit.«

»Doch! Auf einem Flug von Hannover nach London, wohin ich fünf Pferde zu transportieren hatte.«

»Mensch«, der Funkmaschinist wurde lebhaft, »gut, daß Sie vom Kotzen reden. Ick hab' den Fluggästen noch keine Tüte in die Hand gedrückt. Am besten gebe ick jedem zwei.«

Sein Gerede lockerte die Stimmung. Dennoch überfiel Markus Erdmann Mitleid, als er den neuen Passagier, einen hageren Chinesen, dem die Angst ins Gesicht geschrieben stand, auf die Maschine zugehen sah.

»Motoren anlassen!« kommandierte er.

Klaus Steger ließ sich das nicht zweimal sagen, und wenige Minuten später hob die Ju 52 vom Boden ab.

Dr. Finger atmete auf. »Das wäre geschafft!«

Der einzige, der sich trotz des spielend gelungenen Starts nicht wohl fühlte, war Michail Sergejewitsch. Er erschien mit bleichem Gesicht im Türrahmen zur Kanzel und jammerte: »Die Kotzerei ist bereits im vollen Gange. Auf meinem Platz kann ichch unmöglich bleiben.«

Der Funkmaschinist klappte die zwischen den Pilotensesseln angebrachte Sitzbank hoch. »Dann nix wie rein in die gute Stube. Wird zwar ein bißchen eng werden, aber vielleicht ist es ganz gut, einem Kommunisten zu zeigen, daß Bürgerliche auch ohne Gleichmacherei Verständnis für ihre Mitmenschen haben.« In der Pose eines Siegers schloß er hinter dem Russen die Kabinentür und klappte die Sitzbank wieder nach unten. »Daß wir beide die Wüste Gobi einmal halb aufeinanderhockend überfliegen würden, hätte ick nicht für möglich gehalten.«

Michail Sergejewitsch schmunzelte. »Und ichch staune darüber, daß Sie wie der große Lenin denken. Er vertrat die Auffassung, daß man in Andersdenkenden keine Widersacher sehen darf, sie vielmehr als selbständige Menschen betrachten muß, die zu achten sind.«

»Peng!« freute sich der Flugkapitän. »Jetzt hat er es Ihnen gegeben!«

In durchaus gelöster Atmosphäre trat die Besatzung den Flug nach Soutschou an.

Markus Erdmann legte die ersten 500 Kilometer nicht auf der direkten Route Urumtschi – Hami zurück. Er hätte dann die noch zum Tienschan gehörende, über 5000 Meter hohe Gebirgskette des Bogdo Uul überfliegen müssen. Dies war mit der überladenen Ju 52 nicht möglich. So flog er, um gut 50 Kilometer nach Norden versetzt, entlang des Gebirgsrückens, bis dieser nach einer Flugzeit von 70 Minuten abflachte und auf der Backbordseite voraus der letzte Bergriese des Tienschan, der fast 5000 Meter hohe Quarg Tagh, sichtbar wurde. Da Hami am Fuße dieses Berges lag, brauchte er ihn nur anzusteuern, um sicher an das für die Navigation wichtige Zwischenziel auf der Strecke nach Soutschou zu gelangen. Dahinter breitete sich die Wüste Gobi aus, in der es keinerlei Orientierungspunkte gab. Ab Hami mußte 500 Kilometer weit, zweieinhalb Stunden lang, stur Kompaßkurs gesteuert werden. Dabei bestand freilich die Möglichkeit, versetzt zu werden, da Richtung und Stärke des Windes nicht bekannt waren.

Aufgrund des weitverbreiteten Dunstes schätzte Dr. Finger, daß fast Windstille herrsche, und je weiter sie kamen, um so mehr fühlte er sich in seiner Auffassung bestätigt. Selbstsicher erklärte er: »Vermutlich handelt es sich bei dem nun immer dichter werdenden Dunst um einen Rest des Sandsturms, den wir im Anflug auf Urumtschi gesehen haben. Er wird weiter nach Osten gezogen sein, und wir fliegen jetzt gewissermaßen in seinem Kielwasser. Wenn ich mich nicht irre, wird die Sicht noch schlechter werden. Auf alle Fälle sollten wir uns darauf einstellen.«

Flugkapitän Erdmann nickte zustimmend. »Über das Wie habe ich mir schon Gedanken gemacht. In Zielnähe liegt auf der Steuerbordseite das 6000 Meter hohe Richthofen-Gebirge. Wir müssen also versuchen, uns am Gebirgsrücken entlang nach Soutschou heranzutasten. Auf der Backbordseite haben wir freies Gelände. Wenn's kritisch wird, können wir bedenkenlos nach dort ausweichen. Aber zunächst liegen ja noch 500 Kilometer Wüste vor uns.«

Die Gobi sah anders aus, als es sich die Besatzung vorgestellt hatte. Es gab weder gebleichten Sand noch Wanderdünen. Wohin man blickte, breitete sich graue Erde aus. Schon der nördlich von Hami gelegene Quarg Tagh hatte einer riesigen Schutthalde geglichen. Die Wüste war zerrissenes Land, teilweise schwarz wie Schiefer. Nur vereinzelt gab es bräunlich gefärbte Stellen. Das Gelände war dann wellig, während es sich sonst in bizarren Formen über- und durcheinanderzuschieben schien. Dort wurden starke Verwitterungen erkennbar. Es war totes Land, das überflogen wurde. Stunde um Stunde gab es kein Fleckchen Grün zu sehen. Überall bot sich Trostloses dar.

Die Stimmung in der Flugzeugkanzel war dementsprechend. Zumal der Meteorologe recht behielt. Der Dunst wurde so dicht, daß die Sonne nicht mehr blendete, sondern wie ein matter roter Lampion am Himmel hing.

Die Zeit schien stillzustehen. Stunde um Stunde starrte Markus Erdmann auf den Kompaß. Seine Augen fingen an zu brennen. Immer häufiger blickte er auf die Borduhr. Nach seiner Berechnung mußten sie sich in Höhe der nördlichsten Ausläufer des Richthofen-Gebirges befinden. »Immer noch nichts zu sehen?« fragte er den auf der Steuerbordseite sitzenden Meteorologen.

Der schob den Kopf näher an die Glasscheibe heran. »Eben hatte ich gemeint... Ja!« rief er plötzlich. »Kurven Sie nach Backbord! Vor uns sind Erhebungen!«

Von diesem Augenblick an steuerte der Flugkapitän abwechselnd in nordöstliche und südöstliche Richtung, um, ohne gegen einen Berg zu stoßen, in der Nähe des Gebirgsrückens zu bleiben, an dessen Fuß Soutschou lag.

Es dauerte noch eine ganze Weile, bis voraus schemenhaft die Konturen einer Siedlung auftauchten. »Wir haben es geschafft!« rief er wie erlöst und leitete eine weite Kurve ein.

Die Menschen stürmten aus ihren Behausungen und starrten gebannt in die Höhe. Einige winkten.

»Gott sei Dank!« entfuhr es ihm. »Hier sind die Bewohner wenigstens nicht verängstigt.« Er legte die Maschine wieder gerade und hielt nach einem Weg Ausschau, der, wie ihm gesagt worden war, von Soutschou zum dreißig Kilometer nordöstlich der Stadt gelegenen Flugplatz führte. Es war mehr ein Trampelpfad, den man aber nicht aus den Augen verlieren konnte, weil neben ihm eine Telegrafenleitung verlief. Die Stangen waren zwar nur aus Krüppelholz und höchstens zwei Meter hoch, doch sie wiesen ebensogut die Richtung wie die schlanken Telegrafenmasten daheim.

Das Landefeld war von rotweißen ›Dachreitern‹ gekennzeichnet. Ein Gebäude oder eine Halle gab es nicht. Am Flughafenrand befand sich nur ein alter Holzschuppen, und es waren viele Zelte aufgeschlagen, aus denen Uniformierte herausliefen.

Mit sich selbst zufrieden setzte Markus Erdmann die Maschine auf den Boden und dirigierte sie zu den Zelten hinüber. Die letzte Etappe vor Peking war erreicht!

Der Funkmaschinist schob das Glasdach zurück und setzte wie üblich die Flagge der Luft Hansa.

Indessen klappte Michail Sergejewitsch die Sitzbank hoch und öffnete die Tür zur Kabine. Allerdings nur einen Augenblick lang. Der Gestank, der ihm entgegenschlug, ließ ihn zusammenfahren. »Ich glaube, wir sollten über die Tragflächen aussteigen.«

Klaus Steger stimmte ihm bedingungslos zu.

Der Flugkapitän sah Soldaten herbeirennen und schaltete eiligst die Zündung der Motoren aus. Es kam immer wieder vor, daß jemand in einen sich schnell drehenden und dadurch nicht sichtbaren Propeller lief.

Einer der Uniformierten rief etwas zur Kanzel herauf.

Markus Erdmann glaubte, ein englisches Wort gehört zu haben, und zwängte sich behende in das geöffnete Glasdach. »You speak English?«

Ratlose Gesichter.

Nun steckte auch der Russe den Kopf ins Freie und versuchte sein Glück.

Augenblicklich warf einer der Soldaten die Arme hoch und brüllte: »Towaritschtsch! Ich war in der Sowjetunion, wurde dort ausgebildet und begrüße dich und die Towaritschtschi mit einem kräftigen ›Drushba narodow! – Völkerfreundschaft!‹ Was ist das für ein Riesenflugzeug? Und was führt euch zu uns?«

Michail Sergejewitschs Freude über die Verständigungsmöglichkeit verblaßte mit jedem Wort. Ihm war bekannt, daß die Regierung der UdSSR in die Nationalpartei Dr. Sun Yat-sens namhafte Kommunisten eingeschleust hatte, um der Leninschen Strategie, den Nationalismus in den asiatischen Kolonialländern für den Sieg des Kommunismus auszunutzen, zum Erfolg zu verhelfen. Er wußte aber auch, daß es Enttäuschungen gegeben hatte und der Versuch, die Machtübernahme nach dem Tod von Dr. Sun zu beschleunigen, durch General Tschiang Kai-schek vereitelt worden war.

Für den Russen ergab sich die Frage: Wem unterstehen die herbeigelaufenen Männer? Die politischen Verhältnisse in China waren ja so verworren. In Whampoa wurden nationale Streitkräfte von Deutschen ausgebildet. Es gab aber auch Instrukteure, die ihre militärischen Kenntnisse in der Sowjetunion erhalten hatten. Und in einigen Distrikten herrschten abtrünnige Heerführer, die sich Kriegsherren nannten und unter dem Oberkommando des Generals Yen Hsi-schan ›Strafexpeditionen‹ gegen die von Tschiang Kai-schek gebildete Nankinger Regierung führten. Darüber hinaus waren russische und japanische Truppen in die Mandschurei eingefallen und hatten den nördlichen Teil unter sowjetischen und den südlichen unter japanischen Einfluß gestellt.

All dies ging Michail Sergejewitsch durch den Kopf. Er mußte auf der Hut sein! »Auch ichch begrüße dich und deine Towaritschtschi mit einem heißen ›Drushba narodow!‹« antwortete er. »Dies ist aber kein russisches, sondern ein deutsches Flugzeug, das einen ersten Streckenerprobungsflug von Berlin nach Peking durchführt. Ich nehme als Aufpasser an der Expedition teil«, fügte er, einer jähen Eingebung folgend, in vertraulichem Tonfall hinzu. »Getarnt als Dolmetscher.«

Der Soldat grinste. »Verstehe, Towaritschtsch. Aber wieso sind Chinesen im Flugzeug?«

»Weil uns der Gouverneur von Urumtschi erpreßt hat. Wir brauchten Benzin. Er wollte es uns nur geben, wenn wir acht seiner Beamten, viel Post und Gold mitnehmen würden.«

»Gold?« Der Soldat sah ihn ungläubig an. »Wieviel?«

»36 Barren à 12,5 Kilo. Macht zusammen 450 Kilogramm.«

Diese Menge schien dem Chinesen die Luft zu rauben. Sekundenlang stand er wie gelähmt da, dann tuschelte er mit seinen Kameraden und erklärte schließlich: »Niemand darf das Flugzeug verlassen! Unser Befehlshaber ist auf dem Weg hierher. Bis zu seinem Eintreffen . . .« Er straffte sich plötzlich und gab ein chinesisches Kommando.

Im nächsten Moment luden alle Soldaten ihre Gewehre durch.

»Wir schießen auf jeden, der das Flugzeug verläßt!«

»Verdammter Mist!« fluchte Klaus Steger. »Wir sind vom Regen in die Traufe geraten.«

Markus Erdmann bat den Russen, sich zu erkundigen, wann mit dem Eintreffen des Befehlshabers zu rechnen sei.

Michail Sergejewitsch stellte die Frage und erhielt die Antwort: »In ungefähr einer halben Stunde.«

»Was haben Sie dem Burschen alles erzählt?«

»Daß wir gezwungen wurden, acht Beamte, Post und Gold hierherzutransportieren.«

»Hoffentlich war das nicht falsch.«

»Wie hätte ichch anders begründen können, daß wir Chinesen an Bord haben?«

»Ich mache Ihnen keinen Vorwurf.«

Der Funkmaschinist schlug vor: »Setzen wir uns erst mal wieder. Doktor Finger hat bestimmt nur die Hälfte mitbekommen und möchte wissen, was los ist.«

»Mit einem Mal so feinfühlend?« wunderte sich der Flugkapitän und rutschte in die Kanzel zurück.

An die Kabinentür wurde heftig geklopft.

Klaus Steger sah den Piloten fragend an. »Soll ick aufmachen?«

»Aber nur einen Spalt! Ich möchte nicht auch noch in saurem Mief sitzen.«

Im Türspalt wurde das bleiche Gesicht eines Passagiers sichtbar, der besorgt fragte: »Speak English?«

»Yes.«

»That soldiers from Warlords! We are lost! Take off!«

Betroffen erwiderte Markus Erdmann: »Ich habe Sie verstanden und will sehen, was wir tun können.« Er schloß die Tür und teilte den Kameraden mit, was er erfahren hatte.

»Wenn das Soldaten der Kriegsherren sind, dann nix wie weg von hier!«

»Und wohin?« fragte Dr. Finger, der sich erneut als besonnen erwies. »Wir werden uns nach der Menge Benzin richten müssen, die uns zur Verfügung steht.«

»Wir haben mindestens noch für zwei bis drei Flugstunden.«

»Damit müßten wir bis Lantschou kommen«, überlegte der Flugkapitän laut. »Aber wie finde ich diese Stadt? Meine Rollkarte reicht bis Peking, zeigt vom Gebiet neben der Flugroute jedoch allenfalls 200 Kilometer. Ich hab' mir das Kartenmaterial ja aus verschiedenen Atlanten zusammenschnippeln müssen.« Er wandte sich an Klaus Steger. »Ist Ihnen die Frequenz des Peilers von Lantschou bekannt?«

»Woher soll ick die kennen?«

Michail Sergejewitsch schüttelte den Kopf. »Selbst wenn die Funkfrequenz bekannt wäre und Sie über die besten Navigationskarten verfügten – Sie könnten Lantschou nicht erreichen, weil hier beim Anlassen der Motoren sofort alle Gewehre auf uns gerichtet würden.«

»Und man würde auch schießen!« pflichtete ihm der Meteorologe bei. »Uns bleibt nichts anderes übrig, als die Dinge an uns herankommen zu lassen. Zumal noch nicht erwiesen ist, daß wir wirklich vom Regen in die Traufe geraten sind.«

Markus Erdmann salutierte zu Dr. Finger hinüber. »In Berlin hätte ich nicht gedacht, daß Sie in kritischen Situationen zum ruhenden Pol werden.«

4

Die Besatzung der Ju 52, die dem Befehlshaber der Flughafentruppe mit Spannung entgegensah, war überrascht und höchst erstaunt, als eine große, schwarze Limousine, die eine kilometerlange braunrote Staubwolke hinter sich her zog, mit hoher Geschwindigkeit auf das Flugzeug zufuhr.

»Mensch, det is ein Maybach!« staunte der Funkmaschinist, als das Auto neben der Ju 52 anhielt. »Der hat den gleichen Motor wie der Zeppelin.«

Ein uniformierter Beifahrer flitzte aus dem Wagen, riß die Tür zum Fond auf und salutierte.

Ein untersetzter Offizier mit einer spitz zulaufenden Kopfbedeckung stieg aus der Limousine, warf einen kurzen Blick zur Kanzel hoch und ließ sich vom russisch sprechenden Soldaten Bericht erstatten. Als er informiert war, hob er den Kopf und gab der Besatzung zu verstehen, das Flugzeug zu verlassen und zu ihm zu kommen.

Markus Erdmann kletterte als erster durch das Dachfenster, stieg auf die Tragfläche und hantelte sich am Rumpf entlang nach unten.

Der Kommandeur salutierte und nannte seinen Dienstgrad und Namen: »Oberstleutnant Chung Ming.«

Der russisch sprechende Chinese und Michail Sergejewitsch übernahmen das zweifache Übersetzen, und nachdem die Besatzung sich vorgestellt hatte, reichte der Stabsoffizier jedem die Hand. Danach erkundigte er sich beim Piloten nach den Leistungsdaten des Flugzeuges. Er schien technisch versiert zu sein, denn er ging den Dingen auf den Grund und wollte alles bis ins kleinste Detail wissen. So fragte er nach der Drehzahl der

Motoren, und er interessierte sich für den Benzinverbrauch, das Tankvermögen und den Aktionsradius so sehr, daß den Flugkapitän das Gefühl beschlich, nicht befragt, sondern ausgehorcht zu werden.

Dem Russen erging es ähnlich. Er fügte deshalb dem Übersetzungstext einmal hinzu: »Ichch wittere Unrat! Wir sollten nicht alle Daten preisgeben!«

Oberstleutnant Chung Ming wechselte das Thema. »Ihr Auftrag lautet, nach Peking zu fliegen?«

»Ja.«

»Wie lange wird der Flug dorthin dauern?«

»Das hängt von den Windverhältnissen ab. Zwischen sieben und acht Stunden.«

»Und wieviel Benzin müssen Sie nachtanken?«

»Von Urumtschi nach hier werden wir schätzungsweise 1400 bis 1500 Liter verbraucht haben.«

»Gut, ich gebe Weisung, die Tanks zu füllen«, sagte er und fügte lachend hinzu: »Man darf nicht kleinlich sein, wenn man 450 Kilo Gold geschenkt bekommt.«

Jetzt ist alles klar, dachte Markus Erdmann erbost. Wir sind in die Fänge eines der berüchtigten Kriegsherren geraten.

»Wann gedenken Sie zu starten?«

Vielleicht haben wir noch Glück im Unglück, hoffte der Flugkapitän und antwortete: »Wenn es Ihnen recht ist, gleich morgen früh.«

»Einverstanden.« Der Oberstleutnant befahl mehreren Soldaten, zu dem am Platzrand befindlichen alten Holzbau zu laufen. »Sie müssen sich mit dem Flugzeug ebenfalls dorthin begeben«, sagte er, an den Piloten gewandt. »In dem Schuppen lagern unsere Benzinfässer.«

Wieder übersetzten beide Dolmetscher.

»Ich bin Ihnen außerordentlich dankbar«, versicherte Markus Erdmann. »Sie haben hoffentlich Verständnis dafür, daß wir die Qualität des Treibstoffes in jedem Faß untersuchen müssen.«

»Selbstverständlich! Ich kann Ihnen aber versichern, daß Ihr Prüfgerät ein spezifisches Gewicht von 760 ausweisen wird.«

Der Flugkapitän stutzte. »Sie wissen ja sehr genau Bescheid.«

»Das ist meine Aufgabe.«

»Dann bleibt mir nur noch die Frage: Sollen die Beamten von Urumtschi hier oder am Schuppen aussteigen? Und wo soll die Post und das Gold ausgeladen werden?«

»Das erledigen wir hier. Nehmen Sie sich aber nichts zu Herzen. Sie können ja nichts dafür.« Ohne den Sinn dieser Worte zu erklären, drehte er sich um und schmetterte mehrere Kommandos. Sekunden später liefen die Soldaten in verschiedene Richtungen. Zwei von ihnen rissen die Tür des Flugzeuges auf und schrien in die Kabine hinein.

Michail Sergejewitsch raunte: »Die Passagiere kommen an die Reihe! Ich fürchte, denen wird's dreckig ergehen. Laßt euch bloß nichts anmerken. Hauptsache, wir bekommen Benzin.«

Kreidebleich verließen sechs der Beamten des Gouverneurs von Urumtschi das Flugzeug. Ein siebter blieb im Türrahmen stehen und warf Postsäcke heraus, die ihm von hinten gereicht wurden. Die Ausgestiegenen trugen die Säcke an einen ihnen zugewiesenen Platz und warfen sie dort auf einen Haufen. Als die Post entladen war, kamen die in neun Jutesäcke verpackten Goldbarren an die Reihe. Sie mußten in ein Zelt getragen werden, vor dem zwei Doppelposten mit durchgeladenem Gewehr standen. Es war scheußlich, mit ansehen zu müssen, wie die wenig muskulösen und vom Flug geschwächten Beamten sich mit letzter Kraft bemühten, die jeweils 50 Kilo schweren Säcke zu tragen.

Der bedrückende Anblick war jedoch nichts gegen das, was danach geschah. Zunächst forderte Oberstleutnant Chung Ming die Besatzung auf, das Flugzeug zum Benzinschuppen zu rollen. Und kaum hatte sich die Maschine in Bewegung gesetzt, ließ er die Postsäcke mit Benzin übergießen und befahl den Beamten aus Urumtschi, die Säcke anzuzünden. Als dies geschehen war und die Flammen hochschlugen, gab er das Kommando, die verräterischen Söldner Tschiang Kai-scheks hinterrücks zu erschießen. Mit zuckenden Leibern fielen die

Gefolgsleute des alten Gouverneurs vornüber in das Inferno, und wer nicht richtig Feuer fing, wurde mit dem aufgepflanzten Bajonett tiefer in die Glut hineingeschoben.

In ohnmächtiger Wut und Fassungslosigkeit mußte die Flugzeugbesatzung sich zwingen, nicht aufzuschreien und zu protestieren.

Michail Sergejewitsch behielt die Nerven und bemühte sich, die Kameraden zu beruhigen. »Sich auflehnen hilft nichts!« beschwor er sie. »Wir müssen froh sein, daß wir Treibstoff bekommen und morgen zur letzten Etappe starten können.«

*

Die Nacht verbrachten Markus Erdmann, Klaus Steger, Dr. Finger und Michail Sergejewitsch in ihren Schlafsäcken in der Kabine des Flugzeuges. Der saure Gestank war kein Thema mehr. Das schaurige Erlebnis verdrängte jede Nebensächlichkeit, bohrte in ihren Köpfen und ließ sie nicht einschlafen. Und bei wem die Ermattung einmal übergroß wurde, der wachte schon nach kurzer Zeit erschreckt wieder auf. Gegen Morgen dann, als die Natur unerbittlich ihr Recht verlangte, unterbrachen Militärkommandos die mühsam gefundene Ruhe. Das Flugzeug wurde von Soldaten umstellt. Die Besatzung war nahe daran, die Nerven zu verlieren.

»Diese Scheiß-Chinesen!« wetterte der Funkmaschinist. »Wir hätten in der Nacht abhauen sollen.«

»Mit Stußredereien ist niemandem gedient«, polterte der Flugkapitän. »Jetzt heißt es nicht durchdrehen!«

»Und sich vor Augen halten, daß man uns keinesfalls liquidieren wird!« bekräftigte der Meteorologe. »Denn man wird sich unserer bedienen wollen. Die Soldaten sind Vorläufer ihres Herrn. Der Kommandeur wird garantiert bald erscheinen.«

»Gut kombiniert!« lobte Michail Sergejewitsch. »Wie in Urumtschi, so gedenkt man auch hier, uns zu zwingen, dieses oder jenes zu tun. Die Frage ist nur: Was?«

Die Antwort hierauf gab Oberstleutnant Chung Ming, noch bevor die Sonne über den Horizont gestiegen war. Begleitet vom russisch sprechenden Soldaten, stieg er aus seiner komfortablen Limousine und begrüßte die Besatzung mit einem Lächeln, das frieren machte. Dann wies er seinen Untergebenen an, zu verkünden, was er ihm eingetrichtert hatte.

Der Unteroffizier räusperte sich. »Unser Kommandeur, der Ihnen gegenüber sehr großzügig war, läßt Ihnen ausrichten, daß er von Ihnen die gleiche Haltung erwartet. Marschall Yen Hsischan, unser höchster Kriegsherr, kann die günstige Gelegenheit, über ein Flugzeug zu verfügen, nicht ungenutzt lassen. Er beauftragt Sie hiermit, nach Baotuo zu fliegen, eine Stadt, die etwa in der Mitte der von Ihnen geplanten Route nach Peking liegt. Ein Offizier wird Sie begleiten. In Baotuo sind Waffen und Munition im Gewicht von 2700 Kilogramm zu übernehmen.«

»Das ist unmöglich«, begehrte Markus Erdmann auf. »Mit einer solchen Zuladung kommt die Maschine niemals vom Boden!«

Oberstleutnant Chung Ming bat darum, ihm den Einwand zu übersetzen, und als dies über Michail Sergejewitsch und den russisch sprechenden Chinesen geschehen war, erklärte er süffisant: »Sie sind gestern in Urumtschi mit 450 Kilo Gold, 500 Kilo Post und acht Personen, die ebenfalls 500 Kilo gewogen haben werden, glatt gestartet. Und das bei vollen Tanks! Nach Ihrer Aussage verbrauchten Sie von Urumtschi nach hier ungefähr 1500 Liter. Das entspricht einem Gewicht von 1500 Kilogramm. Ihre Zuladung betrug insgesamt also rund 3000 Kilo. Da Sie bis Baotuo voraussichtlich nicht ganz soviel Benzin verbrauchen werden wie von Urumtschi nach hier, wird das Flugzeug beim Start in Baotuo somit um etwa 1250 Kilogramm leichter sein, und ich bestimmte deshalb das Gewicht der zu transportierenden Materialien mit 2700 Kilogramm. Bitte, korrigieren Sie mich, wenn ich mich verrechnet haben sollte.«

»Sich aufzulehnen ist sinnlos«, fügte Michail Sergejewitsch der Übersetzung hinzu.

Darüber war sich auch Markus Erdmann im klaren. Seine Gedanken kreisten: Wenn wir den begleitenden Offizier überwältigen und nicht in Baotuo landen, können wir nach Peking fliegen.

Als hätte sich diese Überlegung auf den Oberstleutnant übertragen, sagte der wie nebenbei: »Damit Sie auf keine dummen Gedanken kommen, bleiben ihr Meteorologe und Ihr Dolmetscher in Soutschou. Bei Nichterfüllung Ihres Auftrages werden beide umgelegt. Ich denke, daß Sie das nicht wollen.« Chung Ming salutierte. »Meine Herren, mehr zu sagen wäre Zeitverschwendung. Den Geiseln steht eines unserer Zelte zur Verfügung.« Er wandte sich dem Flugkapitän zu. »Je eher Sie starten, um so besser, mein Herr. Der Offizier, der Sie begleiten wird, kommt dort schon. Ich wünsche Ihnen einen guten Flug.«

*

Markus Erdmann gelang es nur mit Mühe, sich äußerlich gelassen ans Steuer seiner Maschine zu setzen. Wenn er über den Backbordmotor blickte, schaute er geradewegs auf die Stelle, an der die Chinesen hinterrücks erschossen und in die Flammen gestoßen worden waren. Ihre nur zum Teil verbrannten Körper boten ein schauriges Bild. Verkohlte Gliedmaßen standen dunkel vor dem bleichen Licht des beginnenden Tages. Der erbarmungswürdige Anblick schien die am Flughafen stationierten Soldaten jedoch nicht zu berühren. Keine dreißig Meter vom Platz des Grauens entfernt, gaben sie sich der von Konfuzius gelehrten Morgengymnastik Tai Chi Chuan hin. Behutsam ein Bein vor das andere setzend, hoben sie mal den linken, mal den rechten Fuß und ließen ihre Arme dabei im Zeitlupentempo kreisen.

Flugkapitän Erdmann hatte über den Sinn dieser täglichen Meditation gelesen und wußte, daß jede Bewegung die Außenwelt heranziehen und in den Raum drängen soll, den die kreisende Bewegung umschreibt. Es hieß in der Anweisung, das Denken sei dabei auszuschalten, das Hirn dürfe sich nicht regen und müsse leer wie eine hohle Kugel sein.

Weiß Gott, dachte er, die Hirne dieser Chinesen scheinen tot zu sein. Sonst könnten sie sich nicht unmittelbar neben der Stätte des Grauens der Morgengymnastik hingeben.

Beim Anlassen der Motoren sah er Michail Sergejewitsch und Dr. Lothar Finger vor einem der am Rande des Flugplatzes errichteten Zelte stehen. Er hob die Hand mit nach oben gerichtetem Daumen, um zum Ausdruck zu bringen: Seid unbesorgt! Wir kommen zurück, gehen kein Risiko ein, das euch in Gefahr bringt.

Alle vier krankten plötzlich an der Vorstellung, ein Sandsturm oder eine andere höhere Gewalt könnte die Rückkehr nach Soutschou unmöglich machen. Für den Meteorologen und den Russen würde es das Ende bedeuten. Kein Besatzungsmitglied hatte sich bisher ängstlich gezeigt, in dieser Stunde aber wurden alle von einer Thanatophobie, einer fast krankhaften Angst vor dem Tod, erfaßt. Das Spiel, das Oberstleutnant Chung Ming mit ihnen trieb, hatte sie verwirrt. Es war zu hinterhältig, um es begreifen zu können.

Nach dem Start, bei dem Pilot und Funkmaschinist den zurückbleibenden Kameraden noch einmal zuwinkten, sagte Markus Erdmann: »Die beiden haben es schwerer als wir. Sie können nichts anderes tun, als die Minuten und Stunden zu zählen und zu hoffen, hoffen und hoffen, daß uns kein Mißgeschick ereilt. Wir hingegen sind vollauf beschäftigt, finden keine Zeit, zu grübeln, und werden vom Lauf der Motoren und von der Anzeige der Instrumente in die Realität zurückgerufen, wenn uns Gedanken kommen, die uns in Verwirrung bringen.«

Der Flug nach Baotuo führte über die Atag San Gobi. Ihr Anblick war ebenso trostlos wie die am Tag zuvor überflogene Char Gobi. Lavafelder, graue und manchmal auch braune Sandwüsten, Salzmarschen, wellige Hügel und zerklüftete Gebirgsrücken wechselten in steter Folge. Von Vegetation war nichts zu entdecken.

Nach zwei Stunden wurde das wenig hohe Yabrai-Shan-Gebirge überquert, das einer endlosen Schutthalde glich.

Klaus Steger blickte besorgt in die Tiefe. »Hier hätten wir nicht die geringste Chance, wenn wir eine Notlandung machen müßten.«

»Und weil dem so ist, sollten wir unseren Leutnant nicht länger in der Kabine sitzen lassen.«

»Kommt nicht in Frage! Der bleibt, wo er ist!« wetterte der Funkmaschinist. »Nicht umsonst hab' ick die Tür zur Kanzel verrammelt. Der soll uns weder sehen noch beobachten können. Die Tour hab' ick ihm vermasselt.«

»Werden Sie nicht kindisch! Der hat doch nicht den Auftrag, uns zu beobachten. Er soll die Waffen und die Munition übernehmen.«

»Mir genügt das.«

»Mensch, Klaus! Wenn wir den Leutnant in die Kanzel holen, wird er sich geehrt fühlen. Vielleicht ist er uns dafür irgendwann einmal dankbar. Ich glaube nämlich nicht, daß wir nach unserer Rückkehr in Gnaden entlassen werden. Meines Erachtens stehen wir erst am Anfang einer Odyssee.«

»Machen Sie mich nicht schwach.«

»Ich rechne mit dem Schlimmsten. Da kann es nur von Vorteil sein, einen chinesischen Leutnant wohlgesinnt zu stimmen.«

»Trotzdem, bei dem Gedanken, daß der auf meiner Bank sitzen soll, dreht sich mir der Magen um.«

»Dann will ich's mit Goethe versuchen: ›Von der Gewalt, die alle Wesen bindet, befreit der Mensch sich, der sich überwindet.‹«

Klaus Steger schnallte sich los. »Mir über der Gobi mit Goethe zu kommen, ist lächerlich und hinterhältig.«

»Hauptsache, die Worte des alten Herrn verfehlen ihre Wirkung nicht.«

Der Funkmaschinist verschwand in der Kabine.

Markus Erdmann hatte richtig vermutet. Der Leutnant strahlte übers ganze Gesicht, als er in die Kanzel eintrat. »Lao She!« stellte er sich vor und sagte noch etwas, das die Besatzung natürlich nicht verstand. Beim Anblick der vielen Instrumente aber erschrak er. Sie beeindruckten ihn allem Anschein nach ebenso wie die Fähigkeit, ihre Anzeige zu deuten. Denn er schaute immer wieder bewundernd vom Instrumentenbrett zum Flugkapitän hinüber.

Unwillkürlich fragte sich Markus Erdmann: Hat dieser Mensch, der da mit geweiteten Kinderaugen alles bestaunt, gestern an dem entsetzlichen Gemetzel teilgenommen? Wenn ja: Was mag jetzt in seinem Kopf vor sich gehen? Hat er das grauenhafte Blutbad schon verdrängt? Oder braucht er das womöglich gar nicht, weil für ihn Unmenschlichkeiten alltäglich geworden sind?

Nach knapp vier Flugstunden wurde Baotuo erreicht. Der Ort glich eher einer Siedlung denn einer Stadt, wenngleich seine Bauten modern und neueren Datums waren. Einen Flugplatz gab es nicht. Das Gelände um Baotuo war aber so eben, daß Landung und Start kein Problem darstellten. Der Flugkapitän registrierte dies mit Erleichterung, und als Leutnant Lao She, der gleich nach der Landung in die Stadt geeilt war, wenig später mit einem Lastwagen zurückkehrte, fiel ihm ein Stein vom Herzen. Wenn nichts Außergewöhnliches geschah, konnte Soutschou noch vor Anbruch der Nacht erreicht werden. Das Leben der Kameraden war dann gerettet.

Beim Einladen sah er, daß die zu übernehmenden Maschinenpistolen und Munitionskisten mit der Shogune Tokugawa, dem japanischen Sonnenball auf weißem Grund, gekennzeichnet waren. Und da er an einem militärischen Ausbildungslehrgang teilgenommen und einige Waffenkenntnisse erlangt hatte, fielen ihm bei den Maschinenpistolen die typischen Merkmale der deutschen ›MP 32‹ auf. Die Japaner hatten offensichtlich ungeniert abgekupfert und nicht einmal das aufgesteckte Magazin geändert.

Was geht's mich an, dachte er und sorgte dafür, daß die Handfeuerwaffen auf der Steuerbordseite verzurrt wurden. Die flachen Munitionskisten ließ er auf den Boden der Backbordseite legen, so daß der Kabinenausstieg über die Kisten hinweg erreichbar blieb.

Das Verladen dauerte länger, als er angenommen hatte, doch als die Maschine vom Boden abhob, stand noch genügend Zeit zur Verfügung, um Soutschou kurz vor Beginn der Dämmerung zu erreichen. Dies war ihm gerade recht, denn er wünschte, daß der Funkmaschinist die Standortmeldung an diesem Tag unter Benutzung der Schleppantenne, die die Ausstrahlung wesentlich verstärkte, in den Äther schicken sollte. Die Zeitverschiebung betrug inzwischen sieben Stunden. Wenn der Funkspruch um achtzehn Uhr Ortszeit abgesetzt wurde, war es in Deutschland ein Uhr mittags. Und Markus Erdmann wollte an diesem Tag zum zweiten Mal nicht nur die übliche Meldung, sondern auch einen Bericht über die Ereignisse der letzten 24 Stunden geben. Es war damit zu rechnen, daß der oberste Kriegsherr Yen Hsi-schan, der selbstherrlich den Titel Sze-ma, Marschall, führte, nicht daran dachte, die dreimotorige Ju 52, die ihm der Zufall in die Hände gespielt hatte, wieder freizugeben. Für ihn war das Flugzeug ein Geschenk des Himmels, das sich prächtig für kriegerische Zwecke einsetzen ließ.

Davor bangte dem Flugkapitän, und er sagte sich: Selbst wenn es unwahrscheinlich ist, auf diplomatischem Weg Hilfe zu erlangen, die Luft Hansa muß wissen, in welche Lage wir geraten sind.

*

Nach der Landung in Soutschou wurden Markus Erdmann und Klaus Steger von Dr. Finger und Michail Sergejewitsch wie Freunde umarmt, die sich seit Jahren nicht gesehen haben.

Der Meteorologe konnte seine Rührung nicht verbergen. »Wir zweifelten nicht daran, daß Sie wohlbehalten zurückkommen. Aber zwischen Überzeugung und Wirklichkeit liegen Welten.«

Der Funkmaschinist klopfte ihm auf die Schulter. »Dann kröne ick das Wiedersehen mit der Feststellung, daß die Wirklichkeit Ihrer Gattin demnächst einen Persianer bescheren wird.«

»Schön, daß Sie mich daran erinnern. Die Ereignisse hatten mich an anderes denken lassen.«

Michail Sergejewitsch betrachtete den Piloten. »Sie sehen abgekämpft aus, müssen unbedingt einen Tag pausieren!«

»Nee, nee«, protestierte Klaus Steger, »mindestens zwei Tage wird nicht geflogen! Einen brauchen wir allein für die Wartung der Motoren.«

»Reiben Sie das Chung Ming unter die Nase! Der wird bestimmt bald hier aufkreuzen.«

»Hoffentlich!« Markus Erdmann wischte sich den Schweiß von der Stirn. »Ich bin todmüde, möchte aber, bevor ich mich in meinen Schlafsack verkrieche, genau wissen, was der Herr mit uns noch vorhat.«

»Ichch habe versucht, den russisch parlierenden Unteroffizier auszuhorchen. Er hält es für ausgeschlossen, daß wir nach Peking fliegen dürfen.«

»Das ist anzunehmen, und ich frage mich, wie ich reagieren soll, wenn uns ein weiterer Auftrag erteilt wird.«

»Ich würde Ihnen raten, fest aufzutreten, sich aber dennoch konziliant zu zeigen!« warf Dr. Finger ein. »Der Oberstleutnant muß den Eindruck gewinnen, daß man mit uns reden kann, wir aber keine Puppen sind, die nach jedermanns Pfeife tanzen.«

Michail Sergejewitsch verzog den Mund. »Im Prinzip haben Sie recht, Doktorchen. Doch Ihr Vorschlag wird sich kaum verwirklichen lassen. Chung Ming ist hochintelligent und hinterhältig! Mit unverfänglichen Fragen verschaffte er sich Kenntnis über Zuladung, Benzinverbrauch, Reichweite und so weiter.«

»Regelrecht aufs Kreuz hat er mich gelegt«, erregte sich der Flugkapitän. »Ein zweites Mal soll ihm das nicht gelingen! Und Sie, Michail, können mich unterstützen, wenn Sie möglichst langsam übersetzen und dabei jeweils überlegen, wie ich zweckmäßigerweise reagieren sollte. Vielleicht ist es Ihnen möglich, diesen oder jenen Ratschlag einfließen zu lassen. Die Chinesen verstehen ja kein Deutsch.«

»Hoffentlich kommen mir gute Ideen.«

»Ich habe mir auf dem Rückflug allerhand Gedanken gemacht und bin, wie Doktor Finger, zu der Überzeugung gelangt, daß wir uns einen entgegenkommenden Anschein geben müssen, um bei günstiger Gelegenheit in die Lage versetzt zu werden, uns von diesem Kretin zu befreien.«

Der Russe holte tief Luft. »Dem Himmel sei Dank! Ichch hatte schon befürchtet, sie könnten resignieren. Wenn wir geschickt vorgehen und Geduld aufbringen, wird uns ein Ausbruch gelingen. Allerdings müssen wir darauf bestehen, daß wir zusammenbleiben und uns nicht nochmals auf eine Geiselnahme einlassen. Das bedeutet natürlich, daß man uns Wächter mitgeben wird, die wir unter Umständen liquidieren müssen. Nur wenn wir uns über diese Konsequenz im klaren sind, hat es Zweck, weitere Überlegungen anzustellen.«

Seine Worte lösten eine bedrückte Stimmung aus, die sich erst verflüchtigte, als die dunkle Limousine des Oberstleutnants heranbrauste. Mit dem Lächeln des Siegers stieg er aus dem Wagen. »Das hat ja wunderbar geklappt. Ich gratuliere!«

Der russisch sprechende Unteroffizier und Michail Sergejewitsch übersetzten.

»Und wie soll es weitergehen?« erkundigte sich Markus Erdmann.

»Sie werden morgen nach Hami fliegen und dort zwölf Instrukteure aufnehmen.« Er hob abwehrend die Hand. »Erklären Sie nicht, dies sei unmöglich. Ich kann, wie Sie ja bereits erfahren haben, sehr gut rechnen. Bis Hami verbrauchen Sie rund 800 Liter Benzin. Zwölf Männer wiegen weniger.«

Der Flugkapitän unterdrückte seine Erregung. Zum zweiten Mal sollte er die tödlichste aller Wüsten überfliegen? »Und wohin sind die Instrukteure zu bringen?«

»Nach Urumtschi. Nicht direkt bis zur Stadt. Wie Sie wissen, ist das Terrain in der Gegend sehr eben. Eine Landung ist praktisch überall möglich. Etwa 50 bis 60 Kilometer südöstlich von Urumtschi werden Sie eine biwakierende Militäreinheit entdekken. Landen Sie in deren Nähe. Die Übergabe der Waffen und Munition ist Sache von Leutnant Lao She, der Sie wieder begleiten wird.«

»Und wo tanken wir für den Rückflug?«

»Sie verbringen die Nacht in Ihrem Flugzeug und fliegen am nächsten Abend zur Stadt, die bis dahin eingenommen sein wird. Am darauffolgenden Morgen können Sie tanken und den Rückflug nach hier antreten.«

Behutsam erklärte Markus Erdmann: »Ihr Plan mag gut durchdacht sein, aber der Zeitpunkt ist falsch gewählt. Mein Funkmaschinist und ich sind am Ende unserer Kraft. Wir brauchen dringend Ruhe. Außerdem müssen die Motoren gewartet werden. Das dauert einen vollen Tag. Oder möchten Sie, daß wir irgendwo auf der Strecke notlanden müssen?«

Der Oberstleutnant blickte betroffen drein. »Natürlich möchte ich das nicht.«

»Und da ist noch etwas, das zu klären wäre«, fuhr der Flugkapitän ermutigt fort. »Die Besatzung bleibt zusammen!«

»Da täuschen Sie sich aber gewaltig!« brauste Chung Ming auf. »Oder ist Ihnen nicht geläufig, daß der Mächtige stärker als der Schwache ist?«

Markus Erdmann gab sich gelassen. »Und was tut der Mächtige mit seiner Stärke, wenn der Schwache sich als gleichwertig stark erweist?«

»Worauf wollen Sie hinaus?«

»Darauf, daß nur ich dieses Flugzeug fliegen kann! Das ist meine Stärke, Herr Oberstleutnant! Denn Sie können mich nicht wie Ihre Landsleute erschießen lassen, weil Ihnen dann kein Flugzeugführer mehr zur Verfügung steht.«

Michail Sergejewitsch beeilte sich, Öl auf die Wogen der Erregung zu gießen. »Verstehen Sie meinen Freund nicht falsch. Wir haben vorhin über unsere Lage gesprochen. Er lehnt es nicht grundsätzlich ab, hier eine Weile zu bleiben. Dies nicht zuletzt, weil er in dieser Region unschätzbare fliegerische Erfahrungen sammeln kann. Ihm mißfällt aber, daß Sie einen Teil der Besatzung als Geisel nehmen. Und daß Sie uns, im Gegensatz zu allen Männern Ihrer Truppe, keinen Sold gewähren. Jedenfalls haben Sie kein Wort darüber verloren. Mein Flugkamerad sagte vorhin: ›Wir sind keine dahergelaufenen Halunken, sondern hochqualifizierte Spezialisten und können erwarten, daß man uns dementsprechend behandelt und honoriert.‹«

Der Oberstleutnant war verdutzt. »Der Pilot ist bereit, freiwillig Flüge durchzuführen?«

»Für einige Wochen, sofern Sie niemanden als Geisel nehmen. Eine längere Zeit käme nicht in Frage. Ihr Benzinvorrat dürfte dies ohnehin nicht gestatten.«

»Das ist richtig.« Chung Ming schien angestrengt nachzudenken. »Nehmen wir an, wir würden uns arrangieren: Wie könnte ich mich dagegen absichern, daß Sie nicht nach Peking fliegen?«

»Chinesen sind angeblich unerschrockene Soldaten. Geben Sie uns bewaffnete Wachleute mit, die bereit sind, eher mit dem Flugzeug abzustürzen, als uns ungeschoren davonkommen zu lassen. Außerdem liegt es an Ihnen, uns den Sold, den wir mit einem Barren Gold pro Person beziffern möchten, erst auszuhändigen, wenn wir uns im Einvernehmen trennen.«

»Haben Sie den Verstand verloren?« erregte sich der Chinese. »Einen Barren Gold pro Person?«

»Wir übergaben Ihnen 36 Barren!« stellte Michail Sergejewitsch sachlich fest.

»Wovon redet ihr?« mischte sich Markus Erdmann in das Gespräch, da nun er es für richtig hielt, die aufgekommene Erregung zu dämpfen.

Der Russe schilderte ihm, welche Idee ihm plötzlich gekommen war und was er beabsichtige.

Sein Redefluß veranlaßte den Oberstleutnant, vehement gegen das private Getuschel zu protestieren.

Michail Sergejewitsch beruhigte ihn: »Mein Freund wollte lediglich wissen, worüber wir sprechen. Ich habe es ihm gesagt und hinzugefügt, daß aus der Zusammenarbeit nichts wird, weil Sie den Preis nicht akzeptieren.«

»Ziehen Sie keine voreiligen Schlüsse!« wies ihn Chung Ming zurecht. »Im Grunde genommen bin ich einverstanden. Aber über den verlangten Sold, der mir viel zu hoch erscheint, kann ich nicht entscheiden. Das ist Sache des Marschalls.«

Der Flugkapitän hielt es für richtig, sich nochmals bemerkbar zu machen. »Schließen Sie mich aus den Verhandlungen gefälligst nicht aus!« forderte er, den Ungehaltenen spielend.

Der Russe ergriff sofort die sich ihm bietende Chance, den Druck zu verstärken. »Sie haben es selbst gehört, Herr Oberstleutnant. Mein Freund ist nicht gewillt, sich auf Schachergeschäfte einzulassen. Im Hinblick auf das Risiko, das wir eingehen, hält er einen Barren pro Person für viel zuwenig. Und er verlangt die Zusage, daß uns am Schluß die Menge Benzin zur Verfügung gestellt wird, die wir zum Weiterflug benötigen. Bis dahin brauchen wir Zhum-yong-piao, damit wir uns ernähren können.«

»Woher kennen Sie unser Militärgeld?« staunte Chung Ming.

»Von Ihrem russisch sprechenden Unteroffizier. Ohne ihn wären wir verhungert. Er hat das Essen bezahlt, das wir uns aus einer der Garküchen holten, die hinter den Zelten stehen.«

Der Oberstleutnant erregte sich: »Das war mir nicht bekannt. Der verauslagte Betrag wird ihm selbstverständlich erstattet, und Sie erhalten die Mittel, die Sie zur Ernährung benötigen.«

»Und wegen der Goldbarren sprechen Sie mit dem Marschall?«

»Noch heute. Wir werden uns schon einigen.«

*

»Diesmal haben wir ihn aufs Kreuz gelegt«, raunte Michail Sergejewitsch, als der chinesische Befehlshaber davongefahren war. »Daß sich aber keiner etwas anmerken läßt. Bestimmt werden wir beobachtet.«

»Erzählen Sie erst mal im Zusammenhang, was Sie alles besprochen haben«, bat Markus Erdmann.

Der Russe entsprach dieser Bitte, und als er endete, erhielt er großes Lob.

»Das haben Sie phantastisch gemacht!« begeisterte sich Dr. Finger. »Wie sind Sie bloß auf die Idee gekommen?«

»Das hat sich so ergeben.«

»Für uns könnte es die Rettung sein.«

Michail Sergejewitsch wiegte den Kopf. »Wir werden noch allerhand Überlegungen anstellen müssen, um den Weg in die Freiheit zu finden.«

»Unsere Lage hat sich auf alle Fälle wesentlich verbessert.«

Der Funkmaschinist rieb sich die Hände. »Klasse, wie Michail diesen Scheiß-Chinesen reingelegt hat.«

»Das ist noch nicht erwiesen«, widersprach der Russe.

»Ich glaube, doch«, sagte der Meteorologe. »Denn Sie sind psychologisch richtig vorgegangen. Der mißtrauische Chung Ming wird, wie die meisten Menschen, Geld anbeten und somit denken: Diese schlauen Deutschen wollen aus ihrer mißlichen Lage ein Geschäft machen. Noch dazu auf Goldbasis!«

Markus Erdmann ergänzte: »Und er wird sich des weiteren sagen: Nichts werden sie kriegen! Weder Gold als Lohn noch Benzin, um nach Peking fliegen zu können. Mögen sie glauben, ein gutes Geschäft zu machen. Am Schluß werden sie wissen, daß ich sie erneut aufs Kreuz gelegt habe.«

»Und genau darin täuscht er sich«, versicherte Michail Sergejewitsch. »In Wirklichkeit wollen wir ja kein Gold, und wir bilden uns auch nicht ein, es zu bekommen. Unsere Forderung ist lediglich Mittel zum Zweck. Mir ist bereits ein Gedanke gekommen ...« Er sprach plötzlich nicht weiter.

»Nun reden Sie schon!« drängte Klaus Steger. »Wat für'n Gedanke ist Ihnen gekommen?«

»Es ist noch zu früh, darüber zu sprechen. Ichch glaube aber zu wissen, wo für uns die Rettung liegt.«

»Na, wo schon?«

Der Russe zeigte nach Norden. »Jenseits der Gobi.«

*

Markus Erdmann war beunruhigt. Die Vorstellung, die Wüste Gobi in nördlicher Richtung überqueren zu sollen, löste Beklemmung in ihm aus. Durfte er einen Flug riskieren, der sechs bis sieben Stunden über ein Land führte, dessen Sandstürme berüchtigt waren und in dem es kein Notlandegelände gab? Bestand nicht auch die Möglichkeit, daß Michail Sergejewitsch in erster Linie an sich selbst dachte? Er hatte die Sowjetunion ohne Genehmigung verlassen. War er vielleicht deshalb bereit, jedes Risiko auf sich zu nehmen? Für ihn war es eine verlockende Chance, unauffällig in die Heimat zurückzugelangen.

Flugkapitän Erdmann war nicht gewillt, leichtfertig zu handeln. Bevor er dem Gedanken nähertrat, nach Sibirien auszuweichen, wollte er alle anderen Möglichkeiten durchdenken. So überprüfte er am nächsten Morgen, nachdem er lange geschlafen hatte, seinen Navigationskoffer, und er schöpfte neue Hoffnung, als er eine geologische Karte von ganz China entdeckte. Trotz ihres großen Maßstabes 1 : 12 000 000, der keine ordentliche Flugnavigation gestattete, war unschwer zu erkennen, daß die Entfernung von Soutschou nach Lantschou, wo die Eurasia stationiert war, etwa 700 Kilometer betrug. Unter normalen Umständen ließ sich eine solche Strecke in dreieinhalb bis vier Stunden bewältigen. Zwischen Soutschou und Lantschou erhob sich aber das gewaltige Richthofen-Gebirge, das mit der beladenen Ju 52 nicht zu überwinden war. Welche Überlegungen er auch anstellte, es gab – wenn überhaupt – tatsächlich nur die Möglichkeit, Rettung jenseits der Wüste Gobi zu suchen.

Wenn überhaupt! Oberstleutnant Chung Ming hatte gleich nach dem denkwürdigen Gespräch die Wache verstärkt und am nächsten Tag erklärt, der Marschall sei bereit, die Besatzung mit insgesamt vier Barren Gold zu besolden. Er bestehe jedoch darauf, daß außer Leutnant Lao She und dem russisch sprechenden Unteroffizier zwei weitere bewaffnete Soldaten an den Flügen teilnehmen.

»Zwei hätten wir überwältigen können«, brummte Michail Sergejewitsch, als der Chinese gegangen war. »Vier, das ist zuviel.«

Der Gesichtsausdruck des Funkmaschinisten wurde pfiffig. »Dann müssen wir eben zwei von Bord bringen.«

Die Kameraden sahen ihn erwartungsvoll an. »Wie wollen Sie das anstellen?«

»Erst mal 'ne andere Frage: Werden wir wirklich nach Urumtschi fliegen, um der dort biwakierenden Militäreinheit Inspektoren, Waffen und Munition zu bringen?«

»Den Teufel werden wir tun!« antwortete der Flugkapitän. »Ich weiß zwar noch nicht, wie wir vorgehen sollen, aber wir werden nichts unternehmen, was Urumtschi, Pater Hillbrenner und Familie Kirkegaard in Gefahr bringen könnte.«

»Bestimmt sind wir alle Ihrer Meinung«, bekräftigte der Russe. »Doch wie sollen wir uns vor dem Flug nach Urumtschi drücken?«

»Indem wir, wie ick schon sagte, zunächst zwei Mann der Bewachung von Bord bringen!« erklärte Klaus Steger.

»Etwa während des Fluges?«

»Nein, in Hami, wo wir zwölf Instrukteure aufnehmen sollen.«

Dr. Finger beugte sich vor. »Jetzt wird's spannend.«

»Über das Wie bin ick mir leider selbst noch nicht im klaren. Ick weiß nur, daß wir während der Zwischenlandung in Hami etwas inszenieren müssen, das uns weiterhilft. Und dann – ab geht die Post! Ohne Aufpasser in Richtung Sowjetunion! Zu klären wäre freilich noch die Benzinfrage. Läßt sich Rußland von Hami aus im Nonstopflug erreichen?«

Markus Erdmann griff nach einer Landkarte, seinem Kursdreieck und einem Rechenschieber. Nachdem er einige Messungen und Berechnungen vorgenommen hatte, meinte er: »Das könnte knapp werden. Von Soutschou über Hami nach Irkutsk sind es 2000 Kilometer, also zehn Flugstunden.«

»Dann müssen wir darauf bestehen, daß uns in Hami mindestens 500 Liter Benzin zur Verfügung gestellt werden.«

»Mit welcher Begründung, wenn ich fragen darf?«

Klaus Steger zuckte die Achseln. »Das fällt in Ihr Ressort.«

Michail Sergejewitsch hatte einen Geistesblitz. »Wie wäre es, wenn Sie Chung Ming morgen darauf aufmerksam machen, daß sich das Benzin in Urumtschi größtenteils als unbrauchbar erwiesen hat und Sie deshalb darauf bestehen müssen, in Hami 500 Liter zu erhalten? Andernfalls bestehe die Gefahr, auf dem Rückflug nach Soutschou irgendwo liegenzubleiben.«

Der Flugkapitän lachte. »Der Hinweis wird ihn bestimmt auf Trab bringen!«

»Unsere Aufpasser sind wir damit aber noch nicht los«, gab der Meteorologe zu bedenken.

Der Funkmaschinist klopfte ihm auf die Schulter. »Dann strengen Sie Ihr Köpfchen mal kräftig an. Mit Ihrer Hilfe werden wir es schaffen. Zwei Tage stehen uns bis zum Abflug ja noch zur Verfügung.«

*

Gleich am nächsten Morgen begannen Klaus Steger und Markus Erdmann mit der Wartung der Motoren. Dr. Finger und Michail Sergejewitsch leisteten ihnen Handlangerdienste. Es sollte der Eindruck erweckt werden, als gehe niemandem mehr etwas gegen den Strich und als seien alle ehrlich gewillt, für eine Weile im Dienst des obersten Kriegsherrn zu stehen. In Wirklichkeit aber waren sie überaus bedrückt. Bis spät in die Nacht hatten sie noch vielerlei Überlegungen angestellt und waren zu der Erkenntnis gelangt, daß der Weg in die Freiheit in jedem Fall Gewalt erfordern würde. Dieser Gedanke lähmte sie. Konnten sie Blutopfer verantworten? Nach langen Debatten hatten sie sich zu einem Ja durchgerungen, doch nun, da sie Arbeitsfreudigkeit vortäuschten, krankten sie an ihrem Entschluß.

Der Funkmaschinist befreite sich als erster von dem auf ihm lastenden Druck. »Ick werde nicht mehr grübeln, sondern nur noch an meine Frau und meine Jungens denken. Die will ick wiedersehen! Wozu sich was vormachen? Sobald dieser Chung Ming über kein Benzin mehr verfügt, knallt er uns über den Haufen. Also müssen wir ihm zuvorkommen!«

»Ich gebe Ihnen recht, Klaus«, pflichtete ihm der Meteorologe bei. »Doch wie sehr ich es mir wünsche, meiner Frau bei der Geburt unseres Kindes beistehen zu können, es wird hart für mich werden, in die Tat umzusetzen, was wir uns vorgenommen haben.«

»Abschalten!« riet Michail Sergejewitsch, obwohl er selbst öfter denn je an seine Tochter dachte. Was würde aus ihr werden, wenn er sich nicht mehr um sie kümmern könnte?

Auch Markus Erdmann sah im Geiste seine Frau vor sich. Ihre Auffassung hinsichtlich der Reinkarnation vermochte er nicht zu teilen, und es blieb ihm auch in dieser Stunde unverständlich, daß sie das leidige Thema am Morgen des Abschieds, noch dazu in so krasser Form, angeschnitten hatte. Ihre Bedenken aber schienen sich nun zu bestätigen. Sie hielt ihre Ehe durch den Flug nach China für gefährdet, und wenn er ehrlich mit sich selber war, hoffte er in dieser Minute, nicht mehr nach Peking fliegen zu können. Denn dann würde das halbjährige Auslandskommando, das er dort antreten sollte, automatisch entfallen. Er liebte seine Frau und vergegenwärtigte sich, daß der jetzt notwendig gewordene Fluchtversuch nach Rußland eine baldige Rückkehr nach Berlin bedeuten würde. Diese Vorstellung beflügelte ihn und ließ ihn vergessen, zu welchem Vorgehen sie sich entschlossen hatten.

Am Mittag unterbrachen sie ihre Arbeit und verpflegten sich bei einer der vielen Garküchen, die ›fliegende Köche‹ am Rand des Flugplatzes betrieben. Während des Essens unterhielten sie sich über den Oberstleutnant, der im Laufe des Vormittags erschienen war und sich lobend über ihren Fleiß geäußert hatten. Der Flugkapitän hatte ihm bei der Gelegenheit seine Bedenken bezüglich der Qualität des Benzins in Urumtschi geschildert, und er hatte ihn gebeten, dafür Sorge zu tragen, daß in Hami etwa 500 Liter getankt werden könnten.

Chung Ming war vor Erregung rot angelaufen. »Wie soll ich das von hier aus arrangieren? Ich weiß ja nicht einmal, ob es in Hami überhaupt Benzin gibt.«

»Falls wir dort keins bekommen sollten«, hatte ihn Markus Erdmann gleich beschwichtigt, »werden wir in Urumtschi tanken. Wir müssen dann allerdings viele Fässer kontrollieren, und ebendeshalb wäre es mir lieb, wenn Sie Leutnant Lao She anweisen, sich zu bemühen, in Hami Treibstoff zu bekommen.«

Dieses Gespräch, das wie üblich über Michail Sergejewitsch und den russisch sprechenden Unteroffizier geführt wurde, erweckte beim Oberstleutnant den Eindruck, sich auf die Besatzung verlassen zu können. Jedenfalls hatte er sich bei jedem mit Handschlag und den besten Wünschen für einen guten Verlauf des Fluges verabschiedet.

»Wenn wir jetzt noch ein bißchen Glück haben, sind wir morgen abend in Irkutsk«, freute sich der Russe.

»Kennen Sie die Stadt?« erkundigte sich Markus Erdmann.

»Nein, ichch war noch nicht dort. Sie soll serr schön sein. Ganz modern. Irkutsk wurde erst in den letzten Jahren großzügig ausgebaut.«

»Bestimmt von Strafgefangenen, die die Unverschämtheit besaßen, eine eigene Meinung zu haben«, stichelte der Funkmaschinist.

»Dem widerspreche ichch nicht«, entgegnete Michail Sergejewitsch.

»Aus Ihnen werde ich nie schlau.«

»Den Grund kann ichch Ihnen nennen: weil ichch nicht, wie Sie, über einen Leisten geschlagen bin!«

Dr. Finger gab dem Gespräch eine andere Richtung. »Wenn Irkutsk erst in den letzten Jahren ausgebaut worden ist, wird es in der Stadt wahrscheinlich keine der hübschen alten russischen Kirchen mit Zwiebeltürmen geben, die ich mir gern einmal von innen angesehen hätte«

»Die dürfte es in Irkutsk wirklich nicht geben. Aber wir können den Weiterflug nach Moskau so anlegen, daß wir in Kasan zwischenlanden und einen Tag dort bleiben. Ichch werde Sie dann zur berühmten Kathedrale der Verkündigung Mariä führen. Ihre zahlreichen Türme und Kuppeln werden Sie begeistern. Dort bekommen Sie auch das Bild der wundertätigen Muttergottes von Kasan zu sehen. Vielleicht können wir sogar eine Messe erleben.«

Markus Erdmann glaubte, nicht richtig zu hören. »Ich denke, in der Sowjetunion sind die Kirchen und Klöster überall geschlossen.«

»Nicht alle. Aber die meisten. Leider.«

»Leider? Ist das Ihre persönliche oder schlechthin die Meinung des russischen Volkes?«

»Mit einem Satz läßt sich diese Frage nicht beantworten. Die Partei lehrt, Religion sei Opium fürs Volk. Viele Russen sind somit Atheisten. Sie sind es aber nicht aus Überzeugung wie beispielsweise ichch, sondern weil sie unwissend sind. Gespräche über Religion finden nicht statt. In der Revolution handelten die Bolschewisten nach der schlichten Erkenntnis: Erschlagt den Hirten, und die Schafe werden auseinanderlaufen. In einem aber haben sie sich getäuscht: Im tiefsten Grunde seines Herzens ist das Volk gläubig geblieben. Vielleicht, weil sich in der Orthodoxie die Fülle der altkirchlichen Katholizität erhalten hat. Ihr Selbstverständnis, eine heilige Kirche zu sein, liegt in dem Bewußtsein begründet, den mystischen Leib Christi zu repräsentieren. Wenn Sie einmal sehen könnten, mit welcher Inbrunst in den wenigen Kirchen, die uns verblieben sind, gebetet wird, würden Sie verstehen, was ich meine.«

»Und Sie nennen sich einen überzeugten Atheisten?« wunderte sich der Flugkapitän.

»Halten Sie Atheisten etwa für ungläubig? Das Gegenteil ist der Fall. Uns ist es lediglich unmöglich, zu glauben, daß unsere von Elend, Not und Pein gequälte Welt das Werk eines allgütigen Wesens sein könnte. Es überwiegt doch überall der Schmerz! Viele Tiere sind ausschließlich geschaffen, um sich gegenseitig aufzufressen. Uns Menschen wurde in die Wiege gelegt, sich zu behaupten. Wir sind gezwungen, uns zu bekämpfen. Wir müssen töten, um eigenes Leben zu erhalten.«

Dr. Finger hob abwehrend die Hände. »Bitte ein anderes Thema! Mir graut gerade genug vor dem, was wir uns vorgenommen haben.«

*

Nach Beendigung der Motorenwartung führte die Besatzung ein Manöver durch, das die Chinesen mit Spannung verfolgten.

Während der Pilot zunächst den Steuerbord- und gleich darauf den Backbordmotor anließ, blieb der Funkmaschinist hinter dem Mittelmotor, dessen Verkleidung noch nicht wieder angebracht war, auf dem Motorvorbau liegen und fummelte an einem der oberen Zylinder herum. Erst nachdem beide Seitenmotoren störungsfrei liefen, gab er das Zeichen, auch den Mittelmotor anzulassen. Von diesem Augenblick an duckte er sich, und es war jedem ersichtlich, daß er sich nun mit aller Kraft an zwei versenkten Halterungen im Blech des Vorbaues festhielt, um vom Propellerwind, der jeden Moment aufbrausen mußte, nicht fortgeweht zu werden. Dies gelang ihm auch nur mit Mühe, und er war heilfroh, als Markus Erdmann die Motoren nach etwa einer Minute wieder abstellte. Aufatmend erhob er sich aus seiner nicht ungefährlich gewesenen Lage.

»Prima!« rief er und streckte die Hand mit nach oben gerichtetem Daumen in die Höhe. »Alles in bester Ordnung! Reicht mir die Motorverkleidung herauf.«

Dr. Finger griff nach dem seitlich vom Fahrwerk abgelegten Motorring, und Michail Sergejewitsch stellte eine zusammenklappbare Leiter vor den Mittelmotor. Dabei bat er den russisch sprechenden Unteroffizier, ihm und dem Meteorologen beim Hochreichen der Verkleidung behilflich zu sein. Der Chinese griff sofort beherzt zu, und gemeinsam mit Klaus Steger gelang es ihnen schnell, den breiten Blechring um den Motor zu legen.

Den Flugkapitän aber beschlichen gemischte Gefühle. Im Türrahmen zur Kanzel standen mit angelegtem Gewehr zwei Soldaten, die ihn angrinsten, als wollten sie sagen: Auf uns können Sie sich verlassen. Wir sind stolz, Ihnen zugeteilt worden zu sein. Ihre eigentliche Aufgabe schienen sie vergessen zu haben.

Das macht die Sache nicht leichter, dachte er bedrückt. Denn die beiden und nicht der Leutnant und der Unteroffizier werden in der Maschine bleiben, wenn wir in Hami... Er verscheuchte diese Überlegung. Nur nicht daran denken!

*

Schon in der Dämmerung des nächsten Morgens wurde gestartet. Markus Erdmann hatte errechnet, daß es trotz der fortgeschrittenen Jahreszeit möglich sein müßte, Irkutsk noch vor Anbruch der Nacht zu erreichen, wenn sich in Hami das geplante Täuschungsmanöver binnen 90 Minuten durchführen ließ. Auch legte er Wert darauf, daß die mit Norddeich vereinbarte Standortmeldung an diesem Tag im Flug über die Schleppantenne ausgestrahlt wurde. Er hatte einen Text vorbereitet, der zusätzlich gefunkt werden sollte. Es war dringend notwendig, die Luft Hansa über die weitere Entwicklung der Dinge zu informieren.

Aus taktischen Gründen hatte Michail Sergejewitsch wieder in der Kanzel Platz genommen. Sein Sessel in der Kabine war Leutnant Lao She zur Verfügung gestellt worden. Der russisch sprechende Unteroffizier hatte den Sitz hinter dem Funkgerät erhalten, und den beiden zusätzlich eingeteilten Wächtern war die ›Notbank‹ am Ende der Kabine zugewiesen. Vorsichtshalber hatte Klaus Steger jedem von ihnen eine Tüte in die Hand gedrückt, doch an diesem frühen Morgen gab es nicht die geringste Turbulenz. Die Maschine lag, wie es in der Fliegersprache heißt, ›wie ein Brett in der Luft‹.

Um das Mißtrauen der Wächter abzubauen, wechselten der Funkmaschinist und der Russe zeitweilig mit ihnen die Plätze. Beide waren hoch erfreut darüber, eine Weile in der Kanzel sitzen zu dürfen. Markus Erdmann und Dr. Finger hingegen, die den Chinesen freundlich zulächelten und versuchten, ihnen das eine oder andere Instrument zu erklären, kamen sich wie Verräter vor.

Nach gut zweieinhalb Stunden war die zwischen Soutschou und Hami liegende Gobi fast überquert, und aus dem Dunst über der Wüste tauchte der 5000 Meter hohe Quarg Tagh auf. Es wurde Zeit, die ursprüngliche Sitzordnung wieder einzunehmen und die Tür zur Kanzel zu schließen.

Von diesem Augenblick an dachte jeder nur noch an die Aufgabe, die sie sich gestellt hatten. Ließ sich der notgedrungen gefaßte Plan reibungslos durchführen? Die geringste Komplikation konnte eine Katastrophe auslösen.

Rund um Hami, einen kleinen Ort mit etwa 30 000 Einwohnern, gab es dank des vom Quarg Tagh herabfließenden Wassers viele gut bestellte Felder. Ihr Grün war eine Wohltat für das Auge. In unmittelbarer Nähe bot eine an die zerklüftete Wüste grenzende weite Ebene ein ideales Start- und Landefeld.

Flugkapitän Erdmann registrierte dies erfreut. »Dort können wir bei jeder Windrichtung starten.«

Der Meteorologe wies auf eine lange Reihe säuberlich ausgerichteter Zelte. »Da haben wir die Antwort auf die Frage, die uns so beschäftigte: Woher wissen die Instrukteure, die wir nach Urumtschi bringen sollen, daß wir heute nach Hami kommen? Die Kerle sind hier stationiert und wissen von nichts! Den Befehl übermittelt ihnen Leutnant Lao She!«

»Gut kombiniert«, konstatierte Michail Sergejewitsch. »Wir können uns die beabsichtigte Kurbelei über die Stadt ersparen und gleich landen.«

Von offenen Feuern wehte heller Rauch in nordöstliche Richtung.

Markus Erdmann landete gegen den Wind und rollte möglichst nahe an die Zelte heran, aus denen eine große Anzahl von Soldaten herausstürmte. »Bleiben Sie an der Seite von Lao She und dem Unteroffizier«, sagte er dem Russen. »Und machen Sie Druck, damit wir möglichst schnell wieder starten können.«

»Erst muß er feststellen, ob's hier Benzin gibt«, widersprach Klaus Steger. »Danach mag er die Instrukteure auf Trab bringen.«

Der Flugkapitän schaltete die Motoren ab.

Ungezählte Soldaten drängten lebhaft gestikulierend an die Ju 52 heran.

Michail Sergejewitsch verschwand in der Kabine, und bald darauf stieg er mit den beiden Chinesen aus dem Flugzeug.

Ein Offizier ging ihnen entgegen und salutierte.

Lao She erstattete eine Meldung, die bei den Nahestehenden einen Freudenschrei auslöste. Dann kam es zu einem längeren Gespräch mit zwei Offizieren, in das schließlich einige Soldaten einbezogen wurden.

»Was mögen die da bekakeln?« fragte Dr. Finger, der nervös zu werden schien.

»Das werden wir bald erfahren«, beruhigte ihn Markus Erdmann.

Tatsächlich rief der Russe wenig später zur Kanzel hinauf: »Wir erhalten 600 Liter Benzin!«

Dem Flugkapitän fiel ein Stein vom Herzen. Er ließ sich aber nichts anmerken, sondern schob das Kabinendach gelassen zurück. »Wo wird getankt?«

Michail Sergejewitsch besprach sich mit dem als Dolmetscher fungierenden Chinesen und zeigte schließlich nach Süden. »Dahinten, am Ende des Flughafens, lagern 200-Liter-Fässer. Während Sie dorthin rollen, erledige ichch hier alles andere.«

»Sind die Inspektoren startbereit?«

Erneut sprach der Russe, gedolmetscht vom Unteroffizier, mit einem Offizier der in Hami stationierten Einheit. »Spätestens in zwanzig Minuten.«

»Gut, wir tanken inzwischen. Die dafür zuständigen Leute sollen in die Kabine klettern und einer von ihnen in die Kanzel kommen und mir genau zeigen, wohin ich rollen soll. Sorgen Sie aber dafür, daß niemand in den Propeller gerät!«

»Das klappt ja wie am Schnürchen«, freute sich Klaus Steger. »Nehmen wir's als gutes Omen.«

Bereits eine halbe Stunde nach erfolgter Landung konnte mit den zwölf Instrukteuren gestartet werden. Die Tür zur Kanzel hatte die Besatzung diesmal hinter sich geschlossen. Ihre Stimmung war gespannt. Gesprochen wurde nur das Notwendigste. Jeder hing eigenen Gedanken nach.

Nachdem etwa zehn Minuten in Richtung Urumtschi geflogen war, wandte sich der Pilot an Michail Sergejewitsch. »Sind Sie wirklich bereit, die besprochene Aufgabe zu übernehmen?«

Statt einer Antwort streckte der Russe ihm die geöffnete Hand entgegen.

Markus Erdmann entnahm einem zwischen seinem Sitz und der Bordwand befindlichen Futteral eine Walther PPK und übergab sie. »Geladen und gesichert!«

Michail Sergejewitsch entsicherte die Waffe und schob sie in die äußere Brusttasche seiner fellgefütterten Lederkombination. »Dann wollen wir nicht mehr zögern.«

Der Funkmaschinist stellte den Zündhebel des Mittelmotors mehrmals hintereinander auf Spät- und auf Frühzündung, so daß die Drehzahl dauernd absackte und wieder hochschnellte. Aus den Auspuffen schlugen Flammen, und es knallte fürchterlich.

»Das genügt!« rief der Flugkapitän und leitete eine Kurve ein. »Mittelmotor abstellen und den Leuten im besprochenen Sinne Bescheid sagen!«

Klaus Steger klappte die Sitzbank hoch und öffnete die Tür zur Kabine.

Michail Sergejewitsch wandte sich an den russisch sprechenden Unteroffizier, der unmittelbar neben der Tür vor dem Funkgerät saß und ihn angstverzerrt anstarrte. »Sagen Sie allen, daß keinerlei Gefahr besteht! Ein kleiner Defekt am Mittelmotor, den wir vorsorglich abgeschaltet haben, zwingt uns, nach Hami zurückzufliegen. Bestimmt kann der Schaden dort schnell behoben werden. Danach starten wir wieder nach Urumtschi.«

Die dunklen Augen des Chinesen glänzten. »Ich glaubte schon, unser Ende sei gekommen.«

Der Flug ohne Mittelmotor bereitete keine Schwierigkeit. Markus Erdmann landete gleich am Rand der weiten Ebene, rollte aber nicht zu den Zelten hinüber, sondern ließ die Maschine stehen, wo sie zum Stillstand kam.

Der Funkmaschinist öffnete das Dach der Kanzel und kletterte auf den Motorvorbau, wo er unverzüglich die Halterungen des breiten Verkleidungsbleches löste.

Indessen bat der Russe den Unteroffizier, die Instrukteure aufzufordern, das Flugzeug bis zur Fertigstellung der Reparatur zu verlassen. Mit werbender Stimme fügte er noch hinzu: »Wenn Sie und Leutnant Lao She uns beim Abnehmen und Anbringen der Motorverkleidung wieder helfen würden, wären wir Ihnen sehr dankbar.«

Der Chinese versicherte, gern behilflich zu sein, und wie um seine Tatkraft zur Schau zu stellen, scheuchte er die Fluggäste förmlich aus der Kabine heraus.

„Kann der Schaden wirklich behoben werden?« erkundigte sich der Leutnant besorgt.

»Aber natürlich«, antwortete Michail Sergejewitsch. »Vermutlich handelt es sich nur um einen Zündkerzendefekt. Unser Funkmaschinist wird uns in wenigen Minuten einen klaren Bescheid geben können.« Er ging mit Lao She zum Ausstieg und bot ihm den Vortritt an. Der Chinese bedankte sich für die liebenswürdige Geste, verließ die Kabine jedoch nicht, ohne zuvor den beiden Wachsoldaten eine scharf klingende Weisung erteilt zu haben.

Die beiden flitzten augenblicklich zur Kanzel hinauf und blieben mit dem Gewehr im Anschlag neben der Tür stehen.

Der Russe begrub eine still gehegte Hoffnung. Gefolgt vom Meteorologen, der ebenfalls einen enttäuschten Eindruck machte, ging er zum Bug des Flugzeuges, wo sich die ausgestiegenen Instrukteure bereits versammelt hatten und neugierig zum Mittelmotor hochschauten. Er wies den Unteroffizier an, alle Anwesenden zu den Seiten zu schicken, damit beim Probelauf der Motoren niemand in einen Propeller gerate.

Dr. Finger warf Klaus Steger ein Seil zu, mit dem die Motorverkleidung herabgelassen werden sollte. Anschließend holte er aus dem Gepäckraum die zusammenklappbare Leiter, die schon bei der Motorenwartung benutzt worden war. Er stellte sie aber nicht auf, sondern legte sie unter die Steuerbordtragfläche.

Der Funkmaschinist band das Seil an das Verkleidungsblech und ließ es zu Boden sinken, wo es von Michail Sergejewitsch und dem Unteroffizier übernommen und zur Seite getragen wurde. Und schon kurz darauf rief Klaus Steger: »Es sind nur zwei Zündkerzen im Eimer. Die Specksteine sind geplatzt!«

Markus Erdmann stemmte sich halb aus dem geöffneten Dachfenster heraus. »Da haben wir ja noch mal Glück gehabt. Wo sind die Ersatzzündkerzen verstaut?«

»Im Gepäckraum unter dem Sanitätskasten.«

»Ich bringe sie Ihnen.«

Der Russe informierte den Unteroffizier über das zwischen dem Piloten und dem Funkmaschinisten geführte Gespräch, und er fügte hinzu, daß vermutlich gleich nach dem Einschrauben der neuen Zündkerzen ein Probelauf vorgenommen werde. Danach würden die Motoren nochmals abgestellt, um den Verkleidungsring wieder anzubringen. Er schätze, daß schon in 15 Minuten gestartet werden könne.

Lao She war hocherfreut und erklärte, die Tüchtigkeit der Deutschen in seinem Bericht an Oberstleutnant Chung Ming besonders herauszustreichen.

Michail Sergejewitsch bedankte sich mit einer Verneigung und erwähnte beiläufig, sich rechtzeitig in die Kanzel begeben zu müssen, um dem Piloten beim Anlassen der Motoren behilflich zu sein. »Sie und Ihr Unteroffizier haben sich ja freundlicherweise bereit erklärt, uns beim Heraufschaffen der Verkleidung zu helfen.«

Es dauerte nicht lange, bis Klaus Steger das Zeichen gab, mit dem Probelauf zu beginnen.

Markus Erdmann nahm auf seinem Sitz Platz, und Michail Sergejewitsch stellte sich, für jeden sichtbar, in das Dachfenster und drückte auf den Knopf des Schwungkraftanlassers. Nachdem der Steuerbordmotor dröhnend angesprungen war, betätigte er den Anlasser des Backbordmotors, und als auch dieser aufheulte, trat er in die Kabine zurück und überließ die Inbetriebnahme des Mittelmotors dem Flugkapitän.

Exakt in diesem Moment begab sich Dr. Finger zum Rumpf des Flugzeuges, und als er hörte, daß das Schwungrad des Mittelmotors auf hohe Touren kam, stieg er in die Kabine, nahm eine der vielen dort verstauten Maschinenpistolen und klemmte sie so zwischen den Rumpf und die Tür, daß diese vom Propellerwind nicht zugeschlagen werden konnte. Und kaum war die Tür arretiert, da brauste der Mittelmotor auf.

Den Bruchteil einer Sekunde vorher hatte sich der Funkmaschinist, der hinter dem Mittelmotor kniete, aufgerichtet und war mit einem Satz durch das geöffnete Dachfenster in die Kanzel gesprungen.

Im selben Augenblick schob Markus Erdmann die Gashebel der drei Motoren bis zum Anschlag vor.

Im dröhnenden Lärm gingen vier Schüsse unter, die die beiden vor der Tür zur Kanzel stehenden Wächter augenblicklich außer Gefecht setzten. Ihre Gewehre fielen scheppernd zu Boden.

Das Flugzeug gewann schnell an Fahrt.

Michail Sergejewitsch ergriff einen der Männer und schleifte ihn über die Munitionskisten hinweg zur halboffenen Kabinentür und warf ihn nach draußen.

Der Meteorologe, der inzwischen nach vorn gelaufen war, versuchte, den anderen Chinesen fortzuziehen. Doch noch bevor ihm dies gelang, war der weitaus kräftigere Russe neben ihm und zog den zweiten toten Wächter zum Ausstieg, stieß ihn ins Freie und riß die Maschinenpistole aus der Tür, die im selben Moment zuschlug und nur noch verriegelt zu werden brauchte.

Die Maschine hob vom Boden ab.

Klaus Steger schaute in die Kabine zurück und rief dem Piloten zu: »Alles erledigt!« Dann schloß er behende das Dach der Kanzel.

Dr. Finger war dem Zusammenbruch nahe.

Michail Sergejewitsch bugsierte ihn zum Sitz hinter dem zweiten Steuer und legte die Pistole auf den Vorbau des Instrumentenbrettes. »Geladen und gesichert!«

Markus Erdmann wollte etwas sagen, fand aber nicht das rechte Wort. Mit einer Hand das Steuer haltend, schob er die Waffe in das zwischen seinem Sitz und der Bordwand befindliche Futteral.

Der Russe kehrte in die Kabine zurück und ließ sich in seinen Sessel fallen. Sein Hirn rebellierte. Im Geiste hörte er die Worte Lenins: ›Wenn man nicht fähig ist, auf dem Bauch durch den Schmutz zu kriechen, dann ist man kein Revolutionär, sondern ein Schwätzer.‹

*

In der Kanzel der Ju 52 war es still geworden. Klaus Steger und Dr. Finger starrten wie abwesend vor sich hin. Der Flugkapitän fühlte sich wie ausgebrannt. Er konnte nicht den geringsten Gedanken fassen. Der Dunst über der Wüste Gobi zwang ihn, nach den Blindfluginstrumenten zu fliegen. Ihm fiel es schwer, den künstlichen Horizont waagrecht und die Kompaßrose auf 40 Grad zu halten. Zwei Menschen hatten sie getötet, ihre Körper wie Kadaver aus dem Flugzeug geworfen. Aber wie anders hätten sie sich von der chinesischen Offiziersclique, die sich ›Kriegsherren‹ nannte und mordend durch das Land zog, befreien sollen? Ihnen war keine andere Wahl geblieben.

Markus Erdmann dachte an seine Frau. Wie würde sie reagieren, wenn sie erfuhr ...? Er versuchte, sich ihr Gesicht zu vergegenwärtigen, doch das gelang ihm nicht. Lenkte ihn der ungewohnte Anblick des unverkleideten Mittelmotors ab? Immer wieder kontrollierte er die Temperaturen der Zylinder und des Motorenöls. Der Funkmaschinist hatte richtig vermutet: Es gab keine nennenswerte Veränderung.

Wie mochte Michail Sergejewitsch zumute sein? Er stieß Klaus Steger an. »Was macht unser Freund?«

Der Funkmaschinist schaute unauffällig zurück. »Er sitzt in seinem Sessel und schaut aus dem Fenster, sieht aber garantiert nichts. Seine Augen sind matt und ausdruckslos.«

Zwiespältige Gefühle überkamen den Piloten. Während er seine Aufgabe erfüllte, beleckten die anderen ihre Wunden. »Tut was!« schrie er plötzlich unbeherrscht. »In einer halben Stunde passieren wir den 3700 Meter hohen Cust Uul. Werft die Munitionskisten und Maschinenpistolen raus. Je leichter die Maschine, um so besser steigen wir. Außerdem sparen wir dann Benzin!«

Die Flugkameraden sahen ihn entgeistert an, verließen aber schleunigst ihre Plätze.

Markus Erdmann stellte mit Genugtuung fest, daß auch der Russe sich sofort erhob, als er hörte, was getan werden sollte. Er war ein echter Kamerad. Manch schwierige Situation hatte er gemeistert.

Auch jetzt nahm er das Heft wieder in die Hand. Er band sich ein Seil um den Leib und befestigte es so am hintersten Zusatztank, daß er die Kabinentür gerade noch erreichen konnte.

»Befürchten Sie, der Sog könnte Sie hinausziehen?« fragte ihn Klaus Steger.

»Genau. Geben Sie mir zwei Maschinenpistolen, und halten Sie gebührend Abstand von der Tür. Später reichen Sie mir die Munitionskisten und Waffen. Das Hinauswerfen besorge ichch.«

Mit Bewunderung verfolgten der Funkmaschinist und Dr. Finger, wie Michail Sergejewitsch die Läufe der Maschinenpistolen hinter die obere und untere Umrandung der Wellblechtür steckte, sich dann mit beiden Waffen gegen die Tür stemmte und, als diese weit genug geöffnet war, die Gewehrschäfte gegen die Bordwand schob, so daß der Fahrtwind die Tür nicht zuschlagen konnte.

»Und jetzt Beeilung!« rief er in den vom Sog jäh aufwirbelnden Schmutz hinein.

Klaus Steger und der Meteorologe gaben ihr Bestes. Dennoch dauerte es fast zwanzig Minuten, bis das gesamte Militärgut in die Tiefe geworfen war. Danach drückte der Russe gegen die Tür, so daß die beiden eingeklemmten Maschinenpistolen nicht mehr unter Spannung standen und in die Tiefe fielen.

Der Flugkapitän wies auf das Variometer, als Dr. Finger und der Funkmaschinist zurückkehrten. »Die Maschine steigt wie nie zuvor! In 3000 Meter Höhe noch mit drei Metersekunden! Und das, obwohl ich die Drehzahl der Motoren um 100 Umdrehungen reduziert habe.«

»Dann wird der Sprit bestimmt bis Irkutsk reichen«, prophezeite Klaus Steger.

»Hoffen wir's. Auf den letzten 100 bis 200 Kilometern dürfte das Terrain zwar nicht mehr sehr gebirgig sein, aber es bleibt doch ziemlich zerklüftet. Genau kann ich es nicht sagen, da ich ja nur über eine Karte im Maßstab 1 : 12 000 000 verfüge.«

»In Irkutsk besorge ick mir gleich die Frequenzen von allen Flughäfen auf der Strecke nach Moskau. Dann kann ick Sie wieder mit Peilungen versorgen.«

»Wenn wir doch schon in Moskau wären!« stöhnte der Meteorologe.

Markus Erdmann deutete hinter sich. »Wie geht's Michail? Hat er sich gefangen?«

»Und wie! Er hat mächtig zugepackt! Ist schon ein toller Kerl.«

»Bin froh, daß alles über Bord gekippt ist. In der Wüste kann das Zeug keinen Schaden anrichten.«

Unwillkürlich dachte jeder an die aus dem Flugzeug geworfenen Chinesen. Es wurde wieder still in der Führerkanzel.

Die Flughöhe verbesserte sich laufend und betrug bald 4000 Meter. Markus Erdmann registrierte eben, daß das Altaj Nuruu hinter ihnen lag und sie sich über der Mongolischen Wüste befanden, die dem hohen Changajn-Gebirge vorgelagert war, als Michail Sergejewitsch plötzlich mit hochrotem Kopf den Funkmaschinisten zur Seite stieß, über dessen Sitzbank kletterte und »Ochsenauge! Ochsenauge!« schreiend die Gashebel zurückriß.

»Was fällt Ihnen ein!« rief der Flugkapitän außer sich und zog das Steuer an, um die vornüberkippende Maschine abzufangen. Gleichzeitig schob er die drei Gashebel wieder nach vorn.

»Ochsenauge!« brüllte der Russe wie von Sinnen und zerrte die Gashebel erneut zurück.

»Haben Sie den Verstand verloren?« empörte sich Markus Erdmann und versuchte, die Gashebel zu erreichen. Michail Sergejewitsch aber hinderte ihn daran und drückte nun auch noch mit einer Hand gegen das Steuer, so daß das Flugzeug in den Steilflug überging.

Klaus Steger klappte blitzschnell die Sitzbank hoch, zog die Beine des Russen nach hinten und brachte ihn zu Fall. Doch Michail Sergejewitsch ließ die Gashebel nicht los.

»Schlagt ihm auf den Arm!« rief der Pilot.

Der Meteorologe holte kräftig aus, und Markus Erdmann fand Gelegenheit, das Flugzeug abzufangen und die Motoren wieder auf Vollast zu bringen.

»Ihr Idioten!« schrie der Russe. »Seht Ihr denn nicht das

Ochsenauge? In wenigen Minuten bricht hier ein Sandsturm los! Wir müssen so schnell wie möglich landen!«

Nach einem Blick zum Himmel, an dem außer einer kleinen, linsenförmigen Wolke nichts Beunruhigendes zu entdecken war, fürchtete der Flugkapitän, Michail Sergejewitsch könne den Verstand verloren haben. Zumal er weiterhin »Ochsenauge! Ochsenauge!« brüllte und erneut versuchte, wieder an die Gashebel heranzukommen. »Schafft ihn aus der Kanzel!« rief er wie in höchster Not.

Dr. Finger wollte der Weisung entsprechen, erhielt aber, noch bevor er Hand anlegen konnte, einen Schlag ins Gesicht, der ihn taumeln ließ.

Dem Funkmaschinisten gelang es, Michail Sergejewitsch ein zweites Mal zu Fall zu bringen, doch der zahlte es ihm bitter heim. Mit einem mächtigen Tritt setzte er Klaus Steger außer Gefecht, griff nach den Gashebeln und zog sie zurück.

Die Motoren verstummten. Das Flugzeug neigte sich vornüber.

»Wenn Sie nicht auf der Stelle vernünftig werden, schieß' ich Sie über den Haufen!« drohte Markus Erdmann und zog mit der linken Hand die Walther PPK aus dem Futteral an der Bordwand.

Michail Sergejewitsch schien tatsächlich den Verstand verloren zu haben. Er hielt die Gashebel fest und schrie immer aufs neue: »Ochsenauge! Ochsenauge! Wenn wir nicht sofort landen, sind wir verloren!«

Der Flugkapitän sah das Gebirge auf sich zukommen. Wenn die Maschine nicht schnellstens in eine andere Lage gebracht wurde, war eine Katastrophe unvermeidlich. Mit der Rechten das Steuer haltend, drückte er mit der linken die Pistole gegen den Arm des Russen und schoß. Dessen Hand entkrampfte sich augenblicklich.

Klaus Steger, der sich wieder aufgerappelt hatte, schob die Gashebel nach vorn.

Die Motoren heulten auf.

Markus Erdmann nahm das Steuer behutsam zurück.

Michail Sergejewitsch fiel zu Boden. Aus seinem Mund sikkerte Blut. »Jetzt ... alle ...«

»Um Gottes willen! Ich habe ihm in den Arm schießen müssen. Schnell, schafft ihn in die Kabine. Verbindet ihn!« Die Fluglage verlangte die volle Konzentration des Piloten. Mit Mühe gelang es ihm, den steilen Flug zu beenden.

Dr. Finger und der Funkmaschinist zogen den Russen aus der Kanzel.

Der Flugkapitän regulierte die Motoren und ließ die Maschine steigen. Gut 1000 Meter waren verlorengegangen. Voraus lag das bis auf 4000 Meter ansteigende Changajn-Gebirge. Seine Gedanken überschlugen sich. Was war mit Michail Sergejewitsch geschehen? Hatte ihn die Tötung der Chinesen verwirrt? Was bedeutete sein Ruf ›Ochsenauge! Ochsenaugen!‹ Wieso floß ihm Blut über die Lippen? Er hatte ihm doch in den Arm geschossen? War das Geschoß womöglich ...? Er verdrängte weitere Überlegungen, mußte sich um das Flugzeug kümmern. Der Gebirgsrücken, dem er sich näherte, war höher, als er flog. Kurz entschlossen kurvte er zurück. Er mußte erst einmal die erforderliche Höhe gewinnen.

Der Meteorologe erschien in der Kanzel. Sein Gesicht war aschgrau. »Michail Sergejewitsch ist tot!«

Markus Erdmann stockte der Atem. Er hatte den Kameraden erschossen? Mit der gleichen Waffe, die dieser auf die Chinesen gerichtet hatte? Sein Denken setzte aus. Zu wahnsinnig erschien ihm alles.

»Jetzt auch das noch!« rief Dr. Finger mit entsetzter Stimme und zeigte in die Tiefe.

Der Flugkapitän schaute zur Mongolischen Wüste hinunter. Über weite Strecken entwickelten sich überall wirbelnde Sandhosen, die mit beängstigender Geschwindigkeit an Höhe gewannen. 1000 Meter waren im Nu erreicht. Weniger später 2000, dann 3000 Meter.

»Fliegen Sie zu den Bergen zurück!« beschwor ihn der Meteorologe wie in Todesnot. »Nur das Gebirge kann uns noch retten!«

Markus Erdmann schob die Gashebel bis zum Anschlag vor und kurvte auf den alten Kurs ein. »Klaus soll kommen! Und setzen Sie sich auf Ihren Platz, und schnallen Sie sich an!«

Der Funkmaschinist erschien.

»Regulieren Sie das Höhengas! Wir müssen so schnell wie möglich 4000 Meter erreichen. Sonst kommen wir nicht über das Gebirge hinweg. Hinter uns entwickelt sich ein Sandsturm.«

»Der hat unsere Höhe fast schon erreicht«, stellte Klaus Steger nach einem kurzen Blick aus dem Fenster beherrscht fest. »Dem werden wir kaum noch entgehen können.«

»Doch!« erregte sich Dr. Finger. »Er wird nicht über den Gebirgsrücken hinwegkommen!«

Auf der Stirn des Flugkapitäns perlten Schweißtropfen. Der Höhenmesser zeigte 3800 Meter. Er gab sich keinen Illusionen mehr hin. Der Sandsturm stieg schneller als das Flugzeug. Ihm blieb nichts anders übrig, als den Steigflug zu beenden und die Geschwindigkeit zu erhöhen, um hinter dem ersten Gebirgsrücken Schutz zu suchen.

Fast eine halbe Stunde lang gelang es ihm, dem Sandsturm zu entkommen. Er entdeckte ein Tal, in das er die Maschine mit hoher Geschwindigkeit hineindrückte, doch wenig später erlosch das Licht des Tages, als sei die Sonne untergegangen. Graubrauner, undurchsichtiger Dunst umhüllte die Maschine. Dann wurde sie, wie von einer Riesenfaust erfaßt, gerüttelt und geschüttelt. Der Kompaß überkugelte sich. Das Variometer pendelte. Der Höhenmesser sank rapide. Wendezeiger und künstlicher Horizont zeigten den Flugzustand nicht mehr an.

Der Funkmaschinist blieb beherrscht. »Ick werde auf der Frequenz von Norddeich SOS senden.«

»Setzen Sie sich lieber hin, und schnallen Sie sich an! Das Tal, in dem wir uns befinden, ist ziemlich breit. Wenn wir Glück haben, bekommen wir wieder Sicht.«

»Machen wir uns nichts vor! Die Motoren fressen jetzt Sand und werden spätestens in ein paar Minuten verrecken. Ick tu' meine Pflicht und funke SOS!«

»Sie sollen sich anschnallen!« begehrte Markus Erdmann auf. »Das ist jetzt das allerwichtigste!«

Die Maschine wurde hin und her geschleudert.

Dr. Fingers Hände verkrallten sich in den Anschnallgurten. »Wie wollen Sie es schaffen ...?«

Eine dunkle Wand kam auf sie zu.

Der Flugkapitän riß das Höhenruder an sich, um den Aufprall abzufangen. Zu spät. Es krachte ohrenbetäubend. Der Mittelmotor drang quer in die Kanzel hinein. Das Instrumentenbrett kam näher und drohte ihn zu erdrücken. Sein Kopf schlug gegen eine Strebe der Glasverkleidung. Er verlor die Besinnung.

5

Markus Erdmann fand sich nicht gleich zurecht, als er wieder zur Besinnung kam. Der Kopf schmerzte ihn unerträglich. Auf den Schultern lag ein starker Druck. Seine Ohren summten. Wie aus weiter Ferne hörte er ein leises Rauschen. Wo war er überhaupt?

Nur langsam erinnerte er sich daran, daß er in einen Sandsturm geraten war und sein Heil in einem Tal gesucht hatte. Und daß ihm dort die Sicht genommen und plötzlich eine dunkle Wand vor ihm aufgetaucht war. Gleich darauf hatte es fürchterlich gekracht, und der Mittelmotor war quer in die Kanzel eingedrungen.

Er zwang sich, die Augen zu öffnen, und schaute zum zweiten Führersitz hinüber. Ihm bot sich ein Bild des Grauens. Das Herz klopfte ihm in der Kehle. Mit abgetrennten Beinen und einer Metallstrebe in der Schulter saß Dr. Finger blutüberströmt auf seinem Sitz. Feiner, graubrauner Sand lag wie jahrealter Staub auf ihm.

Unwillkürlich blickte Markus an sich herab. Auch er war über und über mit Sandstaub bedeckt. Ebenso das Instrumentenbrett, das so nahe vor seiner Brust stand, daß er sich kaum bewegen konnte. Durch ein geborstenes Fenster rieselte Sand und verursachte das wie aus der Ferne kommende leise Rauschen.

Unterlag er einer Halluzination? Nein, was er sah, war Wirklichkeit. Der Meteorologe neben ihm war tot. Wie mochte es dem Funkmaschinisten ergangen sein? Hatte er nicht SOS funken wollen?

Er schaute in die Kabine zurück, sah zuerst nur ein Gewirr von verbogenen Blechen und Streben, bis er gewahrte, daß

Klaus Steger, vor seinem Funkgerät sitzend, von einem Reservetank, der sich aus der Verankerung gerissen hatte, erschlagen worden war.

Markus schloß die Augen. Hatte nur er den Zusammenprall überlebt? Einem glücklichen Umstand war es zu verdanken, daß das Instrumentenbrett nicht weiter in die Kanzel gedrungen war und ihn erdrückt hatte. Es wäre wohl besser gewesen, wenn auch er den Tod gefunden hätte. Die Schuld lag doch bei ihm! Hätte er auf Michail Sergejewitsch gehört und sofort versucht, eine Notlandung zuwege zu bringen, dann wäre das Flugzeug zwar zu Bruch gegangen, aber niemand würde sein Leben verloren haben.

Der Gedanke quälte und marterte ihn, bis er sich in einer jähen Auflehnung sagte: Nein, es war Michails Unbeherrschtheit, die die Katastrophe heraufbeschwor. Er war vollkommen durchgedreht und offensichtlich nicht damit fertig geworden, zwei Menschen erschossen zu haben. Hätte er mir, anstatt wie ein Wahnsinniger die Gashebel zurückzureißen, die Bedeutung der linsenförmigen Wolke erklärt, dann würde ich mich an die Altocumuli lenticularis erinnert haben, an die Vorboten des Föhns über den Alpen. Doch so ... In der vertrackten Situation konnte ich nicht die geringste Überlegung anstellen. Ich mußte den Flug sichern, ihn mit allen mir zur Verfügung stehenden Mitteln verteidigen.

Markus hätte nicht sagen können, wie lange er, mit sich hadernd und sich verteidigend, auf seinem Sitz verharrte. Er brachte es nicht fertig, sich den verunglückten Kameraden zuzuwenden. Ihr qualvoller Tod lähmte ihn ebenso wie der Gedanke, daß er Michail Sergejewitsch erschossen hatte. Er brauchte viel Zeit, bis er die Kraft fand zu versuchen, sich aus seiner eingezwängten Lage zu befreien. Dies ließ sich glücklicherweise verhältnismäßig leicht bewerkstelligen. Er stemmte sich zunächst auf die Armlehnen seines Sessels, zog dann die Beine hoch, brachte sie über das Instrumentenbrett und trat gegen gebrochene Streben der Kanzelverkleidung, um sie zur Seite zu biegen. So gewann er einen Ausstieg und schob sich schließlich, mit den Füßen voran, ins Freie. Hier stellte er fest, daß das Flugzeug keinen Rumpf und kein Leitwerk mehr besaß. Eine der beiden Tragflächen war abgebrochen und lag etwa vierzig Meter von der Kabine entfernt. Viel weiter konnte er nicht sehen, da die Luft mit graubraunem Staub geschwängert war. Er zog hieraus den Rückschluß, daß zwischen dem Unfall und dem Wiedererlangen der Besinnung höchstens ein bis zwei Tage verstrichen sein konnten. Sonst hätte sich der aufgewirbelte Sandstaub gewiß schon abgelagert.

Markus hantelte sich an der Bordwand entlang auf die noch vorhandene Tragfläche hinunter, die direkt auf dem Boden lag, da das Fahrwerk abgeschert war. Eine Weile blieb er unschlüssig stehen. Wo und in welchem Zustand mochte er Michail Sergejewitsch finden? Zögernd ging er zum Ende der vom Rumpf getrennten Kabine. Die Zusatztanks waren aus ihren Halterungen gebrochen. Es roch nach Benzin.

Vergeblich suchte er den Russen. Lag der womöglich im abgetrennten Rumpf? Er blickte in die Runde und vermeinte, im Dunst etwas Helles zu sehen. Das Flugzeug hatte eine silberne Farbe. Tatsächlich traten nach zehn, fünfzehn Schritten die Konturen des Leitwerks hervor. Doch noch bevor er den Rumpf erreichte, entdeckte er Michail Sergejewitsch, der mit ausgebreiteten Armen auf dem Rücken lag und zu schlafen schien. Von einer Verletzung war nichts zu sehen. Graubrauner Staub im Haar und Vollbart und die Blässe seiner Stirn und Wangen gaben ihm ein verändertes Aussehen. Irgendwie glich er jetzt dem Zaren Nikolaus II., der am Ende des Krieges mit der Zarin, dem 14jährigen Thronfolger und den vier Töchtern in Jekaterinburg ermordet worden war.

Im Geiste hörte Markus unwillkürlich, wie seine Frau ihm am Morgen des Abfluges einen Traum geschildert hatte, in dem er einen Mann mit dem Aussehen des Zaren Nikolaus umgebracht habe. War ihre Illusion Wirklichkeit geworden? Gibt es zwischen Himmel und Erde Dinge, die nicht erklärbar sind?

Verwirrt stand er vor dem Toten und wußte nicht, was er tun sollte. Doch dann erfaßte er den Ernst seiner Lage. Wahrscheinlich gab es auch für ihn keine Rettung mehr. Wenn er sich in dem Tal befand, in das er glaubte, hineingeflogen zu sein, trennten ihn mindestens 150 bis 200 Kilometer von der nächsten Siedlung. Sofern es am Ausgang des Tales überhaupt eine Ortschaft gab!

Du wirst nicht kapitulieren, schwor er sich. Niemals. Wenn schon, dann wollte er kämpfend zugrunde gehen.

Was aber sollte mit den toten Kameraden geschehen? Er konnte sich nicht einfach auf den Weg machen und sie liegen lassen, wo sie gerade lagen. Unschlüssig ging er zum Flugzeugrumpf, in dessen Gepäckraum sich außer verschiedenen Ersatzteilen auch Notproviant und die persönlichen Gegenstände der Besatzung befanden. Die herrschende Kälte veranlaßte ihn, nach seiner Fliegerhaube und den gefütterten Handschuhen zu greifen. Die warme Winterkombination und Pelzstiefel trug er ohnehin seit Swerdlowsk, dem ehemaligen Jekaterinburg, das tief eingeschneit gewesen war.

Fast mechanisch packte er zusammen, was er für einen Marsch durch unbewohnte Gegend benötigte. Für jedes Besatzungsmitglied war ein Rucksack mit Notproviant bereitgestellt. Des weiteren 20-Liter-Wasserkanister, die mit einem Seil versehen waren, das sich um die Schulter legen ließ, um den Behälter hinter sich herziehen zu können. Zur Ausrüstung gehörten auch Kompaß, Schlafsack, Verbandsmaterial, diverse Medikamente, ein kleiner Spirituskocher und Feueranzünder.

Markus war sich bewußt, daß er sich erst auf den Weg begeben konnte, wenn wieder klare Sicht herrschte. Er hatte nicht die geringste Vorstellung von seiner Umgebung. Nach Ausbruch des Sandsturmes war es ihm nur noch einmal kurz möglich gewesen, einen Blick auf die ohnehin unzulängliche Landkarte zu werfen. Dabei hatte er im Changajn-Gebirge ein sich bis nach Rußland hin erstreckendes Tal entdeckt, das ihm als Rettungsweg erschienen war. Das Tal verlief freilich nicht gradlinig, und es war ausgeschlossen, es ohne Erdsicht glatt durchfliegen zu können. Zwangsläufig mußte es im Blindflug, zu dem er plötzlich gezwungen gewesen war, zu einer ›Bodenberührung‹ gekommen sein, wie es in der Fliegersprache heißt. Und die war in schauriger Weise erfolgt. Ihm stellte sich nun die Frage: War er in das bis nach Rußland reichende Tal gelangt? Wenn ja, dann befand er sich auf einem stetig abfallenden Terrain, das den anzutretenden Marsch wesentlich erleichtern würde. War er aber in ein Tal geraten, das in einem Kessel endete, dann sah es bös für ihn aus. Dann blieb ihm nichts anderes übrig, als sich nach dem Kompaß zu richten und jede Höhe zu überwinden, die ihn in Richtung 40 bis 60 Grad von einem der Flußtäler trennte, die zum Baikalsee führten.

Nachdem Markus sein Marschgepäck zusammengestellt hatte, blickte er lange zu Michail Sergejewitsch hinüber. Er wollte ihn nicht im Freien liegen lassen und trug ihn zu den im Flugzeug liegenden Kameraden. Nachdem er dies getan hatte, durchstach er mit einem Stemmeisen, das er beim Werkzeug fand, alle Zusatzbehälter und die Tanks in der noch mit der Kabine verbundenen Tragfläche, füllte zu guter Letzt einen Kanister mit Benzin und übergoß die Toten. Dann zündete er eine Lache des ausgelaufenen Treibstoffes an.

Das Feuer breitete sich mit unheimlicher Geschwindigkeit aus. Riesige Flammen schlugen zum Himmel empor.

Markus nahm seine Kopfhaube ab und schaute in das lodernde Inferno. Würde er die Heimat wiedersehen? Er könnte dann der Frau und den Söhnen Klaus Stegers sagen, welch tüchtigen Mann und Vater sie hatten und mit welcher Unerschrockenheit er in der kritischsten Phase seines Lebens bemüht gewesen war, einen letzten Funkspruch abzusetzen. Auch der Frau des Meteorologen Dr. Finger könnte er viel Lobendes über ihren Mann berichten. Ob sie wohl wußte, daß er sich zum Flug nach China eigentlich nur entschlossen hatte, um ihr und dem Kind ein angenehmeres Leben zu bereiten? An die kleine Tatjana mochte er gar nicht denken. Wer würde ihr wohl die Hiobsbotschaft überbringen? Einer jener Apparatschiks, über die ihr Vater sich gern lustig gemacht hatte?

An diesem Abend schlüpfte Markus nicht in seinen Schlafsack. Bis weit in die Nacht hinein schaute er zu den glimmenden

Resten der Ju 52 hinüber, die zum Grab seiner Flugkameraden geworden war.

*

Erst am dritten Tag hatte sich der Sandstaub so weit aufgelöst, daß die Umgebung der Unfallstelle zu erkennen war. Das Flugzeug lag in einem Talkessel, den 700 bis 800 Meter hohe Berge umgaben. Für Markus war dies ein schwerer Schlag. Wie sollte er unter den gegebenen Umständen die etwa 200 Kilometer weite Strecke bis zum Nordrand des Gebirges zurücklegen?

Die Erkenntnis, von Bergen umschlossen zu sein, hinter denen wahrscheinlich nicht das Tal lag, das in die gewünschte Richtung führte, deprimierte ihn so sehr, daß er nahe daran war zu kapitulieren. Doch dann packte ihn ein unbändiger Ehrgeiz. Er betrachtete die ihn umgebenden Höhen nicht mehr als Hindernisse, sondern als Herausforderung. Und als hätte er Angst, nochmals in Lethargie zu verfallen, warf er sich kurz entschlossen den Rucksack über die Schulter, ergriff das Seil mit dem Wasserkanister und machte sich, nach einem letzten Blick zurück, auf den Weg. Direkt auf den Berg zu, der in Richtung 50 Grad lag. Er hoffte, ihn in wenigen Stunden erklommen zu haben, mußte jedoch schon bald erkennen, daß dies unmöglich sein würde. Der Gebirgshang bestand aus Kies, der bei jedem Schritt ins Gleiten geriet. Immer wieder kam er ins Rutschen. Wenn alle Berge, die er bewältigen mußte, Fließgrund aufwiesen, war er verloren.

Erschöpft erreichte Markus erst am Abend die Kuppe des Berges. Der erste Fernblick aber, den er gewann, gab ihm neue Hoffnung. Zwar stellten sich ihm in der Richtung, die er einzuschlagen hatte, viele weitere Erhebungen in den Weg, und es deutete sich nirgendwo der Verlauf eines nach Nordosten verlaufenden Tals an. Doch alle Berge, auch die niedrigsten, die er sehen konnte, waren in Schnee gehüllt. Ein klimatisch völlig anderes Land lag vor ihm. Wenn der Schnee, wie zu vermuten stand, bis in die Täler hinabreichte, brauchte er den schweren

Wasserkanister nicht länger mit sich zu schleppen. Die Gefahr zu verdursten war dann gebannt. Auch hoffte er, schneebedeckte Hänge leichter ersteigen zu können als rutschenden Kiesgrund. Die in den Nächten mit ziemlicher Sicherheit größer werdende Kälte fürchtete er nicht. Seine pelzgefütterte Fliegerkombination und die Fellstiefel boten hinreichenden Schutz. Und der Schlafsack ließ sich zur Not auch noch mit Schnee bedecken.

Besonders zuversichtlich war er, weil ihm die Sicht in die Weite eine Vorstellung von den vor ihm liegenden Bergen vermittelte und er zu der Überzeugung gelangte, sie innerhalb der nächsten vierzehn Tage überwinden zu können. So lange reichte der Notproviant. Vielleicht ließ er sich auch etwas strecken, aber dann würde er zum Besteigen eines Berges wohl bald keine Kraft mehr besitzen.

Nach einem letzten Blick zur Unfallstelle stieg er ein paar hundert Meter in das nächste Tal hinab und wünschte sich, in der kommenden Nacht von seiner Frau zu träumen. Er zweifelte mit einem Mal nicht mehr daran, sie wiederzusehen.

*

Die nachfolgenden Tage wurden für Markus schwerer, als er es sich vorgestellt hatte. Beim Erreichen des zweiten Berggipfels fand er zwar seine Vermutung bestätigt, daß der Schnee das nächste Tal voll bedeckte und er den Wasserkanister nicht mehr hinter sich herzuziehen brauchte. Doch das Waten durch den Schnee kostete Kraft, sehr viel Kraft, und er bekam einen unbändigen Hunger, über den er sich hinwegsetzen mußte, wenn der für vierzehn Tage berechnete Notproviant nicht vorzeitig zu Ende gehen sollte. Immer und immer wieder nahm er Schnee in den Mund und hoffte, damit das Hungergefühl etwas zu verbannen. Das aber war nicht der Fall. In solchen Minuten, in denen er eisern darauf verzichtete, sich eine getrocknete Apfelscheibe oder ein Stück Hartbrot zu gönnen, war er manchmal der Verzweiflung nahe. Er redete sich dann ein: Sei froh, daß du die Sonnenbrille nicht vergessen hast. Du wärst sonst längst schneeblind geworden. Oder er fragte sich: Wer hat schon das Glück, eine Katastrophe mit heiler Haut zu überstehen? Und wem ist es vergönnt, ein fast schon verlorengegangenes Leben aus eigener Kraft zurückzugewinnen? Wenn dir das gelingt, hast du etwas geleistet, das dir so schnell keiner nachmacht. Denke immer daran, daß es nur wenige Tage sind, die du dich zusammenreißen mußt!

Es gab ihm Kraft, wenn er so auf sich einredete. Doch er erlebte auch Tage, an denen ihn das Alleinsein und die Furcht, nicht durchzuhalten, in Depressionen stürzte. Dann zwang er sich, an ein Buch des französischen Dichters Jean Giono zu denken, das ihn, der er oft stundenlang allein im Flugzeug saß, außerordentlich beeindruckt hatte. Unvergeßlich waren ihm die Worte: ›Das tiefe Schweigen, das Fehlen aller menschlichen Geräusche braucht dich nicht zu beunruhigen. Nach und nach wirst du lernen, Mensch zu sein. Und du wirst sehen, es ist das Gegenteil von dem, was man dich gelehrt hat.‹

Daß ihn diese Worte einmal aufbauen und ihm neuen Elan geben würden, hätte Markus nicht für möglich gehalten. Dennoch wurde er von Tag zu Tag schwächer, und als er sich nach zwei Wochen mühselig einen nicht sonderlich hohen, hügelartigen Berg hinaufschleppte, ahnte er, daß er dem Zusammenbruch nahe war. Eine innere Stimme marterte ihn: Warum plagst du dich? Leg dich doch hin und schlaf ein! Dann ist die Quälerei vorbei! Dein Ziel wirst du ohnehin nicht erreichen!

Er schaute zum Hügel hinauf. Vielleicht 200 Meter waren es noch bis zur Kuppe. Solange ich denken kann, kapituliere ich nicht, schwor er sich und richtete sich auf, wie um sich selbst seine Stärke zu beweisen. Schwerfällig ein Bein vor das andere setzend, näherte er sich der Höhe. Würde ihn der Ausblick wieder enttäuschen? Dann gab es keine Hoffnung mehr. Der Notproviant war vor zwei Tagen zu Ende gegangen. In seinem dicht gewordenen Bart hatte sich Rauhreif gebildet. Seine Lippen waren aufgesprungen. Die Augen schmerzten ihn.

Fast schwankend erreichte er den Gipfel. Im nächsten Moment aber kehrte Leben in ihn zurück. Er warf die Arme hoch, schrie und lachte. Vor ihm lag ein Tal mit einem schwarz glänzenden Fluß und runden Behausungen, mongolischen Jurten, wie er vermutete, vor denen Kamele lagerten. In einigen Koppeln waren Pferde zusammengetrieben.

Markus strich sich über die Augen. War es Wirklichkeit, was er sah? Er suchte nach keiner Antwort, stolperte den Hügel hinab, schrie, lachte und weinte, sah Menschen aus den Jurten herauslaufen, winkte ihnen zu, brach dann jedoch zusammen und verlor die Besinnung.

*

Als er zu sich kam, lag er in einer der runden Behausungen, die er vom Hügel aus gesehen hatte. Trotz der warmen Fliegerkombination, die er anhatte, war noch ein Fell über ihn gelegt worden. Neben seinem Lager hockten vier oder fünf kleine, wohlbeleibte Frauen, die beglückt lächelten, als er die Augen öffnete.

Eine von ihnen trat an ihn heran, hob seinen Kopf und flößte ihm, wie er später erfuhr, Stutenmilch ein. »Kumys!« sagte sie mit warmer Stimme.

Die anderen pausbackigen Frauen verfielen in ein erregtes Gespräch. Ihre hohen, guttural klingenden Stimmen muteten kindlich an. Die Sprache aber war so merkwürdig, daß ein ungeübtes Ohr kaum eines der gesprochenen Worte hätte wiederholen können.

Während ihm Kumys eingeflößt wurde, sah er plötzlich bunte, sich drehende Kreise, und er fiel erneut in Ohnmacht.

Mehrmals erlebte er, daß er die Besinnung zurückerlangte. Die ihn umgebenden fülligen, kleinen Frauen sahen in ihrer steifen Filzkleidung wie Tönnchen auf Beinen aus. Sie gaben ihm jedesmal Milch und eine Art Hirsebrei. Meistens erlitt er schon sehr bald einen neuen Schwächeanfall. Wie oft dies geschah, hätte er nicht sagen können. Doch eines Tages nahm er seine Umgebung deutlicher als bisher wahr, und er spürte neue

Kräfte in sich. Und nach einigen weiteren Tagen hatte er den dringenden Wunsch, aufzustehen und etwas zu unternehmen.

Die seltsam grauen Augen der Frauen glänzten, als er zu erkennen gab, das Lager verlassen zu wollen. Sie klatschten in die Hände und waren ihm behilflich. Eine von ihnen lief nach draußen und holte zwei ebenfalls kleine, aber stämmige Männer, die ihn prüfend betrachteten. Ihre Wangen waren von Wind und Wetter gegerbt. Nach einigen Sätzen, deren gutturale Laute nicht kindlich wie die der Frauen, sondern hart und bestimmt klangen, hob einer von ihnen den Daumen und den Zeigefinger.

Das könnte heißen, daß man mich in zwei Tagen abtransportieren will, dachte Markus, und er vermutete richtig. Nachdem er noch achtundvierzig Stunden lang gründlich aufgepäppelt worden war, wurde er zwischen die Höcker eines Kamels gesetzt und mit einem Hanfseil festgebunden. Die Frauen richteten letzte, sorgenvolle Worte an ihn, und im Bestreben, seiner Dankbarkeit Ausdruck zu verleihen, faltete er die Hände und verneigte sich vor ihnen. Doch als sich das Trampeltier erhob, suchte er schnellstens Halt. Er sah nur noch schwankende Wolken und einen Horizont, der mal aufzusteigen, dann wieder in ein Tal zu gleiten schien. Ihm wurde speiübel. Dies nicht zuletzt vom infernalischen Gestank des Wüstentiers.

Einer der Männer bemerkte sein Unwohlsein und reichte ihm eine Lederflasche. Er nahm einen Schluck. Die scharfe Flüssigkeit brannte ihm wie Feuer in der Kehle.

Sein Begleiter lachte. »Kara-Kumys!«

Es war das zweite Wort, das Markus verstand und zu wiederholen vermochte. Und wie er später erfuhr, ist Kara-Kumys ein aus Stutenmilch geschlagener und dann gebrannter scharfer Schnaps.

Tagelang folgte die aus sieben Kamelen bestehende Karawane dem Verlauf des Flusses. Am Abend wurde ein Zelt aufgeschlagen, Feuer entfacht und Brei gekocht. Nach dem Essen, bei dem man sich der Finger bediente, blieben die Mongolen noch lange am Lagerfeuer sitzen, und es war faszinierend zu sehen, wie sich der Ausdruck ihrer vom Lagerfeuer rot leuchtenden, faltenreichen Gesichter veränderte und wie nach innen gekehrt zu sein schien, wenn einer von ihnen einer alten Flöte wehmütige Töne entlockte.

Nach fünf Tagen – Markus hatte sich inzwischen so weit erholt, daß er unangebunden auf dem Kamel sitzen konnte – erreichte die Karawane ein ausgedehntes Steppenbecken. Voraus lag eine von Palisaden umgebene Siedlung. War es die russische Grenzstadt am Ende des langen Tals, in dem er beim plötzlichen Aufkommen des Sandsturms hatte Zuflucht suchen wollen? Er zeigte auf den Ort und fragte: »Kiachata?«

Der Karawanenführer schüttelte den Kopf. »Maimatschin!«

Markus war enttäuscht.

Dem Mongolen entging dies nicht. Er hob einen im Sand liegenden Stock, steckte ihn in die Erde und erklärte: »Maimatschin!« Dann zog er den Stock heraus und drückte ihn neben dem entstandenen Loch in den Boden. »Kiachata!« Und ein drittes Mal steckte er den Stock in die Erde. »Troitzkosawsk!«

Markus begriff. Vor ihnen lagen drei Städte dicht beieinander. Der chinesische Grenzort Maimatschin, der sowjetische Handelsplatz Kiachata und die alte russische Festung Troitzkosawsk.

*

In Maimatschin brachte der Karawanenführer den immer noch geschwächten Piloten zur chinesischen Grenzbehörde, deren Vorsteher ihn mit einer Mischung aus Verwunderung und Mißtrauen musterte und Fragen an ihn richtete, die er weder verstehen noch beantworten konnte. Er übergab deshalb seinen mit einem chinesischen Visum versehenen Paß.

»Germansky?« fragte der Grenzbeamte verblüfft, nachdem er den Sichtvermerk gelesen hatte.

Markus nickte bejahend.

Nun wurde er mit beflissener Geste gebeten, Platz zu nehmen, und einer der anwesenden Soldaten erhielt eine Weisung, die ihn auf der Stelle losrennen ließ. Der Dienststellenleiter setzte sich an seinen Schreibtisch und blätterte in dem Paß, bis er plötzlich den Kopf hob und mit ungläubigem Staunen fragte: »Aeroplan?«

»Ja«, antwortete Markus.

Der Chinese breitete die Arme aus, bewegte sie wie die Schwingen eines Vogels und ahmte das Geräusch eines Motors nach.

Markus lachte. »Sie haben meine Tätigkeit hundertprozentig erfaßt.«

In diesem Augenblick kehrte der Soldat mit einem hageren Mann zurück, der wie angewurzelt stehenblieb. »Es ist wirklich wahr, daß ein Germansky...?« Er stürzte sich auf Markus, umarmte und küßte ihn. »I kann's net fassen! Dees letzte Mal hab' i Anno siebzehn mit einem Deutschen g'sprochen. Wissen S', i bin Österreicher – Weaner. I geriet in Gefangenschaft, wurd' nach Sibirien abtransportiert und blieb hier hängen. Daheim hat mi die Mizzi immer sekkiert. Und dees nur, weil ihr die Wäscherei gehörte. I hätt' sie nie heiraten sollen. Doch der Krieg, der Herrgott mag's mir verzeihn, hat mi von der Mizzi erlöst. I hab' hier a sauberes Madl kennengelernt und geheiratet. Bitt schön, i weiß, dees is Bigamie, aber als Gefangener muß i mi nach der Decke strecken.« Er lachte, als hätte er einen großartigen Witz gemacht. »Doch jetzt zu Ihnen. I soll den Dolmetscher spielen. Was is dees für a Kleidung, wo Sie tragen?«

»Ich bin Flugkapitän der Deutschen Luft Hansa.«

»Hui, is dees wahr?«

»Warum sollte ich Ihnen etwas vormachen?« Sosehr es Markus erleichterte, daß ihm ein Dolmetscher zur Verfügung stand, das Gerede des Österreichers mißfiel ihm. »Mein Name ist Markus Erdmann.«

»Und i bin der Poldi Hofoldinger. Aber hier heiß i Fjedor Kurruf. So, und nun müssen S' erzählen. Der Chef der Grenzwache möcht' wissen, wie S' nach Maimatschin kommen san. Und der russische Gouverneur von Kiachata, zu dem i Sie nachher gewiß werd' bringen müssen, wird dees ebenfalls wissen wollen. Also legen S' los!«

Markus erzählte, welchen Auftrag er gehabt hatte und zu welchen Komplikationen es gekommen war. Er bekannte, daß die Besatzung sich genötigt gesehen hatte, zwei chinesische Soldaten zu erschießen, und er machte auch kein Hehl aus dem Desaster, in das er durch das Verhalten seines russischen Begleiters geraten war. Erst der ausgebrochene Sandsturm habe ihn erkennen lassen, daß die Absicht des Russen, auf Biegen oder Brechen eine Notlandung zu versuchen, im Ansatz richtig gewesen sei.

»Dees is ja a wahnsinnige G'schicht! Und allein san S' sechzehn Tage im Changajn-Gebirge umhergeirrt?«

»Nicht umhergeirrt. Ich besaß einen Kompaß und bin in Richtung 50 Grad gegangen.«

»So hab' i's gemeint. Aber dees sag' i Ihnen gleich: Daß Sie den Russen erschossen ham, des behalten wir für uns. Wann dees bekannt wird, landen Sie im Hefen.«

»Im Hefen?«

»So nennen wir Österreicher das Gefängnis. Und dees kennen S' ja wohl. Wann S' in der Sowjetunion eing'sperrt werden, is es aus. Machen S' also, bitt schön, keine Dummheit. Sie san eh auf'n Hund kommen. Im Hefen klappen S' nach wenigen Tagen vollends z'ammen.«

Markus wurde unsicher. Was dieser Hofoldinger sagte, war nicht von der Hand zu weisen.

»Wissen S', was wir machen? I sag' dem Grenzbeamten nix von den Schießereien an Bord. Die beiden chinesischen Soldaten und den Russen erwähn' i überhaupt net. Dann wird er mi beauftragen, Sie zum Gouverneur zu bringen. Dees is a feiner Mensch. Spielen S' Schach?« fragte der Österreicher unvermittelt.

»Ja.«

»Dann wird er sich um Sie kümmern und Sie aufpäppeln, sofern S' ihm net unter die Nasen reiben, daß Sie einen seiner Landsleute erschossen ham. Wann S' reden, bekommen S' Deutschland nie wieder zu sehen. Sein S' also g'scheit, und halten S' die Pappen!«

Er hat recht, dachte Markus und fragte: »Glauben Sie wirklich, daß der Gouverneur mich für eine Weile aufnehmen wird?«

»Da Sie Schach spielen, allemal. Er ist aber sehr einsilbig, redet kaum. Ihnen kann dees ja gleich sein, weil S' eh nicht russisch verstehn. Sein Name ist Iwan Iwanowitsch. Er muß aus sehr vornehmer Familie stammen. Manchmal läßt er mi zum Schachspiel holen, aber er spricht kein Wort mit mir. Dafür krieg' i feinsten Karawanentee.«

»Karawanentee?« fragte Markus verwundert.

»So nennt man den Tee, der auf dem Landweg nach Rußland gelangt und keinen Qualitätsverlust wie beim Transport über See erlitten hat. Der Gouverneur bevorzugt Souchong. Der riecht nach Melone und schmeckt süßlich.«

»Sie scheinen sich gut auszukennen.«

»Nun ja, Tee spielt hier an der Grenze a noch größere Rolle als in Rußland. Aber jetzt muß i dem Chef der Grenzbehörde erzählen, was i von Ihnen erfahren hab'. Der wird Augen machen!«

Der Chinese war so beeindruckt, daß er dem Piloten spontan die Hand drückte und Hofoldinger aufforderte, den Germansky schnellstens zum russischen Gouverneur zu bringen. Er werde Iwan Iwanowitsch vorab schon telefonisch informieren.

»Das klappt ja hervorragend«, freute sich Markus, als sie das Grenzgebäude verließen.

Der Österreicher schmunzelte. »Zwischen den beiden klappt's immer. Die versorgen sich gegenseitig mit Dingen, die 's im eigenen Land net gibt. Eiserner Kochherd gegen Souchong-Tee, Machorka gegen Parfüm und so weiter.«

»Parfüm?« wunderte sich Markus. »Wer braucht hier am Ende der Welt denn Parfüm?«

»Der Gouverneur für die Mamsell und fürs Zimmermädchen«, antwortete Hofoldinger. »Die beiden san net von hier. Fesche Personen, da fehlt sich nix. Man sagt – bitt schön, i weiß net, ob's stimmt –, sie sei'n früher in 'nem Etablissement tätig gewesen.« Er zuckte die Achseln. »Mi geht's nix an. Hier wird viel erzählt. Unter anderem auch, sein Bruder, der während des

Krieges mit Lenin in Zürich gewesen sei, habe dafür gesorgt, daß Iwan Iwanowitsch net geköpft, sondern zum Gouverneur ernannt wurde. Natürlich net in 'ner bedeutenden Provinz, sondern weit ab vom Schuß.«

»Ist gut mit ihm auszukommen?«

»I glaub', scho. Mit mir spricht er ja net. Aber er is bestimmt a komischer Kauz. Den ganzen Vormittag soll er am Klavier hocken.«

Sie erreichten den grau und verwittert aussehenden Wohnsitz des Gouverneurs. Ein Soldat öffnete ihnen die Tür.

Hofoldinger nickte ihm wie einem alten Bekannten zu und sagte, an Markus gewandt: »Der gehört net zum Haushalt.« Er klopfte an eine weiß gestrichene Tür und öffnete sie, ohne dazu aufgefordert worden zu sein. »Treten S' ein!«

Markus wollte der Aufforderung entsprechen, blieb jedoch stehen, da der Raum im dämmrigen Licht lag und er vom Schnee geblendet war.

»Nu pokashtjes!« hörte er eine sonore Stimme sagen.

»Sie sollen näher treten«, übersetzte der Österreicher.

Undeutlich gewahrte Markus ein Sofa und mehrere um einen ovalen Tisch gruppierte Fauteuils. Auf dem Tisch stand ein dampfender Samowar. Eine Öllampe mit rubinrotem Glas erhellte die Ikone eines Heiligen. Ihm fiel noch eine mit Nippes und vielen Bilderrähmchen vollbepackte Kommode auf, bevor er einen im Hintergrund stehenden schlanken Herrn entdeckte, dessen schwarzer, an Rasputin erinnernder Bucharenrock mit dazu beigetragen hatte, daß er schlecht zu sehen gewesen war.

Iwan Iwanowitsch ging auf den Gast zu, reichte ihm die Hand und hieß ihn willkommen.

Hofoldinger übersetzte.

Das Aussehen des Gouverneurs überraschte Markus. Sein schmales, bartloses Gesicht und seine lebhaften dunklen Augen zeugten von Intelligenz. Auffallend waren seine fast blauen Lippen. Leicht gewelltes dunkles Haar, das an den graumelierten Schläfen sorgfältig zurückgekämmt war, verriet pedantische Gepflegtheit.

Iwan Iwanowitsch bat ihn, Platz zu nehmen. »Sie befanden sich, wie mir mitgeteilt wurde, auf einem Erkundungsflug von Berlin nach Peking?«

Der Österreicher übersetzte.

»Jawohl, Exzellenz«, antwortete Markus.

Der Gouverneur erklärte, ein Genosse des russischen Arbeiter- und Bauernstaates zu sein, und er erkundigte sich im gleichen Atemzug, ob sein Gast Schach spiele.

»Gewiß«, antwortete Markus. »Ich bin aber kein guter Spieler.«

Iwan Iwanowitsch wandte sich Hofoldinger zu. »Sie können gehen.«

»Und wie wollen Sie sich mit Herrn Erdmann verständigen?«

»Ist das beim Schach erforderlich?«

»Nein.«

»Dann tun Sie, was ich sagte!«

Hofoldinger schüttelte den Kopf. »Was hab' i g'sagt? Er will mit niemandem reden.«

»Da ich die russische Sprache nicht beherrsche, macht mir das nichts aus.«

»Dann Servus! Kommen S' gelegentlich bei uns vorbei. Wir haben a Geschäft in der Hauptstraße. Mei Frau muß Sie unbedingt kennenlernen.«

»Grüßen Sie sie von mir.«

Nachdem Hofoldinger gegangen war, stellte Iwan Iwanowitsch zwei Tassen unter die Tülle des Samowars und sagte: »Bitte, verraten Sie dem Österreicher Fjedor Kurruf nicht, daß ich die deutsche Sprache beherrsche.«

Dem ›Österreicher Fjedor Kurruf‹! Das spricht Bände, dachte Markus.

»Er ist ein sehr guter Schachspieler«, fuhr der Gouverneur fort. »Aber leider auch ein schrecklicher Schwätzer. Deshalb spiele ich in seiner Gegenwart den Mundfaulen. Ihm bleibt dann nichts anderes übrig, als ebenfalls zu schweigen.«

Nach dieser frappierenden Ouvertüre reichte der Gouverneur seinem Gast eine Tasse Tee und bat darum, ihm den Verlauf des Fluges zu erzählen. Während Markus diesem Wunsch entsprach, schlürfte Iwan Iwanowitsch genüßlich Souchong-Tee, wobei er auch die Untertasse vom Tisch nahm und sie sich vor die Brust hielt. Dies schien eine durch nichts begründete Angewohnheit zu ein, denn weder zitterten ihm die Hände, noch zeigte er sonstige Alterserscheinungen. In geistiger Hinsicht war er sogar außerordentlich regsam. Er ließ die Schilderung des Fluges nicht einfach über sich ergehen, sondern stellte Fragen, die deutlich machten, daß er über die Verhältnisse in China hervorragend informiert war. So sagte er beispielsweise: »Mir ist es unbegreiflich, daß sich die Kriegsherren immer noch halten können. Nach der Niederlage der chinesischen Kommunisten und der 1927 erfolgten Bildung der Nankinger Nationalregierung müßte es General Tschiang Kai-schek doch möglich sein, die abtrünnige Generalität zu unterwerfen.«

Markus hob die Schultern. »Ich kann dazu nichts sagen. Fest steht auf jeden Fall, daß die Kriegsherren wie Mörderbanden agieren.«

»Gewiß war es falsch, daß Stalin den Kommunisten die Weisung erteilte, neben der Agrarrevolution auch den Guerillakrieg zu forcieren. Tschiang Kai-scheks Hände dürften dadurch gebunden sein, so daß die abtrünnige Generalität ein leichtes Spiel hat.« Iwan Iwanowitsch stellte seine Tasse zurück. »Ein anderer Punkt bereitet mir größeres Kopfzerbrechen. Da beim Absturz des Flugzeuges unter anderem auch ein Sowjetbürger sein Leben verlor, muß ich eine entsprechende Meldung erstatten. Das wird zur Folge haben, daß man Sie unverzüglich nach Irkutsk, Krasnojarsk, Omsk oder was weiß ich wohin beordert, um Sie zu verhören. Sie werden sich dann nicht so erholen können, wie es wünschenswert wäre.«

»Der Meinung war auch Herr Hofoldinger«, stimmte ihm Markus zu. »Er empfahl mir dringend, nicht gleich auf einer ordnungsgemäßen Meldung zu bestehen.«

Die Augen des Gouverneurs weiteten sich. »Daß dieser Schwätzer so weitblickend zu denken vermag, hätte ich nicht für möglich gehalten. Da muß ich Abbitte leisten. Doch zurück zu Ihnen. Sind Sie damit einverstanden, daß ich mich verhalte, als hätte ich von Ihnen und Ihrem Flugunfall nichts gehört? Es wäre mir ein Vergnügen, Sie eine Weile um mich zu haben.«

»Herzlichen Dank. Aber das würde die Sorge meiner Frau unnötig verlängern.«

»Gewiß. Doch Sie müssen auch an Ihre Gesundheit denken! Sie sind sehr geschwächt. Der Marsch über das Changajn-Gebirge hat Sie außerordentlich strapaziert. Und Sie kennen unsere Behörden nicht! Lange Verhöre bei miserabler Verpflegung wären Ihnen gewiß. Lassen Sie sich also Zeit. Sobald Sie sich gründlich erholt haben, werden wir die Meldung erstatten. Wir brauchen dann lediglich das Datum Ihres Auftauchens in Kiachata zu ändern.«

»Besteht nicht die Gefahr, daß der Rapport des Grenzbeamten...?«

»Nein, nein. Solche Dinge lassen sich hier arrangieren. Oder wurde Ihr Paß in Maimatschin gestempelt?«

»Ich glaube, nicht.« Markus zog das Dokument aus der Tasche und blätterte darin. »Sehen Sie selbst. Der Beamte scheint es vergessen zu haben.«

»Das ist ein Wink des Schicksals! Ich werde Ihren Ausweis zu gegebener Zeit stempeln lassen, und wir besitzen dann schwarz auf weiß, daß Sie bis dahin nicht in Kiachata waren. Einverstanden?«

»Ich kann mich nur dafür bedanken, daß Sie sich so sehr um mein Wohl bemühen.«

*

Markus genoß es in den nächsten Nächten, in einem weichen Federbett zu schlafen. Die Möbel des Gästezimmers waren aus Birkenholz mit Hunderten von dunklen Aststellen. An den untapezierten Wänden hingen Bilder von russischen Landschaften mit Steinkraut, Heliotropen und anderen duftenden Blumen. Ein ziegelgemauerter Ofen, der am Nachmittag mit einigen Holzscheiten erhitzt wurde, strahlte bis zum späten Abend hinreichend Wärme aus.

Im Gegensatz zum hell gehaltenen Gästezimmer lag der Arbeitsraum des Gouverneurs in gedämpftem Licht. An seinen Wänden hingen neben Scherenschnitten in ovalen Goldrahmen eine Anzahl Daguerreotypien, auf jodierten Silberplatten hergestellte Fotos, sowie viele verblaßte und gelblich gewordene Aufnahmen von Familienangehörigen.

An den Vormittagen, an denen sich der Gouverneur dem Klavierspiel hingab, unternahm Markus Spaziergänge durch Kiachata, dessen hervorstechende Baulichkeiten, wie in allen russischen Kleinstädten, die Kirche und das Gefängnis waren. Er besuchte auch Poldi Hofoldinger, der mit seiner vor Gesundheit strotzenden Frau ein Geschäft führte, in dem es alles nur Erdenkliche zu kaufen gab: Nägel und Sesamsamen, Stiefel und Sonnenblumenöl, Heringe, Fensterbeschläge, Lederriemen, eingelegte Gurken, Sauerkraut, Schmierseife, Milch, Petroleum, Hosen, Blusen und was es dergleichen mehr noch gibt.

Da Markus sich vom Burschen des Gouverneurs den in den letzten Wochen gewachsenen Bart hatte abnehmen lassen und er eine von Iwan Iwanowitsch erhaltene Lederjacke und derbe Drillichhose trug, die er nach russischer Art in die Schaftstiefel gesteckt hatte, erkannte ihn der Österreicher im ersten Moment nicht. Die Freude war dann aber um so größer. Und Hofoldinger erwies sich als beflissener Gastgeber. Auch freute er sich echt, als Markus ihm sagte, daß er sich im Haus des Gouverneurs durchaus wohl fühle.

»Und wie werden S' damit fertig, mit niemandem reden zu können?«

»Gut«, flunkerte er. »Warum auch nicht? Auf meinem Marsch durch das Changajn-Gebirge hab' ich ja nicht einmal jemanden zu sehen bekommen.«

»Da wär' i verrückt g'worden.«

Markus beließ es bei der Pflichtvisite. Er konnte sich gut mit sich selbst beschäftigen. Und die nachmittäglichen Schachpartien schätzte er ebensosehr wie die anschließend bei einem Glas Wodka geführten Diskussionen, die er schon bald nicht mehr missen mochte. Sie waren hochinteressant und amüsierten ihn insofern, als Iwan Iwanowitsch jedes Gespräch mit einer Frage einleitete, die er durchweg selbst beantwortete. So erkundigte er sich:

»Ist Ihnen das Werk unseres großen Schriftstellers Nikolaj Wassiljewitsch Gogol bekannt?«

»Nur sehr bedingt«, antwortete Markus. »Sein Buch ›Abende auf dem Vorwerk bei Dikanka‹...«

»Sind diese im ukrainischen Rahmen dargebotenen Erzählungen nicht herrlich?« fiel der Gouverneur augenblicklich ein. »Gerade in ihnen erweist sich Gogol als Meister der humoristischen Prosa. Durch Übersteigerungen und unvermittelte Wechsel von Pathos in Banalität macht er die Wirklichkeit phantastisch. Er entlarvt...«

Unmöglich wiederzugeben, was Iwan Iwanowitsch über Gogols Werk und deren Wirkung, über sein Leben und Wesen zu erzählen wußte. Wohl eine halbe Stunde redete er, als treibe ihn ein aufgezogenes Uhrwerk. Markus fragte sich unwillkürlich: Bricht da lang Aufgestautes durch? Mit seinen ›Damen‹, wie er die Mamsell und das Zimmermädchen nannte, die sich kaum zeigen durften, wird er sich über vernünftige Dinge kaum unterhalten können.

Es gab keinen Abend, an dem der Gouverneur nicht mit einer Fragestellung ein Thema einleitete, über das er zu sprechen wünschte. »Mich würde Ihre Ansicht über Tolstoj interessieren.« – »Was sagen Sie zu Dostojewski?« – »Finden Sie nicht auch, daß unsere revolutionären Komponisten Mussorgskij, Rimskij-Korssakow, Borodin und Cui, die Glinka, der einen neuen russischen Stil schuf, ganz außerordentlich schätzten, unseren Tondichter Tschaikowskij wegen seiner westlichen Orientierung mit Recht ablehnten?«

Für Markus wurden es oft anstrengende Abende. Sie gaben ihm jedoch über die russische Literatur, Kunst und Musik einen Überblick, wie er umfassender nicht geboten werden konnte. Dies trug ganz wesentlich dazu bei, daß er Iwan Iwanowitsch wochenlang nicht drängte, ihn der sowjetischen Behörde zu melden. Er war in eine irgendwie unwirkliche Welt geraten, und trotz anfänglich großem Widerstreben setzte er sich mit der Zeit immer öfter in das Musikzimmer, wenn sein Gönner Klavier spielte. Das erste Mal war er entsetzt gewesen. Die Tasten des Instrumentes glichen den gelb gewordenen Zähnen eines alten Esels, und es war nicht nur total verstimmt, es fehlte ihm auch eine Saite. Den Gouverneur schien dies nicht zu stören. Ungeachtet der gequetschten Töne und des Gerassels, Hustens und Geklingels, das dem Relikt wie ein durcheinandergeratenes Potpourri entströmte, hörte man, wenn man sich an das vertrackte Ding gewöhnt hatte, die Eigenheiten der dargebotenen Stücke einwandfrei heraus. Die Phantasie bekam allerdings absonderliche Impulse. So sah Markus bei den Klängen von ›Anitras Tanz‹ eine dicke Schaubudenbesitzerin sich in der Hüfte wiegen. Und ›Aases Tod‹ weckte in ihm das Bild eines Jungen, der, ein Karussell bestaunend, eifrig Zuckerwatte ißt.

Er sagte dies Iwan Iwanowitsch, der ihm mit todernster Miene versicherte: »Das ist ganz natürlich. Die verstimmten Töne geben den Musikstücken einen völlig anderen Charakter. Ich habe jahrelang Bach, Beethoven, Mozart und Haydn gespielt. Heute könnte ich das nicht mehr. Auf diesem Klavier langweilen mich deren Kompositionen. Ich bevorzuge heute moderne Tondichter wie Skrijabin, Strawinsky und Schönberg, die meinem röchelnden Instrument erstaunlich frischen Atem einhauchen. Aber sprechen Sie nicht darüber. Man könnte mich für einen Ketzer halten.«

*

Der Aufenthalt im Haus des Gouverneurs tat Markus in jeder Hinsicht gut. Er kam wieder zu Kräften und wurde von den ihn schwer belastenden Ereignissen so sehr abgelenkt, daß er sie zweitweilig vergaß. Nur der Gedanke, daß seine Frau seit fast einem Monat kein Lebenszeichen von ihm erhalten hatte und das Flugzeug von der Luft Hansa gewiß als vermißt gemeldet worden war, veranlaßte ihn eines Morgens, Iwan Iwanowitsch energisch zu bitten, die zuständige Behörde nunmehr über sein

Auftauchen in Kiachata und über den Flugunfall zu informieren. Der Russe versuchte, ihn zu überreden, daß es aus gesundheitlichen Gründen richtiger für ihn sei, noch ein paar Wochen zu warten, doch davon wollte Markus nichts wissen. Er hatte nach reiflicher Überlegung sogar den Entschluß gefaßt, zu bekennen, was kurz vor Ausbruch des Sandsturmes an Bord des Flugzeuges geschehen war. Er kannte sich und wußte, daß er auf die Dauer außerstande sein würde, die Wahrheit zu verschweigen. Warum sollte er auch? Hätte ihn Michail Sergejewitsch in vernünftiger Weise auf die drohende Gefahr aufmerksam gemacht, würde er selbstverständlich versucht haben, eine Notlandung zustande zu bringen. So aber hatte ihn das ungestüme Verhalten des Russen gezwungen, zur Waffe zu greifen, und er wünschte, eine Bestätigung dafür zu erhalten, daß er in der fatalen Situation, in die er geraten war, handeln mußte, wie er gehandelt hatte.

Um sein Vorhaben nicht vor sich herzuschieben, schilderte er dem Gouverneur das ihm bislang Verschwiegene. Mit dem Ergebnis, daß der sich die Ohren zuhielt und abwehrend rief:

»Ich habe nichts gehört! Sie werden doch nicht so wahnsinig sein, einer russischen Behörde aufzutischen, was Sie in Ihrer Not getan haben. Mindestens zehn, ach was, fünfzehn bis zwanzig Jahre würden Sie hinter Gittern verbringen müssen! Denn Sie haben nicht irgendwen, sondern einen *Sowjetbürger* erschossen! Das Warum ist belanglos. Unter Umständen landen Sie sogar in einem Arbeitslager, von denen es gerade in dieser Gegend zur Genüge gibt. Die BAM, die Baikal-Amur-Magistrale, frißt Menschen, wie Pferde Hafer fressen. Es ist auch möglich, daß sich das NKWD, das Volkskommissariat für Staatssicherheit, Ihres Falles bemächtigt. Dann ist Ihr Leben keinen Pfifferling mehr wert. Schweigen Sie also, wie Sie es bisher getan haben!«

»Nein, verehrter Gouverneur«, erklärte Markus selbstsicher. »Ich habe mich dazu durchgerungen, Tabula rasa zu machen, und dabei bleibt es. Zumal ich mir nicht vorstellen kann, daß die Sowjetunion mich für etwas bestraft, das ich zur Sicherung des

Fluges tun *mußte!* Daran ändert auch die Tatsache nichts, daß sich Michail Sergejewitschs Verhalten im nachhinein ohne weiteres erklären läßt. Erstatten Sie also eine entsprechende Meldung.«

Iwan Iwanowitsch griff sich an den Kopf. »Sind Sie sich darüber im klaren, was Sie von mir verlangen? Ich habe Sie in der kurzen Zeit, die Sie bei mir sind, überaus schätzengelernt und ...«

»Das gleiche kann ich Ihnen sagen.«

»Dann überdenken Sie noch einmal ...«

»Nein!« unterbrach ihn Markus mit einer Bestimmtheit, die deutlich machte, daß es keinen Zweck haben würde, weiter auf ihn einzureden.

»Nun gut.« Der Gouverneur trat an das Fenster seines Arbeitsraumes und blickte nach draußen. »Ich werde Ihrem Wunsch entsprechen, muß Sie aber vor einer zu frühen körperlichen Belastung schützen. Sie fühlen sich wieder gesund, sind es aber noch nicht. Deshalb mache ich folgenden Vorschlag: Sie schreiben einen ausführlichen Bericht über alles, was den Flug betrifft. Ich werde ihn übersetzen und an die zuständige Instanz in Irkutsk mit dem Ersuchen schicken, Ihre Gattin, die Deutsche Luft Hansa und das Deutsche Generalkonsulat in Moskau umgehend zu verständigen. Ergänzend werde ich hinzufügen, daß Sie im Moment noch sehr erholungsbedürftig seien, sich aber bereit erklärt haben, zur Vernehmung nach Irkutsk oder in eine andere Stadt zu fahren, falls dies gewünscht wird. Was sagen Sie dazu?«

»Ihr Vorschlag ist so gut, daß ich nicht weiß, wie ich mich bedanken soll. Wenn Sie die Schilderung aller Vorkommnisse übersetzen, werden mir viele Verständigungsschwierigkeiten erspart bleiben.«

»Nur so lassen sich Mißverständnisse verhindern!« betonte Iwan Iwanowitsch. »Ich bin froh, daß Sie meinem Plan zustimmen. Ihre Gattin wird nun bald beruhigt sein, und Sie können die Zeit, die bis zur Einleitung der Untersuchung noch verstreichen muß, bei mir verbringen.«

An diesem Abend fühlte sich Markus wie erlöst. Er brauchte nicht mehr unter dem Druck zu leben, eine falsche Aussage gemacht zu haben. Daß der Gouverneur nicht ganz selbstlos handelte, war ihm klar. Und er hatte volles Verständnis dafür. Für einen hochgebildeten Mann war es gewiß nicht leicht, nach Kiachata verbannt zu sein.

6

Die Ereignisse überstürzten sich. Schon fünf Tage nachdem der von Markus erstellte Bericht, den Iwan Iwanowitsch ins Russische übertragen hatte, abgeschickt worden war, ging der telegrafische Bescheid ein, daß der Vorsitzende des Militärgerichts von Irkutsk nach Kiachata kommen werde.

»Der Vorsitzende des Militärgerichts?« fragte Markus verwundert, als ihm der Gouverneur die Depesche übersetzte.

»Ja, ich habe mir erlaubt, Ihrem Protokoll hinzuzufügen, daß Sie der Meinung sind, Ihr Begleiter Michail Sergejewitsch sei ein hoher Offizier der sowjetischen Luftstreitmacht gewesen. Ich tat dies, um das Dokument an das Militärgericht senden zu können. Und es ist eingetreten, was ich mir erhoffte: Der Vorsitzende hat den Fall an sich genommen und kommt hierher.«

»Was veranlaßte Sie, dies zu hoffen?«

»Die Mentalität der russischen Beamten und Offiziere, die sich so schnell keine Dienstreise entgehen lassen. Da gibt es Spesen, obwohl unterwegs zumeist keine Kosten anfallen. Außerdem schätzt mich der Irkutsker Standortälteste. Aber nicht etwa, weil ich den Posten eines Gouverneurs bekleide und er ahnt, daß ich in bezug auf meine Lebensführung einen Sonderstatus genieße. Er weiß, daß ich unter Zar Nikolaus II. als Militärattaché in China, in der Mandschurei und in der Mongolei tätig war und bis auf den heutigen Tag wertvolle Kontakte dorthin unterhalte. Beispielsweise zu Marschall Chorlogjin Tschoi-Balsan, dem Generalsekretär des Zentralkomitees der revolutionären Partei der Mongolischen Volksrepublik, mit dem unsere Regierung einen Freundschaftsvertrag anstrebt. Wahrscheinlich wird es noch eine Weile dauern, bis es soweit ist, doch die Verbindung zu ihm führt über mich!«

»Dann ist allem Anschein nach nicht ganz aus der Luft gegriffen, was mir Hofoldinger erzählte. Er sagte: Ihr Bruder habe Lenin in Zürich kennengelernt und ...«

»Ich weiß, ich weiß«, fiel Iwan Iwanowitsch belustigt ein. »Und die Geschichte stimmt. Mein Bruder brachte mich tatsächlich mit Lenin zusammen. Mir ist aber nur in Erinnerung geblieben, daß ich mich über sein rollendes R wunderte, das er nach der Manier des russischen Adels von sich gab. Aber zurück zu Ihnen. Seien wir froh, daß Sie vor kein ordentliches Gericht gestellt werden. Offiziere sind aufgeschlossener als Apparatschiks. Wichtig ist jedoch, daß Sie sich einen schlappen Anschein geben müssen, wenn der Vorsitzende kommt. In meinem Anschreiben habe ich behauptet, Sie seien noch nicht wieder im Vollbesitz Ihrer Kräfte.«

»Wie soll ich Ihnen danken? Sie tun alles nur Erdenkliche, um mir zu helfen, und ich ...«

Iwan Iwanowitsch legte den Arm um Markus. »Auch das Glück braucht Hilfestellung. In diesem Land sogar sehr viel mehr als anderswo.«

*

Bereits am übernächsten Mittag traf der Vorsitzende des Militärgerichts in Kiachata ein. Seine Körperfülle ließ erkennen, daß er gern und viel aß. An seiner Brust prangten zahlreiche Orden und Ordensspangen. Seine Stimme schien aus der Tiefe des Bauches zu kommen. Die Wangen waren gerötet, seine Stirn aber zeigte eine fahle Blässe. Hellblaue, etwas wässerige Augen gaben ihm ein gutmütiges Aussehen.

Mit seinem Erscheinen schwirrte das Wort Towaritschtsch, Genosse, pausenlos durch den Raum. Der Gouverneur begrüßte den Genossen Oberst, der Oberst den Genossen Gouverneur. Und beide sprachen sich während der Unterhaltung unentwegt mit Genosse Oberst und Genosse Gouverneur an. Markus hingegen wurde zum Bürger Erdmann degradiert, und die erste von ihm gestellte Frage, ob seine Frau verständigt worden sei, beantwortete der Oberst mit einem so lässigen »Da, da!«, daß dies »Ja, ja!« wie eine Ausflucht klang. Beunruhigt wollte Markus nachfassen, doch Iwan Iwanowitsch gab ihm zu verstehen, keine weitere Frage zu stellen.

Bei Tisch unterhielten sich die Genossen überaus lebhaft und ohne ein Wort an den zu richten, dessentwegen der Vorsitzende des Militärgerichts gekommen war. Erst nach dem Essen wandte sich dieser an Markus, und der Gouverneur übersetzte:

»Die Reise hat den Genossen Oberst strapaziert. Er möchte sich deshalb für einige Stunden zurückziehen. Mit der Vernehmung wird er morgen beginnen.«

Später, als sie allein waren, erklärte Iwan Iwanowitsch aufgekratzt: »Es läuft besser, als ich es für möglich gehalten habe. Über Sie hat er noch kein Wort verloren. Die Dienstreise ist ihm wichtiger als die Vernehmung!«

»Aber sein ›Da, da!‹ auf die Frage, ob meine Frau verständigt worden sei, klang nicht überzeugend«, entgegnete Markus.

Der Gouverneur blickte vor sich hin. »Ich hatte nicht den Eindruck. Sein unbetontes ›Da, da!‹ schien mir eher zum Ausdruck zu bringen: Das ist doch selbstverständlich.«

»Ich bin anderer Meinung«, beharrte Markus. »Wenn meine Frau wirklich verständigt worden wäre, hätte der Oberst mit mehr Wärme reagiert.«

Iwan Iwanowitsch nickte bedächtig. »Diesem Argument kann ich mich nicht verschließen. Dennoch bitte ich Sie, ihn nachher nicht nochmals zu fragen. Überlassen Sie das mir.«

Betroffen dachte Markus: Er gibt mir innerlich recht und möchte mich vor einer Enttäuschung bewahren. Das aber ist nicht mehr möglich, denn ich weiß jetzt Bescheid. Weder Alva, die Luft Hansa noch das Deutsche Generalkonsulat wurden verständigt. Wenn ich nur wüßte, warum nicht? Was kann eine Behörde veranlassen, den doch durchaus verständlichen Wunsch des Überlebenden einer Flugzeugkatastrophe nicht zu erfüllen? Das muß einen Grund haben. Vielleicht lassen sich morgen aus dem Verhör Rückschlüsse ziehen.

Entgegen der Ankündigung fand die Vernehmung nicht am nächsten, sondern erst am übernächsten Tag statt. Der Gouverneur hatte die Mentalität der russischen Beamten und Offiziere richtig eingeschätzt. Für sie waren Dienstreisen etwas ganz Wichtiges, und sie verstanden sich meisterhaft auf deren Verlängerung. In diesem Fall lag es allerdings auch an Iwan Iwanowitsch. Er verwöhnte seinen Gast, so gut er konnte, und die von ihm als ›Damen‹ bezeichneten weiblichen Angestellten durften den Herren nach dem Abendbrot sogar Gesellschaft leisten. Natürlich nicht in der schlichten Kleidung einer Mamsell und eines Zimmermädchens. Gott bewahre, es gab einiges zu sehen. Markus konnte nur staunen. Auch über sich selbst. Die beiden ließen ihn keineswegs kalt.

Daß der Gouverneur die Register der Verführung nicht umsonst gezogen hatte, zeigte sich am Tag der Vernehmung. Der Oberst gab sich von der freundlichsten Seite und stellte als erster in verbindlicher Form die Frage: »Was hat Sie eigentlich veranlaßt anzunehmen, daß unser Genosse Sergejewitsch ein hochrangiger Offizier gewesen sei?«

Iwan Iwanowitsch, der diese Vermutung aus taktischen Gründen zu Papier gebracht hatte, bemühte sich, seine aufkommende Nervosität zu verbergen. Ihm fiel ein Stein vom Herzen, als Markus gelassen erklärte:

»Sein Auftreten in Moskau und in Swerdlowsk. Seine Anordnungen wurden auf der Stelle ausgeführt. Selbst ein Major nahm im Gespräch mit ihm Haltung an. Daraus schloß ich, daß er ranghöher und sehr bekannt sein müsse. Denn er trug keine Uniform, und seine Fliegerkombination war ohne Abzeichen.«

»Interessant. Da mußten Sie wirklich annehmen...« Der Oberst blätterte in dem Protokoll, in das an einigen Stellen Merkzeichen gelegt waren. »Ihrem Bericht zufolge haben Sie im ersten Moment, als der Genosse Sergejewitsch in die Kanzel stürzte und unter dem Ruf ›Ochsenauge! Ochsenauge!‹ nach den Gashebeln griff, geglaubt, er wolle sich einen Scherz erlauben. Was veranlaßte Sie zu dieser Annahme?«

»Das läßt sich mit wenigen Worten nicht erklären. Michail Sergejewitsch war manchmal sehr impulsiv und unberechenbar. So bestürmte er mich bei meiner Ankunft in Königsberg, kaum daß wir uns miteinander bekannt gemacht hatten, den Flugplan umzuwerfen und noch am gleichen Tag nach Moskau zu fliegen. Und das aus einem geradezu lächerlichen Grund. Er wollte seine kleine Tochter überraschen und gab keine Ruhe, bis ich einwilligte. Doch dann überraschte er mich, als ich über dem Flugplatz von Moskau, den ich im Blindflug angeflogen hatte, in 300 Meter Höhe die Wolken durchstieß. Er ergriff plötzlich – ich muß erwähnen, daß es Nacht war und er auf dem zweiten Führersitz saß – das Doppelsteuer und legte die Maschine mit dem Hinweis, westlich vom Platz stehe ein hoher Sender, in eine Linkskurve. Mit keinem Wort hatte er erwähnt, den Pilotenschein zu besitzen.

Natürlich habe ich diesen Eingriff nicht als Scherz betrachtet. Den leistete er sich zwei Tage später auf dem Flug nach Swerdlowsk, und zwar in einer Form, die mich zunächst in Rage brachte. Ohne jegliche Erklärung verlangte er von mir, einen Kurs zu steuern, der am Ziel vorbeiführen mußte. Um mich kurz zu fassen: Ihm ging es darum, die Stadt Gorkij, das frühere Nishnij Nowgorod, zu überfliegen, um über dem Haus seiner Großmutter einige Kurven zu drehen. Erst als dies geschehen war, klärte er mich auf, und ich durfte nun gnädigst Kurs auf Swerdlowsk nehmen.«

»Sie haben sich nicht gut mit ihm verstanden?«

»Nachdem wir uns beschnuppert hatten, sogar ausgezeichnet. Binnen weniger Tage wurden wir echte Freunde. Und die Besatzung hatte ihm viel zu verdanken. Ohne ihn wären wir vielleicht schon in Urumtschi hängengeblieben. Er war es auch, der den Fluchtplan entwarf und in entscheidenden Augenblikken die Initiative ergriff. Ebendarum komme ich nicht darüber hinweg, daß ich mich gezwungen sah, ihm in den Arm zu schießen. Daß ich ihn tödlich traf, werde ich nie überwinden.«

Der Vorsitzende des Militärgerichts wandte sich an Iwan Iwanowitsch. »Haben Sie alle Fragen und Antworten notiert, Genosse Gouverneur?«

»Selbstverständlich, Genosse Oberst.«

»Dann bitte ich darum, Ihre Notizen tippen zu lassen und sie dem Protokoll hinzuzufügen.«

»Wünschen Sie keine weiteren Fragen mehr zu stellen, Genosse Oberst?«

»Vorerst nicht, Genosse Gouverneur«, war die verblüffende Antwort. »Ich muß jetzt Moskau informieren. Später sehen wir weiter. Der Bürger Erdmann gilt ab sofort als in Haft genommen und darf das Gouvernementsgebäude nicht verlassen.«

»Ich verbürge mich dafür, Genosse Oberst.«

Der Vorsitzende zog eine Uhr aus seiner Hosentasche. »Wenn wir gleich eine Kleinigkeit essen könnten, kann ich den Nachmittagszug noch erreichen und wäre morgen früh wieder daheim.«

Iwan Iwanowitsch erhob sich. »Ich werde sofort alles arrangieren.«

In diesem Moment machte Markus einen zwar verständlichen, aber unverzeihlichen Fehler. Er wandte sich an den Oberst. »Darf ich fragen, ob meine Frau *wirklich* informiert wurde?«

Der Gouverneur sah ihn entgeistert an. »Zerschlagen Sie jetzt bloß kein Porzellan!«

»Was wollte der Bürger Erdmann wissen«, insistierte der Oberst, dem die Zurechtweisung nicht entgangen war.

»Er erkundigte sich nochmals, ob seine Frau über sein Schicksal in Kenntnis gesetzt worden sei.«

»Was haben Sie geantwortet, Genosse Gouverneur?«

»Er solle gefälligst kein Porzellan zerschlagen.«

»Danke, Genosse Gouverneur. Sie haben mein uneingeschränktes Vertrauen.«

*

Trotz des günstigen Verlaufs der Vernehmung, bei der ausschließlich über Michail Sergejewitsch gesprochen und keine Frage nach dem Verlauf des Unfalls und der vorhergegangenen

Auseinandersetzung gestellt worden war, wurde Markus von einer ihn schwer belastenden Depression erfaßt. Er gab sich keinen Illusionen mehr hin. Weder seine Frau noch sonstwer hatte eine Nachricht über den Absturz des Flugzeuges erhalten. Da war es ein schlechter Trost, sich sagen zu können: Es ist besser, für tot gehalten zu werden, als wirklich umgekommen zu sein. Auch half es ihm nicht, daß Iwan Iwanowitsch immer wieder darauf hinwies, wie gut die Sache gelaufen sei und daß er gewiß schon hinter Gittern sitzen würde, wenn das Protokoll nicht an das Militärgericht geschickt worden wäre. Das war zweifellos richtig, gab ihm jedoch nicht die Kraft, Gedanken zu verscheuchen, die ihn nun Tag und Nacht quälten. Die Befürchtungen seiner Frau, der Flug nach Peking werde ihre Ehe gefährden, war schreckliche Wirklichkeit geworden. Ein paar Wochen mochte sie mit der Ungewißheit über sein Schicksal fertig werden, nicht aber über lange Zeit hinweg. Ihre Überzeugung, schon einmal gelebt zu haben und nach dem Tod erneut das Licht der Welt zu erblicken, führte womöglich zu einer anormalen Reaktion. Denkbar, daß sie bigott wurde. Es konnte aber auch sein, daß sie an der Seite eines anderen Mannes...

Sehnsucht und Eifersucht quälten Markus mehr und mehr. Und das Warten auf einen Bescheid des Militärgerichtes fing an, ihn zu zermürben. Seit der Vernehmung waren Monate vergangen. Das Osterfest stand vor der Tür. Ihm kam der Gedanke, sich über die nahe Grenze nach China abzusetzen. Es hieß, daß Pu Yi, den wahnwitzige Umstände als Kind zum chinesischen Kaiser gemacht hatten, von den in das Land eingefallenen Japanern zum Kaiser von Mandschukuo gekürt worden sei und daß seitdem Ruhe und Ordnung im Land herrsche. Wenn er, Markus, das nicht fern gelegene Mandschukuo erreichen würde... Bei diesem Gedanken schalt er sich selbst einen Narren. Wie sollte er ohne Geld und Sprachkenntnisse zu einer Küstenstadt gelangen, in deren Hafen vielleicht ein Schiff lag, das nach Europa fuhr?

Es war aber nicht die Undurchführbarkeit des ohnehin nur halbherzig gefaßten Plans, die ihn zur Besinnung brachte. Entscheidend waren die Vorbereitungen zum Osterfest, die ihn an Jugendtage denken ließen und seine Depressionen verbannten. In jedes Zimmer wurden Vasen mit Weidenkätzchen gestellt. Der Duft von Vanille, Zimt, Hefeteig und frisch gebackenem Rosinenbrot weckte ebenso Erinnerungen wie das Färben von Eiern, das Polieren der Fußböden mit Bohnerwachs, das Putzen der Fenster und das obligate Aufspannen von Gardinen auf Teppichen, um ihnen das beim Waschen verlorengegangene Format wiederzugeben. Es breitete sich eine weihevolle Stimmung aus, die ihm die Kraft und die Überzeugung gab, eines Tages wieder nach Hause zurückzukehren. Die Frage war nur, wann das sein würde. Wenn er Geduld aufbrachte ... Er nahm sich vor, nicht nochmals in Depressionen zu verfallen. Sie hatten ihm den Glauben an sich selbst genommen.

Markus geriet unversehens in eine fast heitere Stimmung, die sich noch steigerte, als ihm Iwan Iwanowitsch am Karsamstag anbot: »Wenn Sie wollen, können Sie morgen an der Ostermesse teilnehmen.«

»Aber ich darf das Gouvernementsgebäude doch nicht verlassen«, gab er zu bedenken.

»Das nehme ich auf meine Kappe. Ich kann Sie keinesfalls allein in der Wohnung lassen, wenn sich alle in die Kirche begeben. Sie wären dann unbeaufsichtigt und könnten die Flucht ergreifen.«

»Hoffentlich akzeptiert der Oberst diese liebenswürdige Auffassung.«

»Ihm wird nichts anderes übrigbleiben. Er kann ja nicht verlangen, daß mein Bursche, das Personal und die dem Gouvernement zugeteilten Wachsoldaten dem Fest der Auferstehung des Erlösers fernbleiben.«

»Wie bitte?« Markus mochte den Worten des Gouverneurs nicht glauben. »Ich denke, in der Sowjetunion gibt es nur Atheisten.«

»Stimmt, Atheisten auf Befehl! In den Herzen der Menschen sieht es anders aus. Es gibt kein gläubigeres Volk als das russische. Das gilt bis auf den heutigen Tag. Die Auferstehung des

Herrn ist für jeden Russen, nicht nur für strenggläubige, das höchste Fest. Vergleichbar etwa mit dem in aller Welt verbreiteten Weihnachtsfest, das Katholiken und Protestanten, Weiße und Schwarze, Gläubige und Ungläubige feiern.«

Daß Iwan Iwanowitsch nicht übertrieben hatte und das Osterfest tatsächlich noch wie zu Zeiten der Zaren gefeiert wurde, erkannte Markus am Ostermorgen gleich beim Hinaustreten aus dem Haus. Die gradlinige Hauptstraße, an deren Ende die nicht sehr große Kirche lag, war zu beiden Seiten von Tausenden brennender ›Ploschken‹ gesäumt, kleinen, mit Fett und Petroleum gefüllten Schalen, deren vom Luftzug bewegte Flämmchen die Häuser und Passanten in ein flackerndes Licht tauchten.

Im Gegensatz dazu brannten im Gotteshaus gerade nur so viel Kerzen, daß man sich zurechtfinden konnte. In dem stark abgedunkelten Raum wurde kein Wort gesprochen. Es herrschte eine fast beängstigende Stille.

Vorm Eingang stand ein junger Priester im dunkelviolettfarbenen Überwurf mit einem goldenen Kreuz auf der Brust. Ein schwarzer Bart umrahmte sein blasses, schönes Gesicht. Er segnete die Eintretenden, die sich, je nach Temperament oder Schuldgefühl, bis zu sechs-, sieben- oder achtmal hintereinander bekreuzigten. In der Mitte der Kirche befand sich auf einer kleinen Empore ein Totenbett mit dem Erlöser, den ein Leintuch bedeckte. Betäubender Duft von Weihrauch umgab die Stätte der Aufbewahrung. Ein in zwei Gruppen aufgeteilter Chor hatte zu beiden Seiten Aufstellung genommen.

Nachdem alle Gläubigen versammelt waren, erschien im dunkelvioletten Gewand der Pope mit einem Diakon. Beide knieten am Altar nieder, doch ihr halblaut gesprochenes Gebet war trotz der herrschenden Stille kaum zu hören. Gelegentlich, wenn ein Kirchenbesucher in Ekstase geriet und hastig viele Kreuze schlug, vernahm man unterdrücktes Stöhnen.

Lange währte es, bis der Priester, gefolgt vom Diakon, den Altar verließ und in nunmehr schimmerndem Ornat langsam auf das Totenbett zuschritt, das Linnen hob, es behutsam faltete und das Haupt Christi andächtig damit verhüllte.

Ein Raunen ging durch die Menge, die sich von diesem Augenblick an immer und immer wieder bekreuzigte.

Aufrecht stehend verrichtete der Pope nun ein Gebet, in das die Gemeinde mit den gedämpft gesprochenen Bitten einfiel: »Gospodj pomiluj! Herr, erbarme dich unser!« – »Gospodj pomolimssa! Herr, wir bitten dich!« – »Podal Gospodj! Erlöse uns, o Herr!« Nach diesem Gebet ging der Priester mit seinem Gehilfen auf den Altar zu, und als sie ihn erreichten, erloschen alle Kerzen, und er verkündete mit bebender Stimme in die Dunkelheit hinein: »Christos voskrese! Christus ist auferstanden!«

Im selben Moment lief über eine Zündschnur ein zitternder Funke zum Kronleuchter hinauf und entzündete dort eine Kerze nach der anderen. Und siehe da: Die Statue des Heilands lag nicht mehr auf dem Totenbett. Sie stand in der Nische, in der sie das ganze Jahr über gestanden hatte.

»Voistino voskrese!« jubelten die Versammelten. »Er ist wahrhaftig auferstanden!«

Die Welt leuchtete nach langer dunkler Nacht wieder in hellem Licht. »Christos voskrese! Voistino voskrese!« Pausenlos erscholl der Ruf. Und auch in die Glockentürme kam Leben. Kleine, munter bimmelnde Glöckchen eröffneten den Reigen. Es folgten dunkler klingende, langsamer bewegte Glocken, die Gewichtiges zu erzählen schienen. Zu guter Letzt übertönte eine schwere, große Glocke alle bisherigen Klänge und ließ mit ihrem in langen Schwüngen gewonnenen Baß die Luft wie zur Mahnung erzittern.

»Christos voskrese! Voistino voskrese!«

Die Menschen umarmten und küßten sich.

Der Chor setzte zur vielstimmigen Lobpreisung des Herrn an.

Den Gläubigen standen Tränen in den Augen. »Christos voskrese! Voistino voskrese!«

*

Wenige Tage nach dem Osterfest erhielt Iwan Iwanowitsch den telegrafischen Bescheid, daß der Vorsitzende des Militärgerichts von Irkutsk zu einer weiteren Vernehmung nach Kiachata kommen werde.

»Was will der denn noch wissen?« erregte sich Markus. »Wir haben ihm doch schon zwei-, dreimal vorgekaut, was es zu sagen gibt!«

»Moskau wird ihn angewiesen haben, Sie über Dinge zu befragen, die er außer acht gelassen hat. Zum Beispiel über die Vorgänge in der Flugzeugkanzel vor dem Unfall.«

»Die haben ihn tatsächlich überhaupt nicht interessiert.«

»Auf jeden Fall kommt endlich Bewegung in die Geschichte, und es ist anzunehmen, daß nach den neuerlichen Recherchen ein Verhandlungstermin anberaumt wird.«

»Hoffentlich! Meine Frau dürfte mich längst abgeschrieben haben. Es ist unglaublich, daß einfach alles verschwiegen wird. Immer wieder frage ich mich: Warum nur? Was bezweckt man damit?«

Der Gouverneur hob die Schultern. »Ich weiß es nicht, werde aber versuchen, den Oberst auszuhorchen. Stellen Sie also keine diesbezügliche Frage!«

»In Ordnung.«

Iwan Iwanowitsch hatte recht, als er vermutete, daß Bewegung in die Sache kommen werde. Er irrte jedoch in der Annahme, dies sei für den Piloten günstig. Daß er sich getäuscht hatte, erkannte er gleich, als der Vorsitzende des Militärgerichts nicht allein, sondern in Begleitung eines Soldaten erschien. Dies konnte nur bedeuten, daß der Deutsche nach dem Verhör abgeführt werden sollte, und er schloß daraus, daß die anstehende Vernehmung auf das demnächst zu fällende Urteil keinen Einfluß mehr haben würde. Die Entscheidung war bereits gefallen.

Um seinen Gast nicht kopfscheu zu machen, behielt der Gouverneur seine Befürchtung für sich. Aber auch Markus wurde nachdenklich und vermutete, daß er den Oberst würde begleiten müssen. Doch das bedrückte ihn nicht. Wie dankbar er Iwan Iwanowitsch für alles war, was dieser für ihn getan hatte, er war heilfroh, aus Kiachata herauszukommen. Auch wenn es ihm in Irkutsk schlecht ergehen würde. Der Weg dorthin konnte nur ein erster Schritt in die Freiheit sein.

Es bedrückte ihn deshalb sehr, als er während der neuerlichen Vernehmung erkannte, daß die Fragen, die der Oberst an ihn richtete, wieder nicht den Hergang des Unfalls und die Auseinandersetzung, die zuvor stattgefunden hatte, betrafen. Erneut ging es ausschließlich um Michail Sergejewitsch und den Funkverkehr, der geführt worden war.

»Haben Sie der Luft Hansa in einem Funkspruch den Namen Ihres russischen Begleiters genannt?« wurde er gefragt.

»Nein«, antwortete Markus wahrheitsgemäß. »Ich habe schon mehrfach ausgesagt, daß dies nicht geschehen ist. Wir haben lediglich täglich um ein Uhr MEZ unseren Standort über Kurzwelle an den Sender Norddeich durchgegeben.«

»Es wurde nie eine andere Meldung abgesetzt?«

»Doch, zweimal. Das erste Mal auf dem Flug von Soutschou nach Baotou, wo wir Maschinengewehre und Munition übernehmen mußten. Ich wies Klaus Steger an, außer der üblichen Standortmeldung ›blind‹ durchzugeben, daß eine Truppe des Kriegsherrn Yen Hsi-schan uns gezwungen habe, Transportflüge durchzuführen. Das zweite Mal hat mein Funker vor Eintritt der Katastrophe versucht, Norddeich von unserer Absetzbewegung und dem über der Mongolischen Gobi aufgekommenen Sandsturm in Kenntnis zu setzen. Ob er diesen Funkspruch noch senden konnte, weiß ich nicht. Mit Bestimmtheit kann ich jedoch sagen, daß er seinen Platz hinter dem Funkgerät bis zum Absturz nicht verlassen hat.« Markus verschwieg aus ihm selbst unerklärlichem Grund, daß er die Luft Hansa auch über die Teilnahme seines russischen Begleiters, dessen Namen er allerdings nicht meldete, am Weiterflug nach Peking informiert hatte.

Der Vorsitzende des Militärgerichts schaute zu Iwan Iwanowitsch hinüber. »Haben Sie alles notiert, Genosse Gouverneur?«

»Gewiß, Genosse Oberst«, antwortete er konziliant.

Der Militärrichter wandte sich erneut an den Piloten. »Michail Sergejewitsch hatte den Auftrag, Sie bis zur chinesischen Grenze zu begleiten. Haben Sie ihn gebeten, mit Ihnen nach Peking zu fliegen?«

»Erst in der zweiten Phase.«

»Wie soll ich das verstehen?«

»Als ich in Semipalatinsk erfuhr, daß der sowjetische Grenzflughafen Sergiopol für den Start einer schwerbeladenen Maschine ungeeignet sei, bat ich den Gouverneur, die zollamtliche Abfertigung in Semipalatinsk vorzunehmen. Daraufhin trat Ihr Landsmann mit der Bitte an mich heran, ihn am Weiterflug teilnehmen zu lassen. Ich lehnte zunächst ab, änderte jedoch meine Meinung, als Michail Sergejewitsch mir sagte, worum es ihm ging. Es wurmte ihn, daß die Aeroflot am geplanten Luftverkehr Europa – Asien lediglich auf der Strecke Königsberg – Omsk beteiligt sein sollte. Er sagte ungefähr wörtlich: ›Bei uns ist man der Meinung, die Verhältnisse in China seien zur Schaffung eines geregelten Luftverkehrs noch nicht reif genug. Wenn ich an dem Flug teilnehme, kann ich daheim erklären: Ich habe mich an Ort und Stelle davon überzeugt, daß die Strecke Omsk – Lantschou in Verbindung mit der Eurasia ebensogut in Angriff genommen werden kann wie die mit der Deruluft geschaffene Verbindung Berlin – Omsk.‹« Diesmal verschwieg Markus bewußt die hin und wieder gemachten ketzerischen Äußerungen des Russen. Er bemühte sich sogar, ihn als einen vom Bolschewismus zutiefst durchdrungenen Menschen darzustellen.

Der Oberst sah in prüfend an. »Waren Sie ermächtigt, Ihren Begleiter gegebenenfalls mit nach Peking zu nehmen?«

»Dazu war ich natürlich nicht ermächtigt. Der Fall war ja nicht vorauszusehen gewesen. Als Kommandant des Flugzeuges stand es jedoch in meinem Ermessen, Michail Sergejewitsch die Teilnahme am Weiterflug zu gestatten.«

»Besaß er denn ein Visum für China?«

»Nein.«

»Und wie sollte dieses Problem gelöst werden?«

»Wir hatten besprochen, ihn als wolgadeutschen Dolmetscher auszugeben.«

»Wie sind Sie darauf gekommen?«

»Michail Sergejewitsch war bekannt, daß sich viele ehemalige Angehörige der zaristischen Armee, die vor den Bolschewiki über die chinesische Grenze geflüchtet waren, in Tschugutschak und Urumtschi niedergelassen hatten. Um Komplikationen zu vermeiden, schlug er vor, sich auf den Mädchennamen seiner Mutter als Wolgadeutscher auszugeben.«

»Und das haben Sie der Luft Hansa nicht gemeldet?«

»Dazu bestand keine Veranlassung. Außerdem war ich froh, auch in China einen Dolmetscher zur Seite zu haben.«

Zwei Tage lang stellte der Oberst Frage um Frage, aber keine betraf den Hergang des Unfalls, der nach wie vor nicht zu interessieren schien. Es ging ausschließlich um die Person Michail Sergejewitsch, was er getan und über sich und seine Familie erzählt hatte. Doch dann nahm das Verhör ein frappierendes Ende. Der Vorsitzende des Militärgerichts sagte ganz unvermittelt: »Ich sehe jetzt klar und kann Ihnen eine erfreuliche Mitteilung machen, der allerdings eine weniger angenehme folgen wird. Ihre Aussagen widersprechen sich nicht, und sie müssen somit als glaubwürdig angesehen werden. In einem Fall bestätigt Sie sogar ein sowjetischer Amateurfunker.« Der Oberst zog eine Notiz zu Rate. »Am 30. November 1933 wurde von 15 Uhr 40 bis 15 Uhr 53 Leningrader Ortszeit auf Kurzwelle der mehrfach wiederholte Funkspruch empfangen: ›konnten uns von den kriegsherren absetzen stop gerieten über der mongolischen gobi in einen sandsturm stop es steht schlecht um uns stop SOS – SOS – SOS!‹«

Markus war aufgesprungen. »Und Ihre Regierung gibt unseren Familien keinen Bescheid?«

Iwan Iwanowitsch versuchte sogleich, den Militärrichter zu beschwichtigen. »Bedenken Sie, Genosse Oberst ...«

»Schon gut«, unterbrach ihn der Vorsitzende. »Ich habe volles Verständnis für die Erregung des Piloten. Bin doch kein Unmensch!« Er wandte sich an Markus. »Nun zur angedeuteten unangenehmen Mitteilung: Sie haben mich nach Irkutsk zu begleiten. Dort wird das Militärgericht über Ihr Verhalten vor Ausbruch des Sandsturmes urteilen. Die Anklage lautet: ›Tötung einer hochrangigen sowjetischen Persönlichkeit‹. Wir benützen den Nachtzug. Falls Sie versichern, keinen Ausbruch zu versuchen, können Sie ohne Handschellen mit uns reisen.«

Markus straffte sich. »Ich gebe Ihnen mein Wort.«

»Danke.« Der Oberst packte seine Unterlagen zusammen und schaute zu Iwan Iwanowitsch hinüber. »Kann das Protokoll gleich getippt werden, Genosse Gouverneur?«

»Selbstverständlich, Genosse Oberst. Und wenn es Ihnen recht ist, möchte ich mit Ihnen noch eine Kleinigkeit essen.«

»Sehr liebenswürdig, Genosse Gouverneur.«

Iwan Iwanowitsch wandte sich an Markus. »Bitte, verstehen Sie, daß ich mit dem Oberst allein ...«

»Ich ahne, daß Sie es meinetwegen tun.«

»Wir sehen uns später. Bis dahin hoffe ich einige Fragen geklärt zu haben.«

*

Bei seiner Rückkehr in den Arbeitsraum ging Iwan Iwanowitsch mit ausgestreckten Armen auf seinen Gast zu. »Mein Freund«, stammelte er. »Mir wurde eben die Wahrheit des Sprichwortes, daß das Recht des Stärkeren das stärkste Unrecht ist, in drastischer Weise vor Augen geführt.«

Markus stockte der Atem. Eine schlimmere Einleitung konnte es nicht geben.

»Der Oberst weiß, daß ich Sie über alles informiere, was er mir anvertraut hat. Er legte mir sogar nahe, offen mit Ihnen zu sprechen, setzt natürlich voraus, daß Sie unter keinen Umständen preisgeben, was Sie nun erfahren.«

»Das ist selbstverständlich.«

»Die Dinge stehen schlecht für Sie, Markus. Sehr schlecht! Nicht jedoch, weil Sie zur Pistole gegriffen haben. So unglaublich es klingen mag: Was sich in der Flugzeugkanzel zugetragen hat, interessiert Moskau nur am Rande. Deshalb wurden auch keine diesbezüglichen Fragen gestellt. Was man definitiv in Erfahrung bringen wollte, ist erstens: Haben Sie der Deutschen Luft Hansa den Namen des Ihnen zugeteilten Begleiters gemeldet? Zweitens: Weiß Berlin, daß Michail Sergejewitsch am Flug über China teilnahm? Drittens: Hat er mit Ihnen über seine eigentliche Tätigkeit gesprochen, und haben Sie über Funk einen entsprechenden Bescheid gegeben? Ihre glaubwürdigen Aussagen haben den Oberst, der alle an Sie gerichteten Fragen von Moskau gestellt bekam, davon überzeugt, daß Sie niemandem etwas über unseren Landsmann mitgeteilt haben.«

Markus lachte abfällig. »Und weshalb ist das so wichtig?«

»Weil Ihr Begleiter der technische Leiter der gesamten russischen Flugzeugentwicklung war. Noch wichtiger aber ist, daß er denkbar gute Beziehungen zu führenden Persönlichkeiten des deutschen Luftfahrtministeriums unterhielt. Anders ausgedrückt: Michail Sergejewitsch trug mit Wissen der sowjetischen Regierung auf zwei Schultern. Er lieferte Deutschland Konstruktionsunterlagen, die freilich nicht ganz dem Stand der letzten Projektierung entsprachen, und er erwarb auf diese Weise ein Vertrauen, das ihm umfassende Einblicke in die fliegerische Planung Ihres Landes verschaffte. Darüber hinaus gelang es ihm, vom Flugzeugwerk Junkers aus, wo er fast ein Jahr tätig gewesen war, mit Hilfe von Mitgliedern der Kommunistischen Partei ein Agentennetz aufzubauen, das alle deutschen Flugzeug- und Flugmotorenfabriken erfaßt. Sie werden sich vorstellen können, daß unsere Regierung ein immenses Interesse daran hat, seinen Tod nicht bekanntwerden zu lassen. Sämtliche Kanäle, die er benützte, seine Codes und was es sonst im Geheimdienst für Verabredungen gibt, sind seinen Mitarbeitern bekannt, so daß der Informationskreislauf aufrechterhalten werden kann, solange sein Schicksal in Deutschland nicht publik wird. Und das ist Ihr Verhängnis! Denn ließe man Sie in Ihre Heimat zurückkehren, würden die zuständigen Dienststellen erfahren, wer Sie begleitet und sein Leben über dem Changajn-Gebirge verloren hat.«

»Soll das heißen, daß man mich auf unbegrenzte Zeit festhalten will?« empörte sich Markus.

Der Gouverneur antwortete ratlos: »Es wird darauf hinauslaufen. Moskau kann kein anderes Urteil fällen. Und weil der Oberst dies weiß, bat er mich, Ihnen reinen Wein einzuschenken und zu versichern, daß er alles tun wird, Ihnen das Leben weitmöglichst erträglich zu machen.«

Markus raufte sich das Haar. »Es ist absurd: Hätte ich fälschlicherweise erklärt, den Namen von Michail Sergejewitsch über Funk durchgegeben zu haben, dann würde man mich nach Hause schicken – wäre ich wahrscheinlich längst daheim!«

Iwan Iwanowitsch umarmte ihn. »Ehrlichkeit wird leider allzuoft bestraft. Laß uns trinken und weinen.«

*

In der vielleicht schwersten Stunde seines Lebens, die ihm unerbittlich vor Augen führte, daß er, wenn überhaupt, erst in Jahren würde nach Deutschland zurückkehren können, erinnerte sich Markus an eine bissige Betrachtung Schopenhauers, in der es hieß, der oberste Richterstuhl des Rechts sei die physische Gewalt und diese stelle letztlich eine Appellation an die Tierheit dar, die kein moralisches Recht kenne und nur auf physische Kräfte baue.

Natürlich konnten ihm philosophische Betrachtungen nicht weiterhelfen. Sie weckten aber seinen Geist und stärkten in ihm den Willen, die Ausweglosigkeit seiner Lage zu ignorieren. Dies gelang ihm schon bei Anbruch des nächsten Tages, den er auf der Fahrt über Ulan Ude nach Irkutsk erlebte. Er betrachtete die Gebirge zu beiden Seiten der Bahnlinie nicht mit dem flüchtigen Auge des Reisenden, versuchte vielmehr herauszufinden, in welche Richtung die kulissenartig gegeneinander versetzten Gebirgsbrüche verliefen. Und er freute sich, als er ganz markant von Südwest nach Nordost verlaufende Faltungen entdeckte, die ihn daran erinnerten, daß er bei seinen Vorbereitungen zum Flug nach China über diese Eigenart gelesen und im Zusammenhang damit erfahren hatte, daß im Baikalsee, dem er sich nun näherte, Faltungen bis zu einer Tiefe von über 1700 Metern gemessen wurden.

Während der Vorsitzende des Militärgerichts und der Wachsoldat abgrundtief schliefen, regte das seidige Hellwerden des neuen Tages seine Phantasie so sehr an, daß er alles Bedrückende vergaß. Die am Südzipfel des Baikalsees fast senkrecht aufragenden Uferwände ließen ihn an norwegische Fjorde denken, und er hörte plötzlich wieder, wie Iwan Iwanowitsch ›Anitras Tanz‹ gespielt und er im Geklingel und Gerassel des verstimmten Klaviers eine dicke Schaubudenbesitzerin gesehen hatte, die sich in den Hüften wiegte. Wie ihm in jener Minute die Welt auf den Kopf gestellt gewesen zu sein schien, so mutete ihn an diesem Morgen der Anblick des Sees und seiner steilen Felswände wie eine traumhafte Halluzination an. Es war alles so ganz anders, als er es sich vorgestellt hatte.

Das galt auch für Irkutsk, der zu beiden Seiten der Angara an der Mündung des Irkut und der Uschakowka gelegenen und so auf natürliche Weise in vier Bereiche gegliederten Metropole Ostsibiriens. Aus dem einstigen Umschlagplatz für den Handel mit der Mongolei und China war eine bedeutende Stadt geworden. Im neuen, großzügig ausgebauten Zentrum waren die Universität, das Verwaltungsgebäude, das Theater und zwei Museen zum Teil noch nicht ganz fertiggestellt. Wegen der latenten Erdbebengefahr wiesen alle Bauwerke nur wenige Stockwerke auf. Weite Grünflächen, breite Straßen und ein lebhafter Verkehr erweckten in Markus, der sich monatelang im winzigen Kiachata aufgehalten hatte, den Eindruck, auf einen anderen Planeten geraten zu sein. Da erschien es ihm auch nicht verwunderlich, daß er seine Begleiter, die doch seine Bewacher sein sollten, bei der Einfahrt in den Bahnhof wecken mußte.

Der Oberst rief erschrocken: »Bosche moj!« Dann aber tätschelte er die Wange des Piloten und sagte etwas, das ›Bist ein guter Junge‹ heißen mochte.

In einem Dienstwagen fuhren sie zu einer Kaserne, in der Markus ein kleines Zimmer erhielt, in dem ein Bett, ein Tisch, ein Stuhl und ein Spind standen. Es schien eine Offiziersunterkunft zu sein. Der Militärrichter gab ihm zu verstehen, daß jemand kommen und ihm nähere Anweisungen geben werde. Dann grüßte er militärisch und verließ den Raum, ohne die Tür zu verschließen.

Markus konnte nur staunen. Und als wollte der Oberst einen weiteren Beweis dafür liefern, daß er, wie dem Gouverneur gegenüber zum Ausdruck gebracht, alles tun werde, um das Leben des Deutschen erträglich zu gestalten, erschien bald nach seinem Fortgang ein Küchenbursche, der ihm Tee und Piroggen brachte, eine mit gehacktem Fleisch und Pilzen gefüllte Hefeteigpastete. Zum Mittag erhielt er Borschtsch, jene berühmte russische Suppe aus Rindfleisch, verschiedenen Gemüsen, Weißkraut und roten Rüben, über die ein kräftiger Schlag saure Sahne gegeben war. Und am Abend wurden ihm Brot, Butter und Wurst gebracht; dazu natürlich der in Rußland obligate Tee.

Über Unterbringung und Verpflegung konnte Markus sich wahrhaftig nicht beklagen. Er schöpfte schon neue Hoffnung, die sich noch steigerte, als zu später Stunde ein Zivilist bei ihm erschien, der sich als Dr. Bolyakschowski vorstellte und seinem Aussehen und ungelenken, fast schüchternen Auftreten zufolge Wissenschaftler sein mußte. Er erklärte denn auch radebrechend, dem ›Geologischen Institut für Sibirien und den Fernen Osten‹ anzugehören und gebeten worden zu sein, dem Germansky einige Hinweise zu geben und sich künftig einmal wöchentlich nach seinem Wohlbefinden und eventuellen Wünschen zu erkundigen. Nach dieser Eröffnung führte er Markus in einen nahe gelegenen Duschraum und bat ihn, diesen morgens erst nach neun Uhr aufzusuchen. Dann befänden sich die im Haus wohnenden Offiziere im Dienst. Bei der Benutzung der Toilette möge er beachten, daß das Papier wegen der zu knapp bemessenen Abflußleitung nicht in die Schüssel, sondern in den daneben stehenden Drahtkorb zu werfen sei, der regelmäßig geleert werde. Im übrigen dürfe er sich, weitgehende Zurückhaltung vorausgesetzt, im Bereich der Kaserne frei bewegen. Nur wenn exerziert werde, gelte der Kasernenhof für ihn als gesperrt. Im Schloß seiner Zimmertür befinde sich, wie er gewiß schon bemerkt habe, kein Schlüssel. Die Tür müsse Tag und Nacht unverschlossen bleiben, damit jederzeit eine Kontrolle erfolgen könne. Er dürfe daraus jedoch nicht schließen, daß man ihm mißtraue.

Nein, beklagen konnte Markus sich wirklich nicht. Aber das Alleinsein in den nachfolgenden Wochen und Monaten und die Ungewißheit über seine Zukunft zermürbten ihn mehr und mehr. Vieles wäre leichter für ihn gewesen, wenn er wenigstens etwas zu lesen gehabt hätte. Dr. Bolyakschowski hatte ihm einmal eine deutsche Broschüre mit dem Titel ›Geologische Strukturen der Erde‹ mitgebracht, doch für einen Nichtgeologen war es die reinste Tortur, diese Abhandlung zu lesen. Da war von pleistozäner Vereisung, inframontanen Becken, tertiären Einebnungsflächen, amphibischem Flachland, variskischer Faltungsära, präkambischen Grundgebirgen, altpaläozoischen, karbonischen und permischen Kalken die Rede. Zu dem wenigen, das er verstehen und behalten konnte, zählte die Herkunft des Wortes Tundra, das sich aus dem finnischen Begriff Tunturi ableite und Waldlosigkeit bei ungewöhnlich rauhem Klima zu allen Jahreszeiten bedeute.

Für Markus war es fast eine Erlösung, als ihm der russische Wissenschaftler nach vielen Monaten Ende Oktober 1934 – die ersten als ›Purga‹ bezeichneten Schneestürme rasten bereits über das Land – sichtlich beklommen und radebrechender denn je erklärte, in Moskau sei entschieden worden, daß er wegen des Deliktes, dessen er sich selbst bezichtigt habe, eine Freiheitsstrafe von acht Jahren erhalte, die er jedoch in Anerkennung seiner Offenheit und Ehrlichkeit nicht in einem Gefängnis, sondern in einer nur Offizieren vorbehaltenen Festung zu verbringen habe. Bei erstklassiger Führung könne er nach drei Jahren den Antrag auf einen Gnadenerlaß stellen. Seine Verlegung in die Festung Konoskoje werde bereits an einem der nächsten Tage erfolgen.

Wie deprimierend das Urteil auch war, Flugkapitän Erdmann

sah nach der langen Zeit völliger Ungewißheit einen Silberstreifen am Horizont. ›Roma locuta est!‹ Die Sache war entschieden. Jetzt galt es, vor dem Urteil nicht auszuweichen, sondern ihm unerschrocken entgegenzutreten. Und er war zutiefst davon überzeugt, die Freiheit in spätestens drei Jahren zurückzuerlangen. Was ihm diese Überzeugung gab, hätte er nicht zu sagen vermocht. Er glaubte es einfach. Wahrscheinlich, weil er sonst an nichts mehr hätte glauben können.

7

Zwei Tage nachdem Markus erfahren hatte, welches Urteil über ihn gefällt worden war, erschien der Vorsitzende des Militärgerichts von Irkutsk in Begleitung eines Hauptmanns und des Geologen Dr. Bolyakschowski. Der Oberst gab sich leutselig und forderte den Wissenschaftler auf, den Germansky davon in Kenntnis zu setzen, daß ihn Hauptmann Nikita Anissimow auf der langen Fahrt nach Konoskoje begleiten werde. Aus der Tatsache, daß ihn kein einfacher Soldat bewache, möge er ersehen, welch ungewöhnliche Vergünstigung ihm gewährt sei. Den Kommandanten der Festung habe er in einem persönlichen Schreiben gebeten, dem zu Inhaftierenden jedwede zulässige Erleichterung einzuräumen, und er verabschiedete sich von ihm mit den besten Wünschen für die Zukunft.

Soviel Entgegenkommen hatte Markus sich nicht erhoffen können. Er sah der Zukunft nun mit größerer Zuversicht entgegen und zweifelte nicht daran, daß die ihm zuteil gewordene Bevorzugung von Moskau angeordnet worden war. Es regte sich also, kaum zu glauben, auch bei einem höheren Beamten das schlechte Gewissen, und dies ließ ihn hoffen, spätestens in drei Jahren entlassen zu werden.

Zu seiner Überraschung wurde die über 4000 Kilometer weite Bahnfahrt nach Konoskoje, die er sich ziemlich strapaziös vorgestellt hatte, zu einem Genuß besonderer Art. Die Zugabteile waren, anders als in Europa, für jeweils nur vier Personen bestimmt, und eine sinnreiche Konstruktion machte es möglich, die Plätze des Nachts in vier Betten zu verwandeln. Da er aber als Häftling mit der Bevölkerung nicht in Berührung kommen durfte, hatte er mit Hauptmann Anissimow, der für seinen

Dienstgrad eigentlich viel zu alt war, das ganze schöne Abteil für sich. Und das Zugpersonal, adrette Frauen und Mädchen, die das Frühstück, das Mittag- und das Abendessen servierten und zur Nacht die Betten richteten, war überaus freundlich. Von der Möglichkeit, Wodka zu kaufen, machte der Hauptmann allerdings so reichlich Gebrauch, daß er während der viertägigen Fahrt meistens schlief.

Am ersten Tag wurde ein tief verschneites Mittelgebirgsland durchfahren, dessen bis auf 1000 Meter reichende Höhen infolge ausgedehnter Hochebenen kaum in Erscheinung traten. Nur wenn der Zug durch ein Tal donnerte, zeigten sich echte Bergformen. Besonders im Gebiet um Krasnojarsk, wo steilwandige Felsen, pittoresk anmutende Gebirge und cañonartige Einschnitte zu sehen waren.

In Krasnojarsk hielt der stark vereiste Zug fast zwei Stunden lang. Die auf dem linken hohen Terrassenufer der Jenissej gelegene, verschneite Altstadt erinnerte an Darstellungen des Niederländers Pieter Bruegel d. J. Einen krassen Gegensatz dazu bildeten die am niedrigen rechten Ufer des Flusses gelegenen neuen Wohn- und Industrieviertel. Ihre an sich schon häßlichen Gebäude lagen in einer schmutziggrauen und teilweise braunroten Schneelandschaft, die auf den ersten Blick verriet, daß hier Walzwerke, Gießereien und Maschinenfabriken die Erwerbsgrundlage boten.

Die Weiterfahrt führte durch eine vom Schnee in eine Traumlandschaft verwandelte Lärchentaiga. Markus vergaß zeitweilig, daß er sich auf dem Weg in eine Festung befand, die ihn für Jahre von der Außenwelt abschneiden sollte. Er dachte sogar einmal: Andere würden Geld dafür geben, wenn sie die Vielfältigkeit dieses Landes erleben könnten.

Am nächsten Morgen wurde Nowosibirsk erreicht. Es gab nun keine Berge mehr. Scheinbar endlos dehnte sich das Westsibirische Tiefland aus, dessen Sümpfe im Frühjahr von verwilderten Flachlandflüssen überschwemmt werden und das Land in großen Teilen unerschließbar machen. Straßen waren nicht zu entdecken. Vieles sprach dafür, daß die Flüsse in diesem

Distrikt immer noch die wesentlichsten Hauptverkehrswege darstellten.

Nachdem das am Irtysch gelegene Omsk passiert war, das Markus an Klaus Steger hatte denken lassen, der zeitweilig auf der Route Moskau – Omsk eingesetzt gewesen war, führte die Bahn durch eine Steppenlandschaft, die mit Annäherung an Petropawlowsk in eine Waldsteppe überging. Im weiteren Streckenabschnitt machte sich der näher rückende Ural bemerkbar. Die Waldsteppe entwickelte sich zu dichten Mischwäldern, und es kam endlich der Augenblick, da die ›Transsib‹ verlassen und in die zum Kaspischen Meer führende Bahn umgestiegen werden mußte.

Der große Bahnknotenpunkt Tscheljabinsk beeindruckte Markus. Weitläufige, derzeit tief verschneite Parkanlagen zu beiden Seiten der Mias lockerten die Großstadt auf und ließen ihn vergessen, daß er sich an einem der wichtigsten Standorte der sowjetischen Schwerindustrie befand.

Am waldreichen Südural entlang führte die Bahn über Magnitogorsk, dessen hoher, im Tagebau ausgebeuteter Erzberg weithin zu sehen war, nach Orssk, einer kleinen an der Or gelegenen Stadt, wo nochmals umgestiegen werden mußte. Diesmal aber nicht in einen Zug, sondern in eine Troika, einen Schlitten mit drei Pferden, dessen Mittelpferd zwischen zwei jochartig verbundenen Stangen im Trab läuft, wohingegen die Seitenpferde zum Galopp angehalten werden.

In seiner Kindheit war Markus von einem Bild fasziniert gewesen, das eine Troika gezeigt hatte, und nun sollte er in einem solchen Gefährt, dessen Existenz ihm im Zeitalter der Technik fast wie ein Wunder erschien, Platz nehmen?

Ein dick eingemummter Russe, der die Troika führte, reichte seinen beiden Fahrgästen Fellhauben, Wollschals und gefütterte Fäustlinge, und nachdem sich jeder in eine Decke gewickelt hatte und alle drei hinter einer Lederplane Platz genommen hatten, ließ der in der Mitte sitzende Kutscher die Peitsche in den frühen Morgen hineinknallen. Augenblicklich setzten sich die Pferde in Bewegung, und es erklang helles Schellengeläut. Drei

Stunden jagte der Schlitten in klirrender Kälte durch eine makellos weiße Landschaft, dann tauchte voraus ein von einer etwa zehn Meter hohen Mauer umgebener großer Gebäudekomplex auf.

Das sieht eher nach einem alten Wehrwall als nach einer ehemaligen Festung aus, dachte Markus beim Näherkommen an die Mauer, aus der seltsamerweise in gleichmäßigen Abständen viele nach oben gewinkelte, mächtig qualmende Ofenrohre herausragten. Unwillkürlich kombinierte er, daß sich hinter jedem der Rohre das Quartier eines zu Festungshaft verurteilten Offiziers befinde, und es stellte sich ihm die bange Frage: Sind die hinter der Mauer liegenden Räume womöglich ohne Fenster?

Der Kutscher der Troika dirigierte die Pferde auf ein hohes, mit breiten Nagelköpfen beschlagenes Tor zu. Zwei Soldaten in Fellmänteln und mit Fellmützen öffneten die Torflügel und ließen den Schlitten ungehindert passieren.

Bei der Einfahrt in den weitläufigen Innenhof fand Markus seine Vermutung bestätigt: Die Festung Konoskoje war einst der wehrfest gemachte Gutshof eines vermögenden Adeligen oder Potentaten gewesen. Direkt dem Tor gegenüber prangte ein feudales Herrenhaus. In gebührendem Abstand davon befanden sich zu beiden Seiten unter der fast fünf Meter breiten Wehrmauer, deren Gewölbe früher Dienstbotenräume, Stallungen, Vorratslager und Kasematten für Pulver und Verteidigungsgerät gewesen sein mochten, an die sechzig Einzelquartiere, die über eine Tür und – Markus fiel ein Stein vom Herzen – auch über ein Fenster zum Innenhof verfügten. Neben der Toreinfahrt lagen die Unterkünfte und Aufenthaltsräume der Wacheinheit. Mitten im Hof waren zersägte Baumstämme gestapelt. Davor standen mehrere Klötze, an denen einige Offiziere Holz hackten.

Die Troika hielt am Herrenhaus, in dem die Verwaltung untergebracht zu sein schien und wahrscheinlich auch der Kommandeur der Festung und seine Offiziere wohnten.

Ein Leutnant, der einen Fellmantel lässig über die Schulter geworfen hatte, stieg die im Halbbogen zu den Seiten führende

Freitreppe hinab und begrüßte Hauptmann Anissimow. Dieser übergab eine versiegelte Akte und stieg, einem Hinweis des jungen Offiziers folgend, die Stufen zum Herrenhaus hoch.

Der Leutnant wandte sich nun an Markus, nannte seinen Dienstgrad und Namen und gab das Zeichen, ihm zu folgen. Er tat dies durchaus freundlich und führte den neu Eingelieferten zu einem der Quartiere unter dem Wehrwall. Bevor er die Tür öffnete, wies er auf die an ihr befindliche Nummer 34 und gab damit zu verstehen, daß dies die zukünftige Unterkunft des Inhaftierten sei. Dann forderte er ihn auf, seinen Koffer, den der fürsorgliche Iwan Iwanowitsch ihm zum Abschied, versehen mit allerlei nützlichen Dingen, geschenkt hatte, im Zimmer abzustellen. Markus tat dies und sah, daß der Raum mit einem guten Feldbett, einem Tisch, Stuhl, Spind und einer Burschuika, einem Kanonenofen, ausgestattet war, der, solange das Feuer in ihm brennt, eine irrsinnige Hitze ausstrahlt, aber nicht die geringste Wärme speichert.

Wieder draußen, deutete der Leutnant auf den Holzhaufen. Markus verstand: Für Brennholz hat jeder selbst zu sorgen. Der Offizier führte ihn nunmehr in das Herrenhaus, in dessen unterem Stockwerk den Häftlingen Waschräume, Duschen, Toiletten und ein Speisesaal zur Verfügung standen. Ein Schild zeigte an, daß um neun Uhr morgens das Frühstück, um zwei Uhr das Mittagessen und um sieben Uhr das Abendbrot gereicht werde.

Nach diesem Rundgang war Markus sich selbst überlassen. Da es in dem ihm zugeteilten Quartier eiskalt war, machte er sich als erstes daran, Brennholz zu schlagen. Seine fellgefütterte Fliegerkombination, die ihm schon seit Wochen wieder gute Dienste leistete, gab ihm dazu genügend Bewegungsfreiheit. Wie aber sollte er sich den Offizieren gegenüber verhalten, die sich am Hackplatz aufhielten? Sich vor jedem militärisch aufbauen und seinen Namen nennen? Das erschien ihm zu albern. Er begrüßte sie deshalb mit einem der wenigen russischen Worte, die er kannte: »Strastwuije! – Guten Tag!«

Die Offiziere schauten ihn mehr oder weniger unwillig an.

Markus hatte in manchem Lehrgang erfahren, daß ›Neukommern‹ zunächst allerlei Schwierigkeiten bereitet werden. Somit machte er sich über den Ausdruck des Unwillens keine Gedanken, sondern ergriff eine der in den Holzklötzen steckende Axt und begann mit der Arbeit.

Er hatte gerade damit angefangen, da rief ihm einer der Offiziere etwas zu.

Markus erklärte: »Ich spreche nicht russisch. Bin Deutscher. Germansky!« fügte er hinzu.

Ungläubiges Staunen auf der ganzen Linie. »Germansky?«

»Da.« Er tippte an seine Fliegerkombination. »Pilot!«

Unter den Offizieren entwickelte sich eine heftige Debatte, und es dauerte nicht lange, bis aus den rundum unter der Wehrmauer befindlichen Quartieren eine Reihe weiterer Offiziere erschien, die, wie von einem Magnet angezogen, dem Hackplatz entgegenstrebten.

Wenn ich doch Russisch könnte, dachte Markus und fuhr fast verbissen in seiner Tätigkeit fort. Dennoch gewahrte er, daß er umstellt wurde. Auch dieser Tag wird vorübergehen, sagte er sich. Aber es ist schon eine Unverschämtheit, mich den Mithäftlingen nicht vorzustellen. Es sind schließlich alles Offiziere. Und wir befinden uns in einer Festung und nicht in einem Gefängnis.

Einer der Hinzugekommenen stieß ihn an. »Germansky Pilott?«

»Da.«

Es folgte ein Schwall von Fragen, die Markus natürlich nicht verstand. So primitiv wie möglich antwortete er: »Ich nix verstehen Russisch.«

Man schien den Sinn seiner Worte zu erfassen und empört darüber zu sein, daß ein deutscher Flugzeugführer, womöglich sogar ein Zivilist, in Konoskoje eingeliefert worden war. Doch dann ergriff ein älterer Offizier, ein Major, das Wort, und es trat Ruhe ein. Die von ihm in Verbindung mit dem Wort Germansky mehrfach gebrauchte Formulierung »Nu wot!« war Markus geläufig: Was soll's!‹ hieß das. Wurde womöglich zum Ausdruck gebracht: Es lohnt sich nicht, sich darüber aufzuregen, daß ein Germansky unter uns weilt! Das »Da, da!«, das die Zuhörer zum Schluß lachend von sich gaben, schien diese Vermutung zu bestätigen.

Markus atmete erleichtert auf, als die Herbeigekommenen sich anschickten, in ihre Quartiere zurückzukehren. Ihm entging allerdings nicht, daß sich einige von ihnen verdächtig zublinzelten, und er rechnete damit, daß man sich mit ihm, dem Neukommer, noch einen Schabernack erlauben würde. Und er täuschte sich nicht. Als er mit etlichen Holzscheiten unter dem Arm den Hackplatz in Richtung der ihm zugeteilten Unterkunft verließ, ging ein breitschultriger Oberleutnant mit festen Schritten schnurstracks auf ihn zu, und Markus ahnte gleich, daß er getestet werden sollte. Es gab nur zwei Möglichkeiten: Ausweichen oder einen Zusammenprall riskieren. Sekundenlang war er unschlüssig, wie er sich verhalten sollte, doch dann nahm er sich vor, im allerletzten Moment plötzlich auszuweichen. Und dies gelang ihm so gut, daß sein Kontrahent, der schon glaubte, es komme zum Zusammenstoß, den Oberkörper extrem vorbeugte und, da der erwartete Aufprall ausblieb, ins Stolpern geriet und die Balance nur mit Mühe zurückgewinnen konnte. Markus freute sich über das geglückte Täuschungsmanöver und begrüßte seinen Gegner, ohne dies vorgehabt zu haben, mit einem freundlichen »Strastwuije! – Guten Tag!«

Der überrumpelte Oberleutnant war verblüfft, und es schien ihn zu ärgern, daß einige seiner Kameraden, mit denen er offensichtlich die sogenannte ›Mutprobe‹ abgesprochen hatte, sich über ihn lustig machten. Im Bestreben, die Scharte auszuwetzen, rief er Markus etwas zu und gab ihm, als der sich umdrehte, zu verstehen, zur Revanche nochmals aufeinander zuzugehen.

»Gleich!« rief Markus zurück, ging zu seinem Quartier, legte die Holzscheite neben die Tür, machte kehrt und marschierte in nun ausholendem Stechschritt auf den Russen los.

Obwohl er damit nicht hatte rechnen können, nahm auch der Oberleutnant augenblicklich den Paradeschritt auf.

Da Markus dieses Spiel während seiner militärischen Ausbildung mit einigen Kameraden einige Male geübt hatte, war er im Vorteil. Denn er wußte, daß es nun darauf ankam, keinesfalls auszuweichen, vielmehr mit aller Kraft auf den Gegner loszugehen. Wenn der dann in der Besorgnis, umgestoßen zu werden, im letzten Moment abdrehte, brachte er sich in der Regel durch den Schwung der eigenen Schritte selbst zu Fall. Und es klappte. Der Oberleutnant verlor tatsächlich das Gleichgewicht und schlug zu Boden. Doch er war ein guter Verlierer. Kaum hatte er sich aufgerappelt, reichte er dem ›Neukommer‹ die Hand, nannte seinen Dienstgrad und Namen.

Dennoch war Markus der Dumme. Als er zu seinem Quartier zurückkehrte, waren seine Holzscheite verschwunden. Aber das ärgerte ihn nicht. Unter den gegebenen Umständen griff er gern ein zweites Mal zur Axt. Und wenig später entzündete er seinen Kanonenofen, der den Raum schnell erwärmte. Dann packte er aus, was Iwan Iwanowitsch ihm mit auf den Weg gegeben hatte. Anschließend ging er mit einem Wachstuchbeutel zum Herrenhaus, um sich zu erfrischen und zu rasieren. Er hatte sich nicht dazu entschließen können, sich einen Bart wachsen zu lassen, obwohl dies viel bequemer für ihn gewesen wäre. In Kiachata war er vom Burschen des Gouverneurs täglich rasiert worden, und inzwischen hatte er in Irkutsk längst gelernt, mit dem Rasiermesser umzugehen.

Als Markus den Waschraum aufsuchte, stellte er erfreut fest, daß es im Herrenhaus eine Zentralheizung und heißes Wasser gab. Er erinnerte sich unwillkürlich daran, daß er bei seiner Vorbereitung zum Flug nach Peking in der ihm zur Verfügung gestellten russischen Landkarte eine doppeltgestrichelte Linie entdeckt hatte, die von Baku am Kaspischen Meer bis nach Swerdlowsk verlief und in der Zeichenerklärung als Ölleitung deklariert worden war. Die gesamte am Ural gelegene sowjetische Schwerindustrie feuerte mit Erdöl. Da war es naheliegend, daß die nicht weit von Orssk entfernt gelegene Festung Konoskoje ihre im feudalen Herrenhaus gewiß vorhanden gewesene Zentralheizung mit einem Ölbrenner versehen hatte.

Erfrischt und gut gelaunt kehrte Markus in seine Unterkunft zurück, entledigte sich seiner fellgefütterten Fliegerkombination und zog die derbe Drillichhose, die dazugehörigen Schaftstiefel und ein ebenfalls von Iwan Iwanowitsch erhaltenes russiches Hemd an, das er allein schon wegen seines am Hals geschlossenen Kragenbundes gerne trug. Er vermutete, daß er den inhaftierten sowjetischen Offizieren vor dem Mittagessen vorgestellt werden würde, und dies traf zu. Die Prozedur verlief jedoch anders, als anzunehmen gewesen war. Der Leutnant, der ihm das Quartier und die übrigen Räumlichkeiten gezeigt hatte, erwartete ihn an der Tür zum Speisesaal und hielt ihn zurück, bis alle Festungsinsassen erschienen waren und an der T-förmig angeordneten Tafel hinter ihren Stühlen Aufstellung genommen hatten. Dann ging er mit ihm zum dienstältesten Offizier, der in der Mitte des oberen Teils der Tischordnung stand, salutierte kurz und nannte den zivilen Dienstgrad und Namen des neu angekommenen Häftlings.

Markus kannte diese Art der allgemeinen Vorstellung, und er erwartete das üblicherweise als Begrüßung folgende Tischklopfen der Anwesenden. Doch nichts dergleichen geschah. Den Leutnant schien dies zu irritieren, denn er zögerte einen Augenblick, bevor er Markus aufforderte, ihm zu folgen. Er führte ihn zum längeren Teil der Tafel und zeigte auf einen Stuhl, neben dem auf der einen Seite ein Hauptmann und auf der anderen ein Leutnant stand. Wahrscheinlich war es der frei gewordene Platz des Inhaftierten, der bisher die Unterkunft 34 bewohnt hatte. Der Weisung entsprechend stellte sich Markus hinter den Stuhl, woraufhin die beiden Offiziere spontan ihr Besteck und ihren Teller ergriffen und sich anschickten, ihre Plätze zu verlassen.

Markus war schockiert. Durfte er sich diesen Affront gefallen lassen? Hatte er dann nicht ein für allemal verspielt? Er riskierte es zu protestieren. »Njet! Stoj! – Nein! Halt!« rief er und ergriff seinerseits das vor ihm liegende Besteck und den Teller und ging zum Ende des Tisches, an dem viele Plätze frei waren. Selbstbewußt schob er einen der dort stehenden Stühle an den Kopf der Tafel und stellte sich dahinter, so daß er dem Dienstältesten genau gegenüberstand. Es war der Major, der sich auf dem Hackplatz als hilfreich erwiesen hatte. Er verneigte sich kurz vor ihm und legte die Hände auf die Stuhllehne, als wollte er sagen: Nun bin ich gespannt, was ihr tun werdet.

Sein Gegenüber schmunzelte und wünschte, bevor er sich setzte und damit das Zeichen zum Platznehmen gab, ein betont freundlich zu ihm hinübergesprochenes: »Strastwuije!«

Erst wurde vereinzelt, dann an mehreren Stellen und schließlich von den meisten auf den Tisch geklopft. Das Eis war gebrochen, Flugkapitän Erdmann in die Gemeinschaft der in Konoskoje inhaftierten Offiziere aufgenommen.

*

Das Herrenhaus der Festung Konoskoje verfügte über zwei Etagen. Im Parterre befanden sich außer dem Speisesaal und den Waschräumen für die Inhaftierten auch die Küche und die dazugehörigen Vorratskammern. Ein unschönes Eisengitter verschandelte den großzügig angelegten Aufgang zur oberen Etage, in deren Nordflügel die Büro- und Wohnräume der Offiziere und Verwaltungsbeamten lagen. Im luxuriös eingerichteten Südflügel residierte der Kommandant Aljoschka Potasow, ein dickleibiger Major, dessen aufgedunsenes, rotes Gesicht den unter hohem Blutdruck stehenden Alkoholiker verriet.

Im Gegensatz zu ihm war seine um viele Jahre jüngere Frau Jadscha Potasowa sehr schlank und hübsch. In ihren dunklen Augen lag aber jenes Abweisende, das Menschen kennzeichnet, die Schweres durchstehen müssen. Sie litt aber nicht etwa darunter, daß ihr Mann ein notorischer Trinker war. Im Gegenteil, im Tauschgeschäft gegen Fleisch, das sie im Einvernehmen mit dem Küchenchef von der Truppenverpflegung abzweigte, sorgte sie dafür, daß immer reichlich Wodka zur Verfügung stand. Ihr war es lieber, ihren Mann abends ins Bett zu tragen, als ihm zu Diensten sein zu müssen. Pure Not hatte sie veranlaßt, ihn zu heiraten. Mit elf Jahren war sie in ein sibirisches Arbeitslager eingeliefert worden. Vierzehn Jahre hatte sie darin verbracht.

Dann hatte ihr der zum Kommandanten der Festung Konoskoje ernannte Verwalter des Arbeitslagers völlig überraschend angeboten, sie mitzunehmen und aus ihrer Misere zu befreien, falls sie sich bereit erkläre, ihn zu heiraten. Sie hatte nicht lange gezögert, allerdings zur Bedingung gemacht, daß eine Leidensgefährtin, mit der sie all die Jahre zusammengewesen war, ebenfalls die Freiheit zurückerlange und sich in der Nähe von Konoskoje ansässig machen dürfe, so daß sie sich gelegentlich treffen könnten.

Im Südflügel des Herrenhauses gab es einen im Geschmack der Belle Époque mit Samtvorhängen, schweren Portieren, Goldlitzen, Quasten und grotesk verschnörkelten Kandelabern ausgestatteten Raum, in dem Aljoscha Potasow allabendlich mit seiner Frau und den Offizieren tafelte. Und anschließend kräftig becherte. Dabei wurden auch dienstliche Dinge erörtert, und so schilderte Leutnant Dimitrij Krjukow, der Markus Erdmann in sein Quartier eingewiesen und mit allen Örtlichkeiten vertraut gemacht hatte, in lebhafter Form, wie es dem ›Neukommer‹ gelungen war, sich auf dem Hackplatz und im Speisesaal auf frappierende Weise durchzusetzen.

»Der scheint mit allen Wassern gewaschen zu sein«, begeisterte sich der Kommandant. »Dafür spricht auch die Tatsache, daß er es als Germansky, noch dazu als Zivilist, geschafft hat, nicht in ein Gefängnis, sondern in diese Festung eingeliefert zu werden. Ich möchte den Burschen gleich morgen kennenlernen.«

»Sie haben seine Akte bereits gelesen, Genosse Major?« staunte sein Adjutant, Oberleutnant Wassili Wladimirski.

»Natürlich!« antwortete Major Potasow unwillig. »Komische Angelegenheit. Dieser Germansky hat, wie es heißt, eine hochrangige sowjetische Persönlichkeit erschossen, und er wird wegen seiner Ehrlichkeit, dies offen bekannt zu haben, mit acht Jahren Festung bestraft. Eine verdammt komische Angelegenheit!«

»Mich setzt etwas anderes in Erstaunen«, erklärte Hauptmann Grischa Jakir, ein ehemaliger Pilot der Luftstreitmacht, der wegen eines Augenleidens nicht mehr fliegen durfte und zum stellvertretenden Kommandanten der Festung ernannt worden war. »Dieser Germansky wurde nach allen möglichen Dingen bis ins kleinste befragt, nicht aber nach dem Hergang der Schießerei an Bord des Flugzeuges. Seiner Schilderung zufolge war er durchaus berechtigt, auf unseren Landsmann Sergejewitsch zu schießen.«

»Sergejewitsch?« rief Jadscha Potasowa erschrocken.

Die Offiziere sahen sie verwundert an.

Ihr Mann lachte polternd. »Meine Frau ist eine geborene Sergejewitsch.« Er wandte sich an sie. »Hast du Angst, dieser Germansky könnte deinen Bruder umgelegt haben?«

»Der Vorname des Erschossenen war Michail«, erläuterte der Adjutant.

Jadscha Potasowa gelang es nur mit Mühe, nicht aufzuschreien. Sie wußte, daß ihr Bruder Michail in Deutschland gewesen war und mit der Fliegerei zu tun gehabt hatte. Beherrscht erwiderte sie: »Dann kann es, gottlob, mein Bruder nicht gewesen sein. Er heißt Serge.«

Ihre Beklemmung war damit aber nicht gebannt, und sie atmete erleichtert auf, als der Jüngste im Kreis, Leutnant Krjukow, den Hinweis des stellvertretenden Kommandanten aufgriff. »Mir ist es bei der Lektüre der Akte wie Ihnen ergangen, Genosse Hauptmann. Die Erschießung des Mannes, dessen hoher Dienstgrad merkwürdigerweise nicht genannt wird, wurde nur am Rande behandelt. Das Militärgericht stellte fast ausschließlich Fragen, die die Person des Michail Sergejewitsch betreffen. Ich habe schon überlegt: Weiß der Germansky womöglich etwas, das man herausbekommen wollte, aber nicht herausbekommen hat? Baut man nun darauf, ihn durch ein hartes Urteil gesprächig zu machen? Acht Jahre Festung, das hat's ja wohl noch nicht gegeben.«

»Wahrhaftig!« stimmte ihm der Hauptmann zu. »Es ist durchaus möglich, daß dieser Germansky mehr weiß, als er ausgesagt hat. Schade, daß wir seine Sprache nicht beherrschen und ihn aushorchen können.«

Die Frau des Kommandanten stutzte. »Was würden Sie sich davon versprechen?«

»Nichts Konkretes. Doch es könnte interessant sein zu erfahren, was hinter der Sache steckt. Irgend etwas stimmt da meines Erachtens nicht. Wenn es uns gelänge herauszufinden, was dieser Germansky verschweigt, würden wir bestimmt eine Belobigung erfahren.«

»Vielleicht sogar befördert werden«, machte sich der Adjutant lustig.

Der dickleibige Kommandant hob sein Glas. »Darauf trinken wir! Do dna!«

Die Offiziere leerten ihre Gläser bis zur Neige.

Major Potasow wandte sich unwillig an seine Frau. »Warum trinkst du nicht mit?«

»Entschuldige, ich war in Gedanken. Mir ist eben eine Idee gekommen. Wie du weißt, beherrsche ich durch meine wolgadeutsche Mutter die deutsche Sprache ebenso wie die russische. Wie wäre es, wenn wir die Überlegung unseres Genossen Hauptmann Jakir aufgreifen würden und den Germansky unauffällig aushorchen?«

Ihr Mann lachte glucksend. »Du glaubst, imstande zu sein ...? Nein, nein, Täubchen! So einfach ist das nicht.«

»Da bin ich anderer Meinung!« widersprach sie. »Jedenfalls, wenn du dir den Deutschen nicht in deinem Büro, sondern hier in diesem Raum vorstellen lassen und ihn mittels einiger Wodka gesprächig machen würdest!«

»Raffiniert!« brüllte der Kommandant im Überschwang der Begeisterung. »Schenk ein! Darauf müssen wir trinken! Und dann wird dieser Germansky geholt! Noch heute will ich wissen, was hinter der Sache steckt!«

Sie füllte die Gläser, wie sie es zu tun gewohnt war. »Nicht so hastig, mein Lieber! Ohne die Akte des Germanskys gelesen und mich genauestens über ihn und seinen Fall informiert zu haben, kann ich ihn unmöglich aufs Glatteis führen.«

»Da gebe ich Jadscha Potasowa recht«, pflichtete ihr Hauptmann Grischa Jakir bei. »Wir dürfen die Verwirklichung ihres großartigen Einfalls nicht durch überschnelles Handeln gefährden.«

»Gut, dann vertagen wir den Spaß auf morgen. Und jetzt trinken wir auf heute. Do dna!«

»Ex!« wiederholte seine Frau den Trinkspruch nach deutscher Art und griff erstmals gern nach ihrem Glas.

*

Als Jadscha Potasowa den Vorschlag machte, den eingelieferten deutschen Piloten auszuhorchen, hatte sie nicht im entferntesten daran gedacht, dies wirklich zu tun. Ihr war es darum gegangen, Einblick in dessen Akte zu nehmen, denn nach allem, was sie vernommen hatte, mußte der erschossene Michail Sergejewitsch ihr Bruder gewesen sein. Sie wollte Gewißheit haben und die Umstände kennenlernen, die zu seinem Tod geführt hatten. Dies um so mehr, als sie ein höheres Walten darin sah, daß der Schuldige ausgerechnet in die Festung eingeliefert worden war, in die es auch sie verschlagen hatte.

Im weiteren Verlauf des Abendgespräches mit ihrem Mann und den ihm unterstellten Offizieren, die sie gern gemocht hätte, wenn ihr nicht jeder von ihnen dauernd nachgestellt haben würde, war ihr dann ein Gedanke gekommen, der sich zur fixen Idee verdichtete: Der deutsche Pilot schien ihr vom Himmel gesandt zu sein.

Nach einer unruhig verbrachten Nacht begann sie gleich in der Frühe des nächsten Morgens mit der Lektüre seiner Akte, und je weiter sie kam, um so mehr wunderte sie sich über die Auffassung der Offiziere, der Inhaftierte sei in die Festung eingeliefert worden, um ihn mürbe zu machen und zu einem späteren Zeitpunkt etwas aus ihm herauszuholen, das er verschwiegen habe. Da war sie völlig anderer Meinung. Sie hielt es eher für möglich, daß er festgehalten wurde, um über dieses oder jenes, das er erlebt hatte, nicht reden zu können. Doch wie auch immer, er war zweifellos in eine Notlage geraten, die ihn gezwungen hatte, zur Waffe zu greifen. Und ebenso unzweifelhaft schien ihr zu sein, daß er und ihr Bruder Freunde geworden waren.

Jadscha Potasowa fieberte plötzlich dem Augenblick entgegen, da sie Markus Erdmann begegnen würde. Welche Fragen sollte sie an ihn richten? Worauf wollte sie eigentlich hinaus? War es nicht ein Hirngespinst anzunehmen, der Himmel habe ihr jemanden geschickt, um sie aus ihrem Elend zu befreien?

Um Ordnung in ihre Gedanken zu bringen, entschloß sie sich zu einem Spaziergang durch die klirrende Kälte. In langen Stiefeln und eingemummt in einen Pelzmantel und eine Fellmütze, verließ sie das Herrenhaus durch einen verborgen angelegten Nebenausgang, der direkt ins Freie führte. Und schon bald spürte sie, daß ihr der Aufenthalt in der Kälte und das Stapfen im knirschenden Schnee unendlich guttaten. Immer klarer wurde ihr, worauf sie hinauswollte, welche Möglichkeiten sich ihr boten und wie sie vorgehen mußte. Befreit kehrte sie schließlich ins Herrenhaus zurück.

*

Daß Jadscha Potasowa einen präzisen Plan gefaßt hatte, erkannte ihr Mann nach dem Abendessen, als er in animierter Stimmung vorschlug, den Germansky nunmehr zu holen. Aufgekratzt hatte er noch hinzugefügt: »Ich freue mich schon auf das Gesicht, das er machen wird, wenn er die Pracht dieses Raumes erblickt. Walten Sie also Ihres Amtes, Genosse Leutnant! Holen Sie den Mann, der so verrückt war, sich selbst hinter Gitter zu bringen.«

»Njet!« widersprach seine Frau. »Es wäre grundfalsch, ihn schon jetzt hierherzuzitieren. Erst wenn der Strom in den Unterkünften abgeschaltet ist, also um zehn Uhr, darf er geholt werden. Oder sollen unsere Landsleute sehen, daß wir den Germansky ...?«

»Tschort wosmi! – Der Teufel soll mich holen!« fiel ihr Mann erschrocken ein. »Du hast recht! Das würde ein böses Gerede geben.«

»Ich habe mir über diesen Punkt bereits Gedanken gemacht«, erklärte Hauptmann Grischa Jakir. »Denn unser

Vorgehen könnte, wenn es höheren Ortes bekannt würde, unangenehm falsch gedeutet werden!«

»Tschepucha! – Unsinn!« wehrte der Kommandant ab. »Daß wir den Versuch gemacht haben, den Kerl auszuhorchen, geben wir doch nur preis, wenn wir feststellen sollten, daß dieser Germansky dem Militärgericht tatsächlich etwas verschwiegen hat. Andernfalls halten wir selbstverständlich die Klappe. Aber es ist gut, daß meine Frau nichts außer acht läßt. Trinken wir auf ihr Wohl. Na sdorowje! Nein: Do dna!«

Jadscha Potasowa erreichte, was sie angestrebt hatte. Ihr Mann und die ihm unterstellten Offiziere sollten nicht mehr ganz nüchtern sein, wenn der Deutsche geholt wurde. Und während dessen Vernehmung, die sie auf ihre Weise zu gestalten gedachte, wollte sie die allfällige Trunkenheit weitmöglichst steigern. Ihr war klar, daß sie ein gefährliches Vabanquespiel einleitete, aber die Chance zu gewinnen war es ihr wert, alles zu riskieren.

Dennoch wurde sie nervös, als Leutnant Dimitrij Krujow, der nicht mehr ganz sicher auf den Beinen stand, nach zehn Uhr losgeschickt wurde, den Germansky zu holen. Am liebsten hätte sie diese Aufgabe selbst übernommen, doch das ging natürlich nicht. Sie konnte nur hoffen, daß der deutsche Pilot schnell erfaßte, was gespielt wurde. Und daß er dementsprechend reagierte.

Beim Eintritt von Markus Erdmann aber war sie es, die für einen Moment die Fassung verlor. Er schien über die Tatsache, in die Wohnung des Kommandanten geführt zu werden, keineswegs verblüfft zu sein. Möglich auch, daß er es meisterhaft verstand, seine Verwunderung zu verbergen. Auf alle Fälle imponierte ihr sein Auftritt. Erstaunt war sie des weiteren über seine Größe. Er überragte alle Anwesenden um Haupteslänge. Und es gefiel ihr, daß er derbe russische Kleidung trug. Etwas unsicher geworden, reichte sie ihm die Hand und sagte, auf ihren Mann weisend: »Ich heiße Jadscha und habe, da ich als einzige hier deutsch spreche, den Auftrag erhalten, Sie dem Kommandanten Major Aljoscha Potasow und seinen Offizieren vorzustellen. Hier ist die Vermutung aufgekommen, daß besondere Umstände dazu geführt haben, Sie nicht in ein Gefängnis, sondern eine Festung einzuliefern, und die Herren möchten gern herausbekommen, was die Ursache Ihrer ungewöhnlichen Behandlung ist. Um Sie gesprächig zu machen, sollen Sie unter Alkohol gesetzt werden. Trinken Sie unbedenklich, wenn ich Ihr Glas gefüllt habe. Ich habe eigens eine Flasche mit Wasser bereitgestellt. Den Herren, die alle nicht mehr ganz nüchtern sind, wird dies entgehen. Und nun sollten Sie etwas sagen, egal, was. Ich mache schon das Richtige daraus.«

»Dann möchte ich Ihnen trotz der Verwirrung, in die Sie mich gestürzt haben, als erstes meine Anerkennung für Ihr hervorragendes Deutsch aussprechen.«

»Bravo!« Sie klatschte in die Hände und wandte sich in russischer Sprache an Ihren Mann. »Weißt du, was der Deutsche gesagt hat? So, wie du aussiehst, habe er sich immer den wohlhabenden russischen Großgrundbesitzer vorgestellt!«

»Hohoho! Der Germansky scheint doch nicht ganz so verrückt zu sein, wie ich dachte. Ich will auf der Stelle mit ihm anstoßen.«

Jadscha Potasowa füllte ein Glas und reichte es dem Deutschen.

»Na sdorowje!« schmetterte der Major.

Markus wiederholte den Trinkspruch und nahm einen kräftigen Schluck.

Der Kommandant sah ihn erwartungsvoll an. »Gut, wie?«

»Boshe moj!«

»Er spricht russisch?«

»Nein, nur ein paar Brocken.«

Jadscha übersetzte seine Antwort. »Er kennt lediglich einige Worte wie: Strastwuije! Guten Tag! – Na sdorowje! Prost! – Poshalujsta! Bitte schön! – Boshe moj! Mein Gott!«

Major Potasow brüllte vor Lachen. »Der Bursche ist überhaupt nicht verrückt. Na sdorowje!«

Nachdem beide nochmals angestoßen und getrunken hatten, machte Jadscha Potasowa Hauptmann Jakir mit Markus Erdmann bekannt. Danach sagte sie auf deutsch: »Dieser Herr war Flugzeugführer, bevor er als stellvertretender Kommandeur hierher versetzt wurde. Ich möchte, daß er Sie über die Leistungsfähigkeit der sowjetischen Flugzeuge informiert. Sagen Sie jetzt etwas!«

»Das hätte ich ohnehin getan. Nämlich gefragt, wozu ich solche Information benötige?«

»Unser Gast freut sich, in Ihnen einen Berufskollegen zu sehen, Genosse Hauptmann«, lautete ihre reichlich freie Übersetzung. »Er würde gerne erfahren, welche Flugzeuge Sie geflogen haben.«

»So ziemlich alle Typen«, antwortete der frühere Fliegeroffizier erfreut. »Lediglich die neue zweimotorige ›SB 2‹ von Professor Polikarpow, ein Mitteldecker, der in zwei Versionen, als Bomber und als Fernaufklärer, geliefert wird, habe ich nicht mehr in die Hände bekommen. Meine Augen machten mir einen Strich durch die Rechnung. Und auf die ›SB 2‹ hatte ich mich ganz besonders gefreut. Einziehbares Fahrwerk! 260 km/h! Reichweite: 1300 Kilometer.«

Markus traute seinen Ohren nicht, als Jadscha Potasowa übersetzte. Die genannten Leistungen schienen ihm übertrieben zu sein. Andererseits: Wenn die Sowjets bereits über einziehbare Fahrwerke verfügten, waren Geschwindigkeiten von 260 km/h und mehr durchaus möglich. Aber 1300 Kilometer Reichweite? Um diese Angabe auf ihre Glaubwürdigkeit zu prüfen, fragte er: »Wie groß ist der Aktionsradius für die Bomberversion?«

»Der beträgt 200 Kilometer.«

»Und der des Fernaufklärers?«

»650 Kilometer. Meine Kameraden, die die Langstreckenmaschinen heute fliegen, führen von Akjubinsk, 110 Kilometer von hier entfernt, Nonstopflüge nach Rostow und bei günstigen Windverhältnissen sogar bis Cherson aus, also bis über das Asowsche Meer hinaus. Dort wird es dann natürlich höchste Zeit zu tanken, denn der Verbrauch ...«

»Der Germansky würde gewiß gern noch länger mit Ihnen fachsimpeln, Genosse Hauptmann«, unterbrach ihn Jadscha

Potasowa, »doch ich soll ja etwas ganz Bestimmtes ergründen. Auch muß ich ihn noch dem Genossen Adjutanten vorstellen.« Auf deutsch fuhr sie fort: »Oberleutnant Wassili Wladimirski ist die rechte Hand des Kommandanten, und er bedrängt mich vor allen Offizieren auf die widerlichste Weise.«

Irritiert fragte Markus: »Warum erzählen Sie mir das?«

»Damit Sie mich verstehen, wenn ich später meine Karten aufdecke.« Sie wandte sich an den Adjutanten: »Unser Gast scheint ein Charmeur zu sein. Er sagt, Sie hätten große Ähnlichkeit mit einem der berühmtesten deutschen Filmschauspieler.«

Oberleutnant Wladimirski schlug sich begeistert auf den Schenkel. »Das geht mir wie Wodka durch die Kehle. Darauf müssen wir trinken. Na sdorowje!«

Geschickt verleitete Jadscha Potasowa mal diesen, mal jenen, das Glas zu ergreifen, und nachdem alle reichlich getrunken hatten, erklärte sie, sich für eine Weile mit dem Deutschen in eine Ecke zurückzuziehen, um ihn im besprochenen Sinne auszuhorchen. »Vergessen Sie aber nicht, uns gelegentlich zuzuprosten«, ermahnte sie die Offiziere und forderte Markus auf, ihr zu folgen. »Wir setzen uns drüben an das kleine Tischchen. Wie ich Ihnen bereits sagte, soll ich Sie betrunken machen und aushorchen.«

»Und was wollen Sie in Wirklichkeit?«

»Bevor wir darüber sprechen, möchte ich wissen, ob Sie sich zutrauen, ein sowjetisches Militärflugzeug zu steuern?«

»Ohne weiteres. Aber worauf wollen Sie hinaus? Mich zur Flucht verleiten?«

»Warum nicht? Zunächst müssen Sie mir jedoch noch einige Fragen beantworten, die sich mir bei der Lektüre ihrer Akte aufgedrängt haben.«

»Schießen Sie los!«

Sie füllte die Gläser, hob das ihre und prostete zu den anderen hinüber. »Na sdorowje!«

»Na sdorowje!«

»Nehmen Sie einen ordentlichen Schluck. Es ist ja nur Wasser.«

»Leider! Ich bin nämlich kein Kostverächter, und Tantalusqualen sind mir ein Greuel.«

»Bitte, wählen Sie keine Begriffe oder Namen, die verstanden werden könnten.«

Markus staunte. »Ihre geistige Regsamkeit und Ihr Aussehen dürften kongruent sein.«

»Wollen Sie mir ein Kompliment machen?«

»Ich bewundere Ihren Scharfsinn.«

»Es wäre besser, nicht zu vergessen, daß ich den Auftrag habe, etwas aus Ihnen herauszuholen. Ein Wortgeplänkel kann da schnell verdächtig erscheinen. Also lassen Sie mich meine Fragen stellen. In Ihrem Bericht schildern Sie Michail Sergejewitsch, auf den Sie meines Erachtens notgedrungen haben schießen müssen, als einen zutiefst überzeugten Bolschewisten. War er das wirklich?«

»Ja und nein«, antwortete Markus nach kurzem Zögern. »Behalten Sie das aber für sich. Seine Tochter, die er heiß liebte, könnte sonst benachteiligt werden.«

Jadscha Potasowa wurde lebhaft. »Hat er Ihnen von Tatja ...« Sie unterbrach sich betroffen. »Beinahe hätte ich einen unverzeihlichen Fehler gemacht. Hat Michail Sergejewitsch Ihnen von ihr erzählt?«

»Von ihr, von seinen Eltern, vom schrecklichen Tod seiner Frau und vom Schicksal seiner Schwester, die mit elf Jahren wegen eines Ausrufes, der bis dahin gang und gäbe war, nach Sibirien verschleppt wurde und sich dort vor einigen Jahren bereit erklärte, den Lagerkommandanten, dem eine Festung unterstellt werden sollte ...« Markus stockte verwirrt. Er wurde ratlos. »Um Gottes willen! Sind Sie womöglich seine Schwester?«

Sie brachte kein Wort über die Lippen.

Markus holte tief Luft. »Ich fange an zu begreifen, weshalb Sie mich hierhergeholt haben. Ihr Leid ist Ihrem Bruder sehr nahegegangen. Es grämte ihn, daß er Ihnen trotz seiner guten Position nicht helfen konnte. Die letzten Worte in Ihrem Brief, ›Prostration und Prostitution‹, haben ihm mächtig zugesetzt.«

Jadscha Potasowa unterdrückte aufsteigende Tränen. »Wenn er Ihnen das gesagt hat, muß er großes Vertrauen zu Ihnen gehabt haben.« Sie hob ihr Glas und rief auf russisch: »Unser Gast wird gesprächig. Du hast richtig vermutet, Aljoscha. Es steckt etwas hinter der Geschichte!«

»Do dna!« begeisterte sich ihr Mann. »Auf dein Wohl, Jadscha!«

Auch Markus leerte sein Glas.

Sie füllte es erneut. »Wir müssen alle stockbetrunken machen!«

»Damit wir ungestört über eine gemeinsame Flucht im Flugzeug reden können?«

»Jetzt bewundere *ich* Ihren Scharfsinn.«

»Und ich bedaure, Sie bitter enttäuschen zu müssen. Denn wir kämen nicht weit, wenn wir etwas so Wahnwitziges versuchen würden. Und dann wäre es aus für uns beide. Überlegen Sie selbst: Der von Ihnen als mein Berufskollege bezeichnete Herr nannte einen Ort, bis wohin wir gelangen könnten, *falls* wir es fertigbrächten, uns eines Fernaufklärers zu bemächtigen, der, wenn ich ihn richtig verstanden habe, 110 Kilometer von hier entfernt auf einem Flugplatz steht. Wie sollen wir unbemerkt dorthin gelangen? Wie uns in den Besitz einer Militärmaschine setzen, die bestimmt scharf bewacht wird? Und wie sollen wir von der Stelle, an der die Flugreise wegen Spritmangels enden wird, weiterkommen? Von dort aus sind es bis in meine Heimat nochmals viele, viele Flugstunden.«

Jadscha Potasowa gab sich so schnell nicht geschlagen. »Und wie wäre es, wenn man eine südöstliche Richtung einschlägt?«

Markus überlegte: Persien? Türkei? »Ich kann es nicht genau sagen, fürchte aber, daß wir auch in dieser Richtung kein für uns sicheres Land erreichen könnten.«

Trotz dieses negativen Bescheides dachte sie nicht daran zu kapitulieren. »Der von Ihrem Berufskollegen genannte Ort liegt an der Mündung eines Flusses und besitzt einen Hafen, von dem aus viele Schiffe in andere Länder fahren. Wenn man in dessen Nähe gelangen würde, müßte ein Weiterkommen doch möglich sein. Finden Sie nicht auch?«

Was sollte er dazu sagen? Sosehr es ihn reizte, in Gedanken eine ungewöhnliche Flucht durchzuspielen, er war sich fast sicher, daß ein Gelingen durch irgendwelche Unwägbarkeiten unmöglich sein würde.

Jadscha Potasowa erkannte, daß ihr Mann und seine Offiziere nicht mehr viel brauchten, um in Morpheus' Armen zu versinken. Sie hob deshalb ihr Glas und rief zu ihnen hinüber: »Na sdorowje, Towaritschtschi! Ich glaube, wir haben es bald geschafft. Auf das Wohl von Mütterchen Rußland!«

Die Helden der Nation hoben ihre Gläser nicht mehr so eilfertig wie zuvor.

»Do dna!« kommandierte sie.

»Do dna!« lallte es zurück.

Als die Gläser geleert waren, sagte Markus anerkennend: »Ich staune über ihren Elan, Jadscha, frage mich allerdings, wie Sie morgen reagieren werden, wenn die Herren erfahren wollen, was Sie an Interessantem aus mir herausgeholt haben?«

»Mir wird schon irgend etwas einfallen. Schön wäre es natürlich, wenn Sie mir eine plausible Erklärung dafür liefern könnten, warum Sie, ein Deutscher, in diese Festung eingeliefert worden sind.«

»Vielleicht, damit ich Sie kennenlerne.«

Sie strich über den Rand ihres Glases. »Ich habe allen Ernstes schon gedacht, der Himmel habe Sie mir geschickt. Aber Sie wollen ja nichts riskieren.«

»Das ist nicht richtig«, widersprach Markus. »Es ist lediglich so, daß ich grundsätzlich nur in übersehbaren Grenzen riskiere. Doch um auf Ihre Frage zurückzukommen: Ich weiß, weshalb man mich nicht in ein Gefängnis gesteckt hat. Es könnte mir aber dreckig ergehen, wenn ich mein Wissen preisgebe.«

Jadscha Potasowa entrüstete sich: »Halten Sie es nach dem, was wir nun voneinander wissen, für möglich, daß ich Sie reinreiße?«

»Nein! Entschuldigen Sie meine Gedankenlosigkeit. Ihnen darf ich selbstverständlich alles anvertrauen. Um es kurz zu machen: Ihr Bruder, ein Experte auf dem Gebiet des Flugzeugbaues, trug auf zwei Schultern. Er arbeitete für die Sowjetunion und für das deutsche Luftfahrtministerium. Wenn dort bekannt wird, daß er nicht mehr lebt, versiegen wichtige Quellen. Deshalb muß ich in Rußland bleiben. Und weil man weiß, daß man unrecht tut, steckte man mich in diese Festung, um mir das Leben einigermaßen erträglich zu machen.«

»Und das wollen Sie acht Jahre lang widerspruchslos hinnehmen?«

»Vielleicht nur drei Jahre lang.«

»Sie täuschen sich, Markus! Wenn die Dinge liegen, wie Sie sagen, werden Sie frühestens in acht Jahren entlassen. Wenn überhaupt! Lohnt es sich da nicht, va banque zu spielen? Mein Vater pflegte zu sagen: ›Dem Mutigen gehört die Welt!‹«

Markus sah, daß alle Offiziere eingeschlafen waren, und dachte: Womöglich hat mich das Schicksal tatsächlich hierhergeführt, um Michails Schwester beizustehen. Dann wäre ein Ausgleich geschaffen! Wieviel muß diese intelligente Frau durchgemacht haben, um bereit gewesen zu sein, einen widerlichen Säufer zu heiraten!

»Was überlegen Sie?« unterbrach sie seine Gedanken.

Er betrachtete sie prüfend. »Wären Sie tatsächlich bereit, alles auf eine Karte zu setzen?«

»Ja! Denn es war ein unverzeihlicher Fehler von mir zu glauben, das Leben im Fegefeuer sei weit weniger heiß als das in der Hölle.«

»Gäbe es denn eine Möglichkeit, zu dem erwähnten Flugplatz zu gelangen?«

»Dafür könnte ich garantieren.«

»Wieso?«

»Einzelheiten kann ich Ihnen jetzt nicht nennen. Nur soviel sei gesagt: Eine aufgrund meiner Fürbitte freigekommene Leidensgenossin, die vierzehn Jahre mit mir im Arbeitslager verbrachte, hatte das Glück, hier in der Nähe einen Dorfschullehrer kennenzulernen, der sehr gut zu ihr ist und sie heiratete. Beide würden alles tun, um mir zu helfen. Nach der Schneeschmelze, also etwa im Mai, wäre es mit einer Telega möglich, die 110

Kilometer zum Flugplatz in zwei Nächten zurückzulegen. Tagsüber müßte man sich in einem der vielen Wälder auf der Strecke verstecken.«

»Was ist eine Telega?«

»Ein leichter, offener Kastenwagen.«

Markus blickte nachdenklich vor sich hin. »Könnten Sie oder der Lehrer eine einigermaßen vernünftige Landkarte besorgen? Ein größeres Atlasblatt würde genügen.«

»Das bereitet sicherlich keine Schwierigkeit. Zumal eine Flucht erst im Frühjahr in Frage käme. Es verbleibt somit viel Zeit zur Beschaffung aller Dinge, die benötigt würden.«

»Dazu zählt auch ein Lineal mit Zentimetereinteilung zum Abmessen von Entfernungen. Und ein Kursdreieck. Aber das werden Sie wohl nicht auftreiben können.«

»Meinen Sie so ein Dreieck mit Gradzahlen zur Berechnung von Winkeln?«

»Nanu! Woher kennen Sie das Gerät?«

»Ihr Berufskollege besitzt eins. Er hat es mir gezeigt und erklärt. Würde es genügen, wenn ich bei passender Gelegenheit auf einem Stück Papier eine Kopie anfertige?«

»Vollkommen. Damit hätten wir das wichtigste Material bereits zusammen. Nur das Flugzeug fehlt noch.«

»Das zu beschaffen fällt zu gegebener Zeit in Ihr Ressort. Ich hingegen bin für dic Verpflegung zuständig, die nicht zu knapp bemessen sein darf, weil bestimmt keine startbereite Maschine auf uns wartet. Unter Umständen werden wir viele Tage, wenn nicht gar Wochen, Beobachtungen anstellen müssen, bevor wir zur Tat schreiten können.«

Markus war verblüfft. »Das höre ich gern, denn nun bekommt die Geschichte ein positives Gesicht. Der Gedanke, daß Sie sorgfältig planen und zu Werke gehen wollen, verstärkt in mir ganz rapide die Lust, meine achtjährige Verbannung auf wenige Monate zu verkürzen.«

»Sie machen mit?«

»Im Prinzip schon. Ich muß jedoch nochmals nachdrücklich auf das Risiko hinweisen, das wir eingehen würden. Es gibt dann kein Zurück mehr! Bei der geringsten Panne wäre es aus für immer!«

»Ich denke da wie weiland Hernán Cortés, der nach seiner Landung in Mexiko den Befehl erteilte, die Flotte in Brand zu setzen. Es sollte nur noch die Möglichkeit geben, zu siegen oder zu sterben!«

»Sie müssen Schlimmes durchgemacht haben.«

»Haben? Das Unerträgliche ist noch gegenwärtig. Schauen Sie sich meinen Mann an. Er ist ein Berserker. Ich bin am Ende meiner Kraft.«

Markus ergriff Jadschas Hand. »Der unglückselige Ausgang meiner Freundschaft mit Ihrem Bruder verpflichtet mich. Auch ist es gewiß nicht zufällig, daß uns das Schicksal auf kaum glaubliche Weise zusammengeführt hat. Über die Details der Flucht können wir heute wohl nicht reden. Da aber alle Vorbereitungen bei Ihnen liegen, muß ich Ihnen alles Weitere überlassen. Den Zeitpunkt des Aufbruchs müssen Sie ebenfalls bestimmen. Bleibt nur die Frage: Wie können wir uns verständigen? Und wie wollen Sie mich unbemerkt aus der Festung herausbringen?«

»Beides läßt sich problemlos lösen«, antwortete sie, ohne zu überlegen. »Dies Haus verfügt über einen Privatausgang, durch den wir, von der Wache unbemerkt, ins Freie gelangen können. Den Zeitpunkt erfahren Sie am Ostermorgen, wenn ich, wie üblich, jedem Inhaftierten einen kleinen Rosinenkuchen und ein paar bemalte Eier überreiche. In Ihrem Kuchen werden Sie eine präzise Mitteilung finden.«

Markus drückte Jadschas Hand. »Ich bewundere Sie und würde Ihnen jetzt am liebsten einen Kuß geben.«

»Sofern Sie es dürften!« entgegnete sie und erhob sich. »Ich bringe Sie zum Gitter unterhalb der Treppe. Von dort aus kennen Sie ja den Weg. Und damit Sie informiert sind: Ich werde behaupten, daß Oberleutnant Wassili Wladimirski Sie nach unten gebracht hat. Den Ausgang des Abends kennt sowieso niemand. Beten Sie mit mir zu Gott, daß er uns beisteht.«

8

Nach der seltsamen Einladung in die Wohnung des Festungskommandanten und dem überraschenden Gespräch, das Markus mit Jadscha Potasowa geführt hatte, fand er keine Ruhe mehr. Der Gedanke zu fliehen, der ihm selbst nie gekommen war, raubte ihm nächtelang den Schlaf. Doch je mehr er grübelte, um so klarer wurde ihm, daß er auf den vermessenen Vorschlag, sich eines Militärflugzeuges zu bemächtigen, niemals hätte eingehen dürfen. Die Flucht würde ja in jedem Fall in der Sowjetunion ihr Ende finden. Aber er bewunderte die Unerschrockenheit und den Elan, mit der die Russin die Probleme angegangen war und es verstanden hatte, ihn für sich zu gewinnen. Als Pilot war er es gewohnt, alles nüchtern zu bedenken und zu berechnen. Nun wurde ihm unheimlich zumute. Wie sollte es gelingen, einen Fernaufklärer zu kapern, der gewiß nicht irgendwo unbeachtet herumstand? Er hätte sich nicht so schnell entschciden dürfen! Warum nur hatte er sich breitschlagen lassen? War er Jadschas Charme erlegen? Ihr gutes Aussehen und vor allen Dingen die Ausstrahlung, die von ihr ausgegangen war, als ihre dunklen, traurig anmutenden Augen bei der Entwicklung ihres Plans plötzlich aufgeleuchtet hatten, wurde ihm erst jetzt richtig bewußt. Wenn er sie im Geiste vor sich sah, übertrugen sich ihre Willenskraft und Begeisterung erneut auf ihn. Dann hielt er es durchaus für möglich, mit einer am Rand eines Flugplatzes abgestellten Maschine heimlich zu starten. In Tempelhof jedenfalls ließe sich dies ohne weiteres bewerkstelligen. Aber man kann die Absicherung eines mitten in der Stadt gelegenen Verkehrsflughafens nicht mit der Bewachung eines Militärgeländes vergleichen.

Und dennoch: Markus traute sich einiges zu, und er verachtete nicht die Chance, die ihm aufgezwungene achtjährige Verbannung mit Hilfe der Russin um sieben Jahre zu verkürzen. Auch reizte ihn die Vorstellung, sich in den Besitz eines sowjetischen Fernaufklärers zu setzen. Ein tollkühneres Unterfangen konnte es nicht geben. Bei nüchterner Betrachtung bezeichnete er das Vorhaben jedoch wieder als das Hirngespinst einer Frau, die von der Fliegerei und den Gegebenheiten auf einem Flugplatz nicht die geringste Ahnung hatte. Trotzdem konnte er sich nicht entschließen, den Plan endgültig fallenzulassen und der Frau des Kommandanten am Ostermorgen, wenn sie ihm, wie vorausgesagt, einen Rosinenkuchen mit darin eingebackenen präzisen Angaben überreichen würde, unmißverständlich zu erklären, daß er den in Aussicht genommenen Fluchtversuch für undurchführbar halte und deshalb Abstand davon nehmen müsse.

Wochen und Monate verbrachte Markus im Zwiespalt höchst unterschiedlicher Empfindungen und Überlegungen. Erst als das Osterfest heranrückte, faßte er den endgültigen Entschluß, alles auf eine Karte zu setzen und lieber draufzugehen, als acht Jahre in einer Festung zu verbringen, in der er sich mit niemandem unterhalten konnte und ihm auch keine Gelegenheit geboten wurde, die russische Sprache zu erlernen. Die inhaftierten Offiziere schnitten ihn nicht gerade, aber sie gingen ihm, dem Zivilisten und Germansky, weitmöglichst aus dem Weg. So wie die Dinge lagen, würde er irgendwann durchdrehen. Da war es besser, selbst das größte Risiko einzugehen und auf einen guten Ausgang zu hoffen. Zwar hatte ihn der zum Freund gewordene Gouverneur Iwan Iwanowitsch das russische Sprichwort gelehrt: ›Auf der Wiese der Hoffnung weiden viele Narren.‹ Doch in seiner Lage empfand er Hoffnung als etwas außerordentlich Wohltuendes.

*

Seit Markus entschlossen war, es mit Jadscha Potasowa auf Biegen oder Brechen zu versuchen, sich in den Besitz eines sowjetischen Militärflugzeuges zu setzen, konnte er das Osterfest, das ihn über den Termin des Aufbruchs und über weitere Details informieren sollte, kaum erwarten. Die Klaustrophobie, die Furcht vor dem engen Raum, in dem er den ganzen Winter allein hatte verbringen müssen, wich einer Euphorie, die ihm die zu übernehmende Aufgabe leichter erscheinen ließ, als sie es sein konnte. Und er geriet fast in einen Rauschzustand, als die Frau des Kommandanten, begleitet von dessen Stellvertreter, der sich ihm als ehemaliger Pilot in gewisser Hinsicht verbunden fühlte, den angekündigten kleinen Rosinenkuchen brachte. Sie war nicht wiederzuerkennen. Ihre Augen glänzten und strahlten Zuversicht aus. Ihr entspanntes Gesicht verriet erwartungsvolle Lebensfreude. Es gab nichts Trauriges und Herbes mehr an ihr. Sie war aufgeblüht, schön geworden. An den Kuchen hatte sie mit einer Nadel ein selbstgefertigtes Papierfähnchen in den Farben Schwarz-Weiß-Rot befestigt. Sie war 1917 nach Sibirien verschleppt worden und wußte offenbar nicht, daß die deutsche Flagge inzwischen zweimal ihre Farben gewechselt hatte.

Jadscha Potasowa überreichte das Osterpräsent und einige bunt gefärbte Eier mit den Worten: »Christos voskrese!«

Zu ihrer und des Hauptmanns Überraschung erwiderte Markus: »Voistino voskrese!«

Auf der Stelle nutzte sie die günstige Gelegenheit, ein unverfängliches Gespräch einzuleiten. »Woher kennen Sie diesen russischen Ausspruch?«

»Ich verbrachte das vorjährige Osterfest im Haus des Gouverneurs von Kiachata, mit dem ich an der Ostermesse teilnahm.«

Jadscha Potasowa übersetzte die Antwort, woraufhin der Hauptmann bat, den Germansky zu fragen, ob ihm die orthodoxe Liturgie gefallen habe.

»Sogar sehr!« betonte Markus. »Ich hatte gar nicht gewußt, daß das Osterfest in Rußland von so großer Bedeutung ist.«

Sich den Anschein gebend, beim Thema zu bleiben, entgegnete die Frau des Kommandanten: »Die Vorbereitungen sind abgeschlossen. Durchschneiden Sie den Kuchen nicht in der Mitte. Dort befindet sich, eng zusammengepreßt, ein Papier mit allem, was Sie wissen müssen. Das Weitere erfahren Sie zu gegebener Zeit mündlich. Christos voskrese!«

»Voistino voskrese!« antwortete er mit einer leichten Verneigung. Doch kaum war er allein, da holte er schleunigst sein Taschenmesser hervor und durchschnitt den Kuchen behutsam drei Finger breit von der Mitte entfernt. Genau an der richtigen Stelle. Die fast zu einem Würfel zusammengelegte Mitteilung ließ sich leicht herauslösen und lautete:

›Am Montag, dem 10. Juni, begeht mein Mann seinen 60. Geburtstag. Ich werde dafür sorgen, daß er und sein Gefolge bis spätestens neun Uhr abends volltrunken und eingeschlafen sind. Zur Feier des Tages erhält die Wachmannschaft und das übrige Personal pro Kopf eine Flasche Wodka; die inhaftierten Offiziere ebenfalls. Es wird also allgemeine Trunkenheit herrschen. Suchen Sie möglichst genau um neun Uhr den Waschraum auf. Die Tür im Gitter vor dem Treppenhaus ist dann angelehnt. Schlüpfen Sie in einem Moment, in dem Sie sich unbeobachtet wissen, durch die Tür, schließen Sie sie hinter sich, und gehen Sie links an der Treppe vorbei in die nicht erhellte hintere Halle, an deren Ende ich Sie erwarte. Wir verlassen das Haus, und damit die Festung, durch einen geheimen Ausgang, vor dem uns eine mit einem Pferd bespannte und mit sehr viel Lebensmitteln beladene Telega erwartet. Die Versorgung erwähne ich, damit Sie wissen, daß alles aufs beste vorbereitet ist. Der Festungskommandant und seine Offiziere werden ihren Rausch erfahrungsgemäß nicht vor elf Uhr ausgeschlafen haben. Es wird also frühestens dreizehn Stunden nach unserem Aufbruch Alarm geschlagen werden. Bis dahin haben wir die 120 Werst weite Strecke nach Akjubinsk – nach 60 Werst findet ein Pferdewechsel statt – spielend zurückgelegt, und wir können uns in einem Wald verstecken, der, wie ich inzwischen ermitteln konnte, den in einer weiten Lichtung gelegenen Flugplatz wie ein Schutzwall umgibt. Auch dies erwähne ich, um Ihnen Sorgen zu nehmen, die Sie sich gewiß machen. Der Herrgott ist mit uns! Das beweist die für uns günstige Anlage des Flughafens. Ich zähle die Tage, die uns noch von der Freiheit trennen. Jadscha.‹

*

Die Frau des Festungskommandanten hatte gut daran getan, ihren Fluchtpartner hoffnungsvoll zu stimmen. Obwohl Markus sich über den Leichtsinn entsetzte, die getroffenen Vorbereitungen und geplanten Schritte schriftlich zu fixieren, war er nach der Lektüre der Mitteilung erstmals davon überzeugt, daß das waghalsige Unternehmen, das ihn manchmal an das berüchtigte russische Roulette hatte denken lassen, eine echte Chance habe, erfolgreich beendet zu werden. Das schwierigste schien ihm das Warten bis zum 10. Juni zu sein. Da Ostern in Rußland 13 Tage nach dem römisch-katholischen Fest gefeiert wird, im Jahre 1935 also am 5. Mai, waren bis zum 10. Juni, dem Geburtstag des Kommandanten, noch 36 Tage zu überstehen. Diese Zeit wurde Markus zur Tortur, wenngleich er sich immer wieder sagte: Ohne langfristige Planung würde die Flucht niemals gelingen. Jadscha handelt richtig. Sie überstürzt nichts und hat die Geduld, auf den richtigen Augenblick zu warten. Es geht ja nicht nur darum, dic Festung unbemerkt zu verlassen. Nach der Schneeschmelze müssen die schwer passierbar gewordenen Wege erst wieder trocken geworden sein. Sonst lassen sich die 120 Werst nach Akjubinsk – der Hauptmann hatte von 110 Kilometern gesprochen – keinesfalls in dreizehn Stunden bewältigen.

Trotz des großen Vertrauens, das Markus gewonnen hatte, wurde er am Montag, dem 10. Juni, mit jeder Stunde, die bis zum Abend noch verstreichen mußte, immer nervöser. Er zweifelte nicht daran, daß der Kommandant und seine Offiziere bis zur angegebenen Zeit volltrunken in einen abgrundtiefen Schlaf gefallen sein würden. Aber hatte er das Glück, den Waschraum um neun Uhr allein aufzusuchen?

Bereits Stunden vorher stand er am Fenster seiner Behausung und beobachtete den Pendelverkehr zwischen den im Herrenhaus gelegenen Toiletten und den Offiziersunterkünften, in denen es dank der Wodkaspende an diesem Abend ungewöhnlich laut zuging.

Seine Nerven waren zum Zerreißen gespannt, als der Zeiger seiner Armbanduhr, die er mit der Zeit der Uhr im Speisesaal verglichen hatte, die volle Stunde anzeigte. Draußen war niemand zu sehen, und in den letzten Minuten hatte auch kein inhaftierter Offizier den Waschraum aufgesucht.

Mit klopfendem Herzen trat er ins Freie. Es beruhigte ihn, daß die Dämmerung angebrochen war und das Licht des Tages merklich abgenommen hatte. Wie gewöhnlich, weder schnell noch langsam, stieg er die Freitreppe zum Herrenhaus empor, trat nach einem kurzen Blick zurück in die Halle ein und ging sogleich mit beschleunigten Schritten auf das häßliche Gitter zu, dessen schmiedeeiserner Durchlaß, wie vorausgesagt, angelehnt war. Er passierte die Tür, schloß sie hinter sich und eilte in den nicht erhellten Teil der Halle, wo ihm Jadscha Potasowa entgegentrat und als erstes fragte:

»Hat Sie jemand gesehen?«

»Nein«, antwortete er.

»Dann wollen wir keine Zeit verlieren.« Sie nahm ihn bei der Hand und führte ihn durch einen dunklen, etwa zehn Meter langen Gang, der an der äußeren Festungsmauer endete und eine schwere Holztür aufwies, die wie das große Eingangstor mit breiten Nagelköpfen beschlagen war.

Vor dem Geheimausgang, den dichtes Buschwerk verdeckte, stand ein vierrädriger schmaler Wagen mit einem zottigen Pferd, das an einem der Sträucher angebunden war.

Verblüfft fragte Markus: »Wer hat das Gefährt...?«

»Keine Frage jetzt!« unterbrach ihn Jadscha Potasowa und kletterte auf ein vorn auf dem Wagen befestigtes Brett, das als Bock diente und gerade zwei Personen Platz bot. »Steigen Sie hinten auf. Dort liegen auf dem Heu, das unsere Lebensmittel verdeckt, ein alter Bauernkittel und eine Hose, die Sie schnellstens anziehen. Ihre Fliegerkombination stecken Sie in den ebenfalls bereitgelegten Sack, der mit Steinen beschwert ist. Werfen Sie ihn in den Fluß, an dessen Brücke ich in wenigen Minuten kurz anhalten werde.«

»Meine warme Kombination, die mir seit anderthalb Jahren unschätzbare Dienste geleistet hat, soll ich fortwerfen?« begehrte er auf.

»Ja! Denn im Fall einer Kontrolle, die allerdings kaum zu befürchten ist, muß ich Sie als meinen betrunkenen Mann ausgeben. Sie sprechen ja nicht russisch. Werfen Sie sich also gegebenenfalls ins Heu, und schnarchen Sie!«

Da Markus erkannte, daß Jadscha Potasowa alle Eventualitäten durchdacht hatte, zog er ohne weiteren Widerspruch die Fliegerkombination aus. Er konnte es sich aber nicht verkneifen festzustellen: »Es freut mich, ab heute Ihr Mann zu sein!«

»Mein *betrunkener* Mann!« korrigierte sie ihn.

»Vorsicht!« warnte er. »Trunkenheit verleitet leicht zu Handlungen, die nicht ohne weiteres übelgenommen werden dürfen.«

»Ich denke, Sie verstehen, daß ich anderer Meinung bin«, erwiderte sie gelassen und ließ das Pferd anlaufen.

Markus sah schemenhaft ihre Figur vor dem schnell dunkel werdenden Himmel. Mit einer Peitsche in der Hand saß sie auf dem primitiven Bock. Er wünschte sich, neben ihr zu sitzen.

Sie blickte zurück. »Beeilen Sie sich! Gleich kommt der Fluß, in dem Ihre Sachen verschwinden müssen.«

»Bin schon soweit! Kittel und Hose passen übrigens ausgezeichnet. Ich brauche nur noch meinen Kombi zu verstauen.«

»Tun Sie das. Wenn ich anhalte, springen Sie vom Wagen und werfen den Sack über das Geländer. Danach schnellstens zurück!«

»Darf ich mich dann zu Ihnen setzen?«

»Natürlich. Wir haben uns ja schließlich einiges zu erzählen, nicht wahr?«

»Weiß Gott!«

Wenige Minuten später saß Markus neben der Frau des Kommandanten.

»Nennen Sie mich nur noch Jadscha«, bat sie. »Ich will den Namen des Mannes, den ich notgedrungen geheiratet habe, nicht mehr hören.«

»Und wie heißen Sie und ich, falls wir kontrolliert werden sollten?«

»Aleksej Schadanow und Faina Schadanowa. Ich verfüge über entsprechende Papiere und über eine Bescheinigung der Kommandantura Konoskoje, die besagt, daß wir beauftragt sind, vom Flugstützpunkt Akjubinsk eine Ölpumpe abzuholen. Aber wir werden bestimmt nicht kontrolliert.«

»Dennoch würde es mich beruhigen zu wissen, wer diesen Wagen zum Geheimausgang gebracht hat.«

»Der Mann meiner früheren Leidensgefährtin. Wie ich Ihnen schon sagte, ist er Lehrer. Ihm ist es auch gelungen, uns eine hervorragende Landkarte im Maßstab 1 : 10 000 000 zu besorgen.«

»Großartig! Der Karte dürfte ich alles Wissenswerte entnehmen können.«

»Seine Frau erwartet uns vor Tjubak, einem kleinen Dorf etwa 60 Werst von hier, mit einem zweiten Pferd, damit wir die 120 Werst weite Strecke bis spätestens morgen elf Uhr zurücklegen und in dem Wald verschwunden sein können, der den Flugplatz umgibt.«

Markus rechnete: Ein Spaziergänger legt fünf Kilometer in der Stunde zurück. Das entspricht fünf Werst. Ein Pferd wird spielend zehn Kilometer bewältigen. Mit einem Pferdewechsel dürfte es somit kein Problem sein, 120 Werst in zwölf Stunden zu schaffen. Jadschas Rechnung geht auf. Frühestens um elf Uhr werden der Festungskommandant und seine Offiziere ihren Rausch ausgeschlafen haben. Bis dahin sind es vierzehn Stunden. Und dann wird noch einige Zeit vergehen, bis die Abwesenheit der Kommandeuse festgestellt und Alarm geschlagen wird. Vor morgen mittag gibt es keine Fahndung.

Als hätte sich seine Überlegung auf Jadscha übertragen, sagte sie: »Vorsorglich habe ich niemals über den vom ehemaligen Piloten Hauptmann Grischa Jakir erwähnten Flugplatz gesprochen, mich aber mehrfach angelegentlich nach dem Verlauf der

Bahnlinien in Richtung Krassnodar und weiter in die Türkei beziehungsweise über Baku nach Persien erkundigt.«

»Warum denn das?« fragte Markus.

»Um nach meinem Verschwinden alle auf eine falsche Fährte zu lenken.«

»Das könnte schieflaufen. Denn wenn ...« Er unterbrach sich. »Unter welchem Motto haben Sie das Gespräch auf die Bahnlinien gebracht?«

»Ich versuchte, den Offizieren klarzumachen, daß es einem Mann wie Ihnen nicht schwerfallen dürfte, sich im Sommer über die Festungsmauer abzuseilen, sich dann in ein oder zwei Nächten nach Orssk durchzuschlagen und von dort über die eine oder andere Bahnlinie in die Türkei oder nach Persien zu gelangen. Natürlich hat man mich ausgelacht und erklärt, ein solcher Versuch grenze an Wahnsinn und würde spätestens im Zug sein Ende finden. Daraufhin habe ich gefragt: ›Auch wenn es dem Flüchtling gelingt, sich falsche Papiere zu verschaffen und sein Aussehen zu verändern?‹ Nun brauste der Herr Kommandant auf und polterte: ›So was gibt's überhaupt nicht! Ich verbitte mir jede weitere Diskussion über dieses Thema, das nur dummes Frauengewäsch sein kann.‹« Jadscha lachte. »Wir werden sehen, ob er recht hat. Ich jedenfalls bin überzeugt, daß er und seine Offiziere sich morgen an meine Überlegungen erinnern und schleunigst die Beamten der nach Süden führenden Bahnlinien auf Trab bringen werden.«

Die Umsicht der Russin begeisterte Markus so sehr, daß er spontan den Arm über ihre Schulter legte. »Sie sind eine bewundernswerte Frau!«

Ohne Anstoß an seiner Vertraulichkeit zu nehmen, erwiderte sie: »Hoffentlich hab' auch ich in absehbarer Zeit das Bedürfnis, Sie zu loben, verehrter Herr Pilot.«

*

Der Wagen rumpelte durch die Steppe, deren geringe Konturen sich in der mondlosen Nacht kaum abhoben. Die Straße war nicht zu sehen. Nur Telegrafenmasten, die wie geisterhafte Schatten vorm funkelnden Sternenhimmel standen, vermittelten das Gefühl, sich auf dem richtigen Weg zu befinden.

Jadscha trieb das Pferd zur Eile an.

Markus stutzte. »Haben Sie etwa Nachtaugen?«

»Wieso?«

»Sie beschleunigen das Tempo, als könnten Sie das vor uns liegende Gelände sehen.«

»Das kann ich natürlich nicht. Aber das Steppenpferd wittert und sieht für uns.«

»Und darauf verlassen Sie sich?«

»In gleichem Maße, wie Sie sich vermutlich den Instrumenten eines Flugzeuges anvertrauen.«

»Mein Kompliment! Sie scheinen sich in alles hineindenken zu können.«

»Ich habe vierzehn Jahre lang davon gelebt, mir Dinge vorzugaukeln, die es für mich nicht gab.«

Er berührte ihre Hand. »Gebe Gott, daß es mir gelingt, Sie in ein anderes, besseres Leben zu führen. Ich werde alles tun, was in meiner Macht steht. Darauf können Sie sich verlassen.«

Nach diesen Worten verstummten beide für lange Zeit. Es war, als hätten sie Angst, zuviel zu sagen.

Stunde um Stunde ging dahin, bis voraus ein spärliches Licht auftauchte, das hin und her geschwenkt wurde.

Jadscha rief erregt: »Das wird Wanda sein!«

»Ihre Leidensgefährtin?«

»Ja. Um niemanden zu gefährden, haben wir ausgemacht, den Pferdewechsel weit vor dem Dorf ihrer Schwiegereltern durchzuführen.«

Unmittelbar vor ihnen wurde eine Stallaterne hochgehalten.

Jadscha brachte das Pferd zum Stehen und sprang vom Bock. »Wanda!«

Die Frauen umarmten sich und schluchzten. Es dauerte eine ganze Weile, bis sie sich gefaßt hatten und die Pferde wechselten. Danach umarmten sie sich erneut und verabschiedeten sich unter herzerweichendem Gestammel.

Markus war Jadscha beim Aufsteigen behilflich und ergriff kurzerhand die Zügel.

Es dauerte lange, bis sie zu sich selbst zurückfand. »Ich hoffe, Sie verstehen mich. Vierzehn Jahre Arbeitslager...«

»Darf ich einen Vorschlag machen?« unterbrach er sie. »Jetzt legen Sie sich ins Heu und schlafen, bis es hell wird. Wenn es soweit ist, wecke ich Sie. Dann geh' ich nach hinten und spiele Ihren betrunkenen Mann. Einverstanden?«

Jadscha nickte und kletterte über das Sitzbrett hinweg. Der Abschied von der Freundin, die sie so oder so nie wiedersehen würde, setzte ihr mächtig zu. Es tat ihr gut, jetzt nicht sprechen zu müssen, und sie war Markus dankbar dafür, daß er ihr die Möglichkeit bot, eine Weile mit sich allein zu sein. Dennoch hielt sie es nicht lange aus, im Heu zu liegen und zu den Sternen hinaufzuschauen, die sich mit dem Wagen vorwärts zu bewegen schienen. Schlafen konnte sie nicht. Dazu war sie zu aufgewühlt und angespannt. Sie erhob sich deshalb schon bald wieder und setzte sich zu Markus.

Er rutschte zur Seite, um ihr mehr Platz zu bieten. »Ich hab' geahnt, daß es nicht lange dauern würde, bis Sie die Zügel wieder übernehmen möchten.«

Sie schüttelte den Kopf. »Die liegen bei Ihnen in guten Händen.«

»Weil das Pferd für uns wittert und sieht, wie Sie sagten?«

Jadscha lächelte. »Sie sind ein gelehriger Schüler. Aber jetzt habe ich eine Frage: Vertraut ein Pilot den Instrumenten eines Flugzeuges wirklich voll und ganz?«

»Im Blindflug hat er keine andere Möglichkeit.«

»Was nennen Sie Blindflug?«

»Wenn in den Wolken geflogen wird und die Sicht unter Umständen so stark zurückgeht, daß nicht einmal die Enden der Tragflächen zu sehen sind«, antwortete er und begann, soweit dies möglich war, Jadscha in eine Materie einzuführen, mit der sie sich angesichts des vermessenen Vorhabens, ein Militärflugzeug zu kapern, unbedingt etwas vertraut machen mußte. Er tat es allerdings auch, um sie abzulenken. Und ihn selbst regten die Erläuterungen, die er gab, zu Überlegungen an, die ihm irgendwann zustatten kommen konnten. Die Fahrt wurde dadurch so kurzweilig, daß beide wie aus einem Traum erwachten, als der Morgen dämmerte und hinter ihnen im Osten die Sonne wie ein Feuerball über den Horizont stieg.

»Wir werden unser Ziel schon in etwa zwei Stunden erreichen«, erklärte Markus nach einem Blick auf seine Armbanduhr. »Das ist wesentlich früher, als anzunehmen war.«

»Woraus schließen Sie das?«

»Wir brauchten bis zum Pferdewechsel eine Stunde weniger, als wir veranschlagt hatten. Deshalb ist anzunehmen, daß wir auch auf dem zweiten, entfernungsmäßig gleichen Streckenabschnitt wiederum eine Stunde einsparen und somit nicht um neun, sondern bereits gegen sieben Uhr den Wald von Akjubinsk erreichen werden.«

»Das wäre großartig. Hoffentlich kommt uns nicht kurz zuvor jemand entgegen. Denn nur wenn es uns gelingt, im Wald zu verschwinden, ohne gesehen worden zu sein, können wir uns in Ruhe auf unsere Aufgabe konzentrieren.«

»Sie scheinen alles bis ins kleinste durchdacht zu haben«, stellte Markus anerkennend fest.

Jadscha gab sich burschikos. »Hatte ich nicht genügend Zeit dazu?«

»Sie haben sie auf alle Fälle glänzend genutzt.«

»So gut es ging.«

»Trotzdem könnte eine Sache auf uns zukommen, die Ihrer Aufmerksamkeit vielleicht entgangen ist: Wohin mit dem Pferd, wenn wir uns im Wald versteckt haben?«

»Das ist überhaupt kein Problem«, antwortete sie leichthin. »Es mag herzlos klingen, aber uns bleibt nichts anderes übrig, als das Tier rücksichtslos, das heißt unter Anwendung der Peitsche, aus dem Wald hinauszujagen, ohne ihm zuvor Futter oder Wasser gegeben zu haben. Es wird dann auf schnellstem Weg zu seinem Herrn, dem Schwiegervater meiner Freundin, zurückkehren.«

»Das haben Sie einkalkuliert?«

»Selbstverständlich. Vorsorglich habe ich das Pferd natürlich bezahlt, aber mit Geld kann ein Bauer nicht pflügen. Und Zugtiere sind hierzulande nicht ohne weiteres zu kaufen.«

»Das Pferd wird nicht die ganze Strecke zurücklaufen, sondern zum nächsten Hof preschen!«

»Das würde ihm wenig nützen, denn es gibt ein ungeschriebenes Gesetz, demzufolge einem zugelaufenen Tier weder Wasser noch Futter gereicht werden darf. Es wird dadurch gezwungen, zu seinem Hof zurückzukehren, und Dieben ist es unmöglich gemacht, Pferde zu stehlen und zu behaupten, sie seien ihnen zugelaufen. Kein Geringerer als der Mongolenherrscher Dschingis-Chan soll den Viehdiebstahl durch eine dahin gehende Verordnung beendet haben.«

Markus staunte. Es gab offensichtlich nichts, das Jadscha nicht bedacht hatte. Und als sollte er eine Bestätigung hierfür erhalten, wies sie zum Himmel hinauf, der sich im Westen blutrot färbte. »›Morgenrot bringt Wasser in den Schornstein‹, pflegt man in Rußland zu sagen. Die Richtigkeit dieses Sprichwortes werden Sie in ein paar Stunden erleben. Es wird heute noch heftig regnen. Aber das macht nichts. Wir verfügen über eine Plane, die wir über den Wagen und von dessen Kante bis zum Boden hinunter spannen können, so daß wir wie unter einem Zeltdach sitzen. Und das Heu, das auf unseren Lebensmitteln liegt, benützen wir als Streumaterial, über das wir eine zweite, eigens dafür mitgenommene Plane ausbreiten. Die Kälte des Waldbodens kann uns also nichts anhaben. Zumal sich unter unseren Habseligkeiten noch zwei Wolldecken befinden.«

Beeindruckt versicherte Markus: »Wenn unser Unternehmen erfolgreich endet, ist das ausschließlich Ihren umfassenden Vorbereitungen zu verdanken.«

Sie wehrte ab: »Ich glaube, daß es eher von Ihren fliegerischen Fähigkeiten abhängen wird.«

»Und vom Glück, ohne das niemand auskommt.«

*

Der Wald von Akjubinsk wurde tatsächlich schon vor sieben Uhr erreicht, und ein weithin vernehmbares Dröhnen von Flugmotoren verriet, daß sich hinter den hoch aufragenden Fichten jener Flugplatz befand, den der zum stellvertretenden Kommandanten der Festung Konoskoje ernannte ehemalige Pilot Hauptmann Grischa Jakir erwähnt hatte. Da weit und breit niemand zu sehen war, dirigierte Jadscha das Pferd geradenwegs in den Wald hinein. Und hier erwies sich, daß sie gut daran getan hatte, eine schmale Telega als Fahrzeug zu wählen: Die Bäume standen relativ dicht beieinander. Die Zügel straff haltend, lenkte sie den Wagen behutsam durch die Zwischenräume, bis ein kleiner Bach den eingeschlagenen Weg kreuzte.

»Den schickt uns der Himmel!« rief sie begeistert. »Nun ist auch das Problem der Wasserversorgung gelöst! Hier werden wir uns niederlassen!«

Markus schaute in die Richtung, in der die Motoren dröhnten. Er brannte darauf, die Flugzeuge und das Fluggelände zu sehen, das der Wald angeblich wie ein schützender Wall umgab. Seiner Schätzung nach waren sie gut 300 Meter in das Gehölz eingedrungen, und er hatte den Eindruck, als lichteten sich die Bäume in einer Entfernung von etwa 150 Metern. »Der Platz hier scheint wirklich ideal zu sein«, stimmte er Jadscha zu. »Ich schau' schnell nach, wie weit es bis zum Flugfeld ist.«

»Ja, tun Sie das!« erwiderte sie, sprang vom Wagen und trat an das Pferd heran.

Sie wird es doch nicht schon ausspannen wollen, ging es ihm durch den Kopf, als er loslief. Es sähe ihr ähnlich. Gleich bei unserem ersten Gespräch hatte sie auf Hernán Cortés hingewiesen, der seine Flotte in Brand setzte, damit es nur noch Sieg oder Untergang gab.

Trotz seiner Bedenken rannte Markus weiter der Waldlichtung entgegen. Wahrscheinlich hatte Jadscha recht. Es war gewiß richtig, alle Brücken hinter sich abzureißen. Es durfte nur noch den Willen geben, sich in den Besitz eines Langstreckenflugzeuges zu setzen und zu versuchen, das Schwarze oder Asowsche Meer zu erreichen.

Noch während er auf die Waldlichtung zulief, wurden plötzlich, wie auf ein Kommando, viele Motoren auf höchste Touren gebracht.

Hier scheint alles streng militärisch vor sich zu gehen, dachte Markus. Sogar das Prüfen der Magnete. Er beschleunigte seine Schritte, so gut es ging.

Beim Erreichen der letzten Bäume blieb er mit angehaltenem Atem stehen. Vor ihm lag ein kreisrunder Flugplatz, dessen Durchmesser mindestens zwei Kilometer betrug. Ein Blick zur Sonne zeigte ihm, daß er sich auf der südöstlichen Seite des Start- und Landefeldes befand. Im Norden gab es, von zwei hohen Werkstatthallen flankiert, zahlreiche kleine und mittelgroße Blockhäuser, die als Unterkünfte und Verwaltungsgebäude dienen mochten. Rund um den übrigen Teil des Geländes standen an die fünfzig Flugzeuge, deren Bauweise ihn augenblicklich faszinierte. Es waren zweimotorige Mitteldecker mit ungewöhnlich schlankem Rumpf und erstaunlich kurzen Tragflächen, deren geringes Profil hohe Geschwindigkeit vermuten ließ. Ihre weit vor den Motoren liegende Führerkanzel war größtenteils aus Glas geformt und bot nicht nur nach vorn, sondern auch zu den Seiten und nach unten hervorragende Sicht.

Bei etwa sieben oder acht Flugzeugen liefen die Motoren. Neben diesen Maschinen parkte jeweils ein kleiner Lastwagen mit einem merkwürdigen Aufbau, den Markus sich nicht erklären konnte. Vom Automotor führte ein Gestänge mit einem Kreuzgelenk über die Führerkabine hinweg zum hinteren Teil des Fahrzeuges, wo die Hauptstange, stabil gelagert, fast einen Meter über das Ende des Wagens hinausragte.

Noch während Markus über den Sinn dieser Anordnung sinnierte, wurden alle laufenden Motoren gedrosselt und abgestellt. Um nicht entdeckt zu werden, kauerte er sich hinter einen Strauch, und was er bald darauf zu sehen bekam, verblüffte ihn über alle Maßen. Unter dem Rumpf der Flugzeuge wurde eine Klappe mit eingelassenen Stufen ausgefahren, über die jeweils zwei Männer in dunkler Arbeitskleidung die Maschine verließen. Sie bestiegen die seitlich abgestellten kleinen Lastfahrzeuge und fuhren im Konvoi um die Waldlichtung herum zu den Blockhäusern auf der Nordseite des Flughafens.

Markus kombinierte: Das sind Monteure, die die Maschinen kontrolliert haben und die Motoren warmlaufen ließen. Wenn ich mich nicht irre, werden in Kürze die Flugzeugbesatzungen erscheinen.

Die im Rumpf integrierten Einstiegsluken imponierten ihm. Mehr aber noch die Fahrwerke, die nicht starr waren, sondern Gelenke aufwiesen und zweifelsohne eingezogen werden konnten. Er erinnerte sich an den ehemaligen Piloten Grischa Jakir, der bedauert hatte, die moderne zweimotorige ›SB 2‹ des Konstrukteurs Polikarpow nicht mehr geflogen zu haben. Dieser Typ verfüge über ein einziehbares Fahrwerk, entwickle 260 km/h und könne mit einer Tankfüllung 1300 Kilometer zurücklegen.

Am liebsten wäre Markus zu einer der nur 100 Meter vom Waldrand entfernt abgestellten Maschinen gelaufen, um einen Blick in die Kanzel zu werfen. Doch er beherrschte sich, blieb hinter dem als Deckung gewählten Busch und harrte der Dinge, die da kommen mußten. Über eine halbe Stunde verging, bis die Kleinlaster mit den merkwürdigen Aufbauten wieder erschienen. Diesmal wurden die Monteure von jeweils drei Männern begleitet, deren Lederkombinationen und umgeschnallten Sitzfallschirme sie eindeutig als Flugzeugbesatzung auswiesen. Lebhaft diskutierend stieg eine von ihnen in die vor seinem Versteck stehende Maschine, und nachdem die Rumpfklappe sich hinter ihr geschlossen hatte, wartete er gespannt auf die Prozedur des Anlassens der Motoren. Dies aber geschah auf eine verblüffende Art. Er glaubte, nicht richtig zu sehen, als der kleine Lastwagen rückwärts so vor einen Motor des Fernaufklärers gesetzt wurde, daß die über das Ende des Wagens hinausragende Stange, deren Bedeutung er sich nicht hatte erklären können, in eine Nabe des Propellers stieß und mit diesem – offensichtlich vermittels eines Zapfens – zusammengekoppelt wurde. Dann übertrug der Fahrer die Motorkraft des Wagens auf das Gestänge, und augenblicklich begann die Luftschraube sich zu drehen und wurde schneller und schneller, bis der Flugmotor unter lautem Getöse ansprang.

Markus war wie erstarrt. Wie sollte er sich eines Flugzeuges bemächtigen, dessen Motoren nicht, wie allgemein üblich, mit Hilfe eines elektrisch oder von Hand angetriebenen Schwungrades angeworfen werden? Es nützte ihm wenig, daß er die enormen Vorteile erkannte, die das auf den ersten Blick primitiv anmutende russische Verfahren bot: Ein Motor, der pausenlos durchgedreht wird, muß selbst bei größter Kälte irgendwann einmal anspringen. Doch wie sollte er die Motoren anlassen?

In seiner Enttäuschung verfolgte er die weitere Entwicklung nur mit halber Aufmerksamkeit. Es gab ohnehin nichts Besonderes zu sehen. Die sieben oder acht startklar gemachten Maschinen rollten an der Waldgrenze entlang nach Osten und starteten von dort auf zwei parallel verlaufenden Pisten zu Trainingsflügen, die gruppenweise links beziehungsweise rechts um das Flugfeld führten und jeweils etwa fünfzehn bis zwanzig Minuten dauerten. Es wurde also im wesentlichen das Starten und Landen geübt.

Bedrückt kehrte Markus zu Jadscha zurück, die, kaum daß sie ihn sah, die Arme ausbreitete und überschwenglich rief: »Zum ersten Mal seit meinem Abtransport nach Sibirien bin ich frei, richtig frei! Und unser Heim«, sie wies auf eine vom Wagen schräg herabgespannte und mit Holzpflöcken befestigte Zeltplane, »ist gerichtet. Auch der Boden ist präpariert. Und unser braves Pferdchen befindet sich schon auf dem Heimweg. Sie brauchen nur noch...« Jadscha unterbrach sich. »Ja, was wohl?«

»Das Flugzeug zu stehlen?« fragte er resigniert. »Ich fürchte, daraus wird nichts.«

Ihre Augen weiteten sich. »Warum nicht?«

»Weil russische Flugmotoren über keinen Anlasser verfügen und mit Hilfe eines besonders dafür hergerichteten Lastwagens in Schwung gebracht werden müssen.«

»Na und?« ereiferte sie sich. »Wer gewillt ist, ein Flugzeug zu stehlen, wird ja wohl auch in der Lage sein, sich eines Anlaßwagens zu bemächtigen. Oder sind Sie anderer Meinung? Ich habe, nebenbei bemerkt, im Arbeitslager den Führerschein für Laster und für Raupenschlepper erworben!«

Markus war perplex. Konnte diese Frau denn nichts erschüttern?

Noch während er überlegte, was er erwidern sollte, stieß sie ihn vor die Brust. »Darf ich einen Vorschlag machen?«

»Bitte.«

»Als erstes sollten wir das unpersönliche ›Sie‹ fallenlassen.«

»Damit bin ich sehr einverstanden.«

»Und dazu gehört...« Jadscha umarmte ihn unvermittelt. »Küß mich! Ich bin frei, will vergessen, was hinter mir liegt. Nur Gegenwart und Zukunft sollen noch gelten!«

*

Das Thema Flucht war für die nächsten Stunden wie weggefegt. Es gab nur noch persönliche Fragen, und Markus kam nicht daran vorbei, über seine Frau und den Verlauf seiner dreijährigen Ehe zu sprechen. Ihm fiel dies schwer, weil er Alva liebte, sich aber nicht vorstellen konnte, daß sie noch auf ihn wartete. Wahrscheinlich hielt sie ihn längst für tot. Und sie war neun Jahre jünger als er. Sie hatte gerade vor zwei Monaten das vierundzwanzigste Lebensjahr erreicht. Auch war sie nie ganz damit fertig geworden, daß er ihre Überzeugung, früher schon einmal gelebt zu haben, nicht teilen mochte. Es hatte deshalb zwar nie eine Auseinandersetzung gegeben, aber ihre widersprüchliche Auffassung machte unterschwellig beiden zu schaffen. Anfangs hatten ihn ihre Schilderungen von Ereignissen aus einem vergangenen Leben eher amüsiert, doch das war anders geworden, als sie nach der Lektüre eines Romans über Echnaton und Nofretete behauptete, nun genau zu wissen, daß sie auch in jener Epoche gelebt und, wie sie betonte, eine hervorragende Rolle gespielt habe. Seit dieser Stunde verstand er sie nicht mehr.

»Es werden harmlose Gedankenspielereien gewesen sein«,

schwächte Jadscha ab, als er Alvas Marotte geschildert hatte. »Ernstlich wird sie nie geglaubt haben ...«

»Doch, doch!« fiel er ein. »Sie war so überzeugt von ihrer Auffassung, daß sie dem Autor des Romans geschrieben und ihm versichert hat, sie könne ihm mit weiteren, im Buch nicht erwähnten Details dienen.«

Jadscha lachte. »Das ist kaum zu glauben.«

»Aber es ist so. Für dich wird das schwer verständlich sein, weil du eine Realistin bist, unerschrocken handelst und konsequent deinen Weg gehst. Ebendeshalb bewundere ich dich!«

»Und ich dich! Wer hat schon den Mut, ein Militärflugzeug zu stehlen?«

»Diesen Floh hast du mir ins Ohr gesetzt! Ohne dich würde ich nie so vermessen gewesen sein, ein solches Unterfangen in die Wege zu leiten.«

»Ein Beweis dafür, daß wir gut zusammenpassen.«

»So gut, daß ich mich nie mehr von dir trennen möchte.«

Jadscha wurde nachdenklich. »Als ich darum bat, Einblick in deine Akte zu nehmen, ging es mir darum, meinen Bruder zu rächen. Ich wollte dich vernichten. Aber dann wurde mir klar, daß die Verhältnisse anders lagen, als ich angenommen hatte. Es war eine tragische Verkettung von schrecklichen Ereignissen.«

»Und du hast gleich umgeschaltet?«

»Das wäre zuviel gesagt. Ich war wie elektrisiert, vermeinte, den Atem einer schicksalhaften Bestimmung zu verspüren, und war verwirrt. Um Ordnung in meine Gedanken zu bringen, stürmte ich ins Freie und stampfte durch klirrende Kälte, bis ich wußte, was ich zu tun hatte: den Versuch zu machen, mit dir aus Rußland zu fliehen.«

»Hoffentlich schaffen wir es.«

Jadscha richtete sich auf und beugte sich über Markus. »Wir werden es schaffen! Ich lasse das Gelingen unserer Flucht doch nicht an einem lächerlichen Anlaßwagen scheitern! Ab morgen beobachten wir Tag für Tag von früh bis spät, was sich auf dem Flugplatz tut. Und zwar rundum! Es wäre doch gelacht, wenn sich uns keine Chance bieten würde.«

Er küßte sie. »Wie alt bist du eigentlich?«

»Genauso alt wie du. Dreiunddreißig. Durch den Einblick in deine Akte weiß ich, daß wir beide Jahrgang 1902 sind.«

»Und wie fühlst du dich?«

»Seit ein paar Stunden wunderbar – einfach wunderbar!«

*

In den nächsten Wochen kauerten Jadscha und Markus von morgens bis abends hinter Büschen am Rand des Waldes, um die Gepflogenheiten der Monteure und der Flugzeugbesatzungen genauestens kennenzulernen. Ihren Beobachtungsposten mußten sie ständig wechseln, weil täglich andere Maschinen zum Einsatz gelangten und auch das Schulungsprogramm sehr unterschiedlich war. In den ersten vier Tagen der Woche wurde mit sechs bis acht Flugzeugen das Starten und Landen geübt. Am Donnerstag dauerte die Schulung nur bis vier Uhr. Dann wurden mindestens dreißig Fernaufklärer voll betankt, und am Freitag startete eine Maschine nach der anderen in die unterschiedlichste Richtung zu einem Flug, von dem sie erst nach fünf Stunden zurückkehrten. Samstags fand kein Schulbetrieb statt. An diesem Tag wurden die Motoren einer gründlichen Wartung unterzogen.

Markus fand bestätigt, was der ehemalige Pilot Grischa Jakir gesagt hatte: Bei einer geschätzten Geschwindigkeit von 260 km/h legten die Fernaufklärer in fünf Stunden 1300 Kilometer zurück. Es war also möglich, das Schwarze oder das Asowsche Meer zu erreichen. Wenn er dort an einem unbewohnten Küstenstrich in unmittelbarer Nähe des Ufers mit eingezogenem Fahrwerk und möglichst geringer Geschwindigkeit behutsam aufs Wasser aufsetzte, würden sie sich mühelos in Sicherheit bringen können, und das Flugzeug, das verräterische Corpus delicti, würde binnen kurzer Frist versinken.

Das größte Problem aber blieb das Anlassen der Motoren. In dieser Hinsicht wurde Markus jedoch zuversichtlicher, als Jadscha, die den Rand des Waldes schon mehrfach voll abgegangen war und jedes Wort zu ergattern versucht hatte, das die Monteure bei der Ankunft und Abfahrt sprachen, ihm erklärte: »Die kleinen Lastkraftwagen werden nach dem Warmlaufenlassen der Motoren stets zur Werkstatthalle zurückgebracht und dort abgestellt. Die Monteure verschwinden dann auf schnellstem Weg in der Kantine, um zu frühstücken. Nur zwanzig Minuten stehen ihnen hierfür zur Verfügung!« betonte sie. »Pünktlich um halb acht haben sie die Besatzungen zu den Flugzeugen zu fahren.«

Von der Möglichkeit, die Motoren anlassen zu können, wurde Markus allerdings erst überzeugt, als er mit Jadscha in einer mondhellen Nacht auf dem völlig unbewachten Fluggelände eines der kleinen Lastfahrzeuge bestieg und sie unschwer feststellte, wo sich der Anlasser, der Ganghebel und die Umschaltung zur Übertragung der Motorkraft auf das merkwürdige Gestänge befanden.

Jadscha geriet förmlich in Hochstimmung. »Du kannst ganz unbesorgt sein«, flüsterte sie. »Ich bin überzeugt, daß es nicht auffallen wird, mit dem am äußersten Rand stehenden Wagen davonzufahren, wenn die Monteure sich in die Kantine begeben haben. Als ich sie beobachtete, hat sich während dieser Zeit niemals jemand hier im Freien aufgehalten. Und ich garantiere dir, daß ich die Stange genau in die Naben der Luftschrauben setzen werde.«

Ermutigt durch den geglückten nächtlichen Informationsgang, schoben sie in der nächsten Vollmondnacht die Plane des in der Nähe ihres Lagers stehenden Flugzeuges zur Seite und stiegen über die Rumpfklappe in die Führerkanzel. Fast zwei Stunden verbrachten sie darin. Mit den Instrumenten sowie den meisten Hebeln und Knöpfen fand Markus sich schnell zurecht, und wo er sich nicht auskannte, übersetzte Jadscha die Texte der überall angebrachten Metallschilder. Dabei erwies sich erneut, daß die Funktion der primitiv anmutenden russischen Aggregate höchst sinnvoll war. So wurde das Fahrwerk nicht vermittels einer komplizierten Hydraulik oder eines Elektromotors aus- und eingefahren, sondern mit einer einfachen Handkurbel betätigt, die der Beobachter zu bedienen hatte.

»Wenn die Maschine vom Boden abhebt, wird dies deine Aufgabe sein«, erklärte Markus. »Du brauchst dir aber keine Gedanken zu machen. Ich sage dir jeweils, was du zu tun hast.«

Jadscha holte tief Luft. »Das Herz klopft mir schon jetzt in der Kehle. Die vielen Instrumente und Hebel... Im Anlaßwagen fühle ich mich wesentlich wohler.«

»Gott sei Dank! Dort bist du ja auch der Kapitän.«

Noch in der gleichen Nacht faßte Markus den Entschluß, nicht länger zu warten und am nächsten Freitag, wenn die Maschinen wieder voll betankt sein würden, die Flucht zu ergreifen. »Hör zu«, sagte er und legte den Arm um Jadscha. »Übermorgen, am 12. Juli, setzen wir alles auf eine Karte.«

Sie schmiegte sich an ihn. »Ich werde aufatmen! Lange hätten wir ohnehin nicht mehr bleiben können. Die Lebensmittel gehen rapide zu Ende.«

»Ich hab' schon bemerkt, daß du die Rationen gekürzt hast. Doch wie wird's weitergehen, wenn wir irgendwo an der Küste des Schwarzen oder des Asowschen Meers gelandet sind? Wir haben nie darüber gesprochen: Besitzt du Geld?«

»Mehr, als du denkst! Wir verfügen über achthundert Rubel in Papierscheinen, sechzehn Zwanziger-Goldrubelchen mit dem russischen Doppeladler und der Krone und fünf Zehner-Goldrubelchen. Ihr Besitz ist in der Sowjetunion strengstens verboten, aber es dürfte niemanden geben, der sich nicht sehnlichst die eine oder andere dieser Münzen wünscht und bereit ist, viel dafür zu geben, obwohl er nichts anderes damit anfangen kann, als sie zu verstecken.«

»Woher hast du das Geld?«

»Na, woher schon? Ich schäme mich nicht zu gestehen, die Geheimschatulle eines gewissen Festungskommandanten restlos geplündert zu haben.«

»Und wo verwahrst du das Geld?«

»Die Papierscheine in einem Wachstuchbeutel, damit sie bei Regen nicht naß werden, die Münzen in meinem Ledergürtel.

Er ist doppelwandig. Aber das sieht man ihm nicht an. Bei einer Kontrolle würde sein Gewicht freilich verraten, daß es sich um keinen alltäglichen Gürtel handelt.«

»Wird der Wachstuchbeutel mit einer Zugschnur geschlossen?«

»Ja.«

»Das genügt nicht, wenn wir mit dem Flugzeug auf dem Wasser aufsetzen und zum Ufer schwimmen müssen. Dann wird das Geld naß. Ich werde den Beutel mit kräftigen Schnüren, die sich aus der Peitsche herausziehen lassen, an zwei Stellen so straff zubinden, daß kein Wasser eindringen kann.«

Jadscha strich über seine Wange. »Du denkst wirklich an alles!«

»Hast du das etwa nicht getan«? Ohne deine weitreichenden Vorbereitungen hätten wir längst kapitulieren müssen!«

In dieser Nacht schliefen beide ziemlich unruhig, und am nächsten Tag konnten sie die Stunde nicht erwarten, in der die Flugzeuge für die Langstreckenübungsflüge betankt wurden. Hinter einem Busch liegend, fühlten sie sich wie befreit, als die Piloten die Maschinen nach stundenlangen Start- und Landeübungen zu den Abstellplätzen zurückrollten und gleich darauf mehrere Tankwagen damit begannen, die tags darauf zum Einsatz gelangenden Fernaufklärer mit dem erforderlichen Kraftstoff zu versorgen. Würde eines der in der Nähe ihres Lagers stehenden Flugzeuge startbereit gemacht werden?

Markus zupfte voller Anspannung an Grashalmen herum.

»Nicht nervös werden!« ermahnte ihn Jadscha. »Morgen kommt es darauf an, sich durch nichts aus der Fassung bringen zu lassen.«

Er legte sich auf den Rücken und schloß die Augen. »Gib mir Bescheid, wenn etwas für uns Positives geschieht.«

Wenig später beugte sie sich über ihn. »Markus! Die unmittelbar vor uns stehende Maschine, die wir in der Nacht bestiegen haben, wird betankt!«

Er flog herum und schaute zum Flugzeug hinüber. »Langsam glaube auch ich, daß der Himmel uns unterstützt. Von hier aus kannst du zeitig zur Werkstatthalle gehen und dich dort verbergen, bis die Monteure mit den Anlaßwagen zurückgekehrt sind und die Kantine aufgesucht haben. Dann bleibt dir genügend Zeit, deine Aufgabe ohne Hetze durchzuführen. Denn erst das Dröhnen der Flugmotoren wird einen Alarm auslösen. Bis dahin bist du ungefährdet. Vergiß das nicht, sonst fängst du an zu hudeln.«

Sie küßte seine Wange. »Wenn du so ruhig bleibst wie ich, will ich zufrieden sein.«

9

Am sehnlich erwarteten Freitagmorgen war schon in der ersten Dämmerung zu erkennen, daß sich über dem Flughafen zarte Nebelschleier bildeten, die sich voraussichtlich noch verdichteten, die Durchführung des Fluchtplans aber nicht behindern würden. Eher war das Gegenteil der Fall. Bei verminderter Sicht reduzierte sich die Gefahr, daß Jadscha beobachtet wurde, wenn sie sich an einen der kleinen Lastwagen heranmachte. In diesem Fall mußte sie allerdings ganz nahe am Waldrand entlangfahren, wo sich kein Nebel gebildet hatte und wohl auch nicht bilden würde. Da sie dann aber die abgestellten Flugzeuge nicht würde sehen können, war es notwendig, daß sich Markus, nachdem die Monteure die Motoren hatten warmlaufen lassen und mit ihren Fahrzeugen zur Werkstatthalle zurückgekehrt waren, unmittelbar am Waldrand aufhielt, um Jadscha einzuwinken. Im Nebel betrug die Sicht etwa 50 Meter. Da war es ohne weiteres möglich, den Anlaßwagen richtig vor die Propeller zu bringen.

Der Start würde freilich schwieriger werden. Doch Markus war zuversichtlich. Er hatte bei der nächtlichen Besichtigung der Führerkanzel festgestellt, daß die sowjetischen Fernaufklärer mit Blindfluginstrumenten wie Wendezeiger, künstlichem Horizont und Kurskreisel ausgerüstet waren, die es ermöglichten, das Flugzeug ohne Sicht exakt in der gewünschten Richtung zu halten. Und da er wußte, daß er vom Abstellplatz geradenwegs auf den gegenüberliegenden Waldrand zu würde starten müssen, hatte er sich die Gradzahl gemerkt, die am Kompaß der vor ihrem Versteck abgestellten Maschine anlag.

Doch es gab noch ein Problem, das gelöst werden mußte. Die Sitze der Piloten und Beobachter waren zur Aufnahme der Fallschirme wie Wannen geformt, und es war notwendig, diese mit Abdeckplanen zu füllen. Das bereitete an sich keine Schwierigkeit, die Angelegenheit wurde jedoch heikel, weil Markus nun wegen des Nebels am Waldrand auf Jadscha warten mußte, um sie einzuweisen. Zur Präparierung der Sitze blieb ihm somit nur wenig Zeit, weil er in die Maschine erst einsteigen konnte, wenn die Monteure abgefahren waren. Und schon bald darauf würde Jadscha erscheinen.

Beide sahen der Flucht deshalb etwas besorgter entgegen als am Abend zuvor. Wie um Trost zu spenden, wies Markus in die Höhe, als es genügend hell geworden war und Jadscha sich durch den Wald auf den Weg zur Werkstatthalle begeben konnte. »Noch ist der Himmel blaßgrau. Aber wenn wir uns aus dem Nebel herausheben, wird er strahlendblau und von der Sonne vergoldet sein.«

Sie umarmte ihn, als gelte es, Abschied zu nehmen. »Hoffentlich geht alles gut.«

»Davon bin ich überzeugt!« erwiderte er, sich einen unbesorgten Anschein gebend. »Sonst würde ich nicht antreten. Der Nebel hilft uns! Fahr also schön langsam! Der Motor läuft dann wesentlich leiser, und man wird dich überhaupt nicht hören. Ich gewinn' dann auch mehr Zeit, um aus den Sitzwannen brauchbare Sitzplätze zu machen.«

Sie küßte ihn. »Bis nachher, Markus. Auf mich kannst du dich verlassen!«

Er hörte ihre Versicherung noch, als er, hinter dem Busch liegend, die Monteure vorfahren und neben dem Fernaufklärer aussteigen sah. Sein Herz schlug plötzlich schneller. Die Kehle war ihm wie zugeschnürt. Würde es Jadscha gelingen, sich ungesehen mit einem der Anlaßwagen davonzumachen? Der Nebel schien sich stellenweise aufzulösen. Sollte er sich darüber freuen? Der Start würde einfacher werden. Für Jadscha wäre es jedoch von Vorteil, wenn die Sicht schlecht bliebe. Zumindest im Bereich der Werkstatthalle.

Die Arbeit der Monteure ging Markus zu langsam. Immer wieder schaute er auf die Armbanduhr. Die Zeit schien ihm stillzustehen. Das Warten wurde zur Qual. Doch dann war es endlich soweit, die Motoren wurden auf Vollast gebracht und die Zündmagnete einer letzten Kontrolle unterworfen. Ihm fiel ein Stein vom Herzen.

Nachdem die Mechaniker abgefahren waren, wartete er nicht lange, bis er zum Flugzeug hinüberlief. Hier lockerte er als erstes die Bremsklötze vor den Rädern, die bei der hohen Tourenzahl fest in den Boden gepreßt worden waren.

Jadscha hätte sie ohne weiteres niemals weggebracht, dachte er, und legte die Klötze wieder vor die Räder, damit die Maschine beim Anlassen nicht vorrücken konnte. Dann formte er durch Zusammenfalten von Abdeckplanen zwei Pakete in der Größe eines Fallschirms, stieg damit in die Führerkanzel und verstaute sie in den wannenartigen Sitzen. Dabei überkam ihn eine unerklärliche Gelassenheit. Anstatt schnellstens zum Waldrand zurückzukehren, setzte er sich auf den Platz des Flugzeugführers, öffnete die von den Monteuren wieder geschlossenen Benzinhähne und prüfte nochmals die am Kompaß anliegende Gradzahl, die beim Start im Nebel unbedingt eingehalten werden mußte. Vorsorglich stellte er den Kurskreisel auch schon ein und betrachtete noch einmal alle Instrumente. Schließlich schob er das Seitenfenster auf und wischte mit einem Tuch über die beschlagene Innenseite der Vorderscheibe. Dann lauschte er nach draußen. Außer dem Spannungsknacken der heißgelaufenen Motoren war nichts zu hören. Doch als er gedankenverloren nach dem Steuersegment griff, wanderten seine Gedanken zu Jadscha, die sich, wenn sie Glück gehabt hatte, bereits auf dem Weg zu ihm befinden mußte. Flüchtig streifte ihn die Frage, was er tun sollte, wenn sie gefaßt sein würde. Sich dann ebenfalls gefangennehmen lassen? Er verscheuchte den Gedanken und hastete, als jage der Teufel hinter ihm her, aus der Führerkanzel heraus zum Waldrand hinüber, wo wenig später Motorengeräusch hörbar wurde.

»Jadscha!« rief er erleichtert, hob die Hand und winkte in die Richtung, in der das Flugzeug im Nebel stand.

Sie strahlte über das ganze Gesicht und kurvte gleich ein.

Markus lief vor ihr her, doch es war nicht nötig, ihr weitere Zeichen zu geben. Wie selbstverständlich setzte sie den kleinen Lastwagen vor die Maschine und dann mit viel Geschick rückwärts vor den Steuerbordmotor.

»Mach, daß du in die Führerkanzel kommst!« rief sie ihm zu. »Hier werde ich allein fertig.«

Bewundernd dachte er: Sie behält die Übersicht, obwohl der Nebel unseren Plan durcheinandergebracht hat. Mit schnellen Sprüngen hastete er die Bugklappe hinauf und nahm hinter dem Steuersegment Platz. Gerade zur rechten Zeit, denn Jadscha rief bereits: »Frei?«

Er betätigte den Kippschalter für die Zündung des rechten Motors, streckte den linken Arm durchs Fenster und antwortete bei geöffneter Hand: »Frei!«

Sie schaltete die Motorkraft des Wagens auf das Gestänge, dessen Ende sie in die Nabe der Luftschraube bugsiert hatte, und augenblicklich begann der Propeller, sich zu drehen. Gleich darauf sprang der Motor an und schleuderte die Stange mit dem Zapfen automatisch zurück.

Um möglichst wenig Lärm zu verursachen, drosselte Markus den Motor. Tausend PS lassen sich aber nicht völlig dämpfen. Dies und die im Leerlauf weit aus den Auspuffen herausschlagenden Flammen beunruhigten ihn. Seine Sorge steigerte sich noch, als er gewahrte, daß Jadscha zum zweiten Mal vergeblich versuchte, das Ende des Gestänges in die Nabe der Luftschraube des Backbordmotors zu bringen. Er wollte ihr Zeichen geben, unterließ es jedoch, weil er befürchtete, sie zu irritieren.

Jadscha setzte zum dritten Mal an, und endlich war es geschafft. Sofort streckte sie die Hand aus dem Fenster und rief. »Frei?«

»Frei!« bestätigte er.

Die Luftschraube begann, sich zu drehen, doch der Motor sprang nicht an. Keine Explosion zerriß die von Sekunde zu Sekunde unerträglicher werdende Spannung. Warum reagierte der Motor nicht?

Markus kontrollierte alle Schalter und stellte betroffen fest, daß er die Zündung nicht kurzgeschlossen hatte. Sofort legte er den Kipphebel herum, und im gleichen Moment heulte der Motor auf. Er riß den zu weit vorgeschobenen Gashebel zurück.

Jadscha fuhr den Anlaßwagen zur Seite, sprang aus dem Führerhaus und lief zu den Rädern des Flugzeuges, um die Bremsklötze zu entfernen.

Markus drosselte die Motoren soweit wie möglich.

Sie erschien in der Einstiegsluke. Ihre Augen glänzten voller Lebenskraft. »Zufrieden?«

»Und wie! Mach schnell die Schotten dicht!«

Jadscha zog die Rumpfklappe hoch.

»Den Türhebel absichern!«

»Schon geschehen.«

»Setz dich und schnall dich an!«

Noch während sie damit beschäftigt war, ließ Markus die Maschine anrollen. Dabei löste er die Arretierung des Kurskreisels und schob die Gashebel bis zum Anschlag vor.

Die Motoren schrien auf, das Flugzeug gewann an Fahrt, wurde schneller und schneller, raste durch dichten Nebel dahin.

Jadscha wurde es unheimlich zumute. Nach vorn gab es keine Sicht. Nur die Tragflächen waren zu erkennen. Der ungeheure Motorenlärm und das plötzliche Zurückgepreßtwerden machten sie konfus. Verkrampft suchte sie Halt an den Armlehnen. Hilfesuchend blickte sie zu Markus hinüber.

Der schaute konzentriert auf den Wendezeiger und den Kurskreisel. Die geringste Abweichung korrigierte er mit dem Seitensteuer.

Das Instrumentenbrett schüttelte, die Maschine stieß und machte Sprünge. Der Steuerdruck nahm zu. 150 km/h wurden erreicht, doch die Räder hoben nicht ab. Zitternd jagte das Flugzeug dahin.

Markus drückte gegen die Gashebel, als befürchte er, sie nicht ganz vorgeschoben zu haben. Der Nebel schien sich zu lichten. An den Fenstern fegten helle Schwaden vorbei. Der

Fahrtmesser stieg auf 170 km/h. Sollte er versuchen, die voll betankte Maschine abzuheben? Er riskierte es nicht, spürte am Steuerdruck, daß die erforderliche Geschwindigkeit noch nicht ganz erreicht war. Auf seiner Stirn bildeten sich Schweißtropfen. Durchhalten, beschwor er sich. Bloß keinen Anfängerfehler machen!

180 km/h! Das Flugzeug hob ab, tauchte aus dem Nebel heraus. Kobaltblauer Himmel erstrahlte, aber knapp 200 Meter vorm Bug stand der Waldrand wie eine finstere Mauer.

Markus drückte gegen das Höhenruder, um die Geschwindigkeit zu erhöhen. Mit 190 km/h raste er auf die Bäume zu, doch der Steuerdruck schien ihm noch nicht zu genügen.

210 km/h! Mit zusammengepreßten Lippen schätzte er den ihm noch verbleibenden Abstand: 50 – 40 – 30 Meter! Er riß das Höhensteuer an sich.

Jadscha schrie auf.

Das Flugzeug strich knapp über die Wipfel der ersten Bäume hinweg.

»Das Fahrwerk einfahren!« rief Markus.

Jadscha griff nach der neben ihr befindlichen Kurbel.

Der Fahrtmesser zeigte 220 – 230 km/h.

Markus schaute zur Motorgondel hinunter und atmete auf. »Die Räder verschwinden! Wir haben es geschafft, Jadscha!«

Sie kurbelte fleißig weiter.

Die Geschwindigkeit stieg auf 240 – 250 – 260 – 270 km/h.

Er drosselte die Motoren, drückte die Maschine im Tiefflug dicht über die Bäume hinweg und schrie überwältigt: »Ich fliege!« Er mußte sich einfach Luft verschaffen. »Ich fliege wieder! Und das hab' ich dir zu verdanken!«

Ihre Augen schimmerten feucht. »Ich bin sehr glücklich, Markus!«

»Ich bin es nicht minder. Aber dies ist nicht die Zeit, zu schwärmen.« Er leitete einen weiten Kreis ein und beendete ihn, als am Kompaß 250 Grad anlagen. Dann stellte er einen kleinen roten Zeiger am Rand der Borduhr auf die Startzeit. »Hier kannst du jederzeit ablesen, wie lange wir unterwegs sind. Nach fünf Stunden wird unser Sprit zu Ende gehen.«

»Und warum fliegst du so schrecklich tief?«

»Weil ich vermute, daß jetzt schon ein nahe gelegener Jagdverband den Auftrag erhält, uns aufzustöbern. Ein Flugzeug, dessen Silhouette sich gegen den Himmel abhebt, ist wesentlich leichter zu entdecken als eins, das dicht über dem Boden dahinstreicht. Hinzu kommt, daß wir im Steigflug weniger Geschwindigkeit entwickeln, und im Augenblick ist es für uns das wichtigste, schnellstens möglichst viele Kilometer hinter uns zu bringen. Je weiter wir uns von Akjubinsk entfernen, um so größer wird der Raum, der abgesucht werden muß. Außerdem bin ich im Tiefflug in der Lage, auftauchende Städte und Dörfer so zu umfliegen, daß wir nicht gesehen werden. Das wird unsere Reichweite zwar etwas verringern, doch ich bin überzeugt, daß der Telegraf schon in Kürze alle Ortschaften alarmiert. Wenn wir in großer Höhe fliegen, werden bald allerlei Meldungen bei irgendeiner Zentrale eingehen, die unseren Kurs dann unschwer ermitteln und uns Abfangjäger auf den Hals schicken kann.«

Jadscha wurde kleinlaut. »Das habe ich alles nicht bedacht.«

»Dafür warst du auch nicht zuständig. Auf deinem Gebiet hast du Grandioses geleistet! Jetzt bin ich an der Reihe.«

Die Wälder, die anfangs überflogen wurden, wichen einer endlos erscheinenden Steppe.

Markus legte die Maschine in eine Kurve und suchte den wolkenlosen Himmel ab. »Wir scheinen Glück zu haben. Noch ist kein Verfolger zu sehen, und bis zum Ural – ich meine den Fluß – haben wir keine Ortschaften vor uns. Erst nach gut zwei Stunden«, er deutete auf die Landkarte, die er sich auf die Oberschenkel gelegt hatte, »müssen wir das vor uns liegende Gelände scharf im Auge behalten. Dann nähern wir uns dem Malsj Us-en, an dem die Stadt Nowoja Kasanka genau auf unserem Kurs liegt. Wir dürfen sie keinesfalls überfliegen.«

Jadscha blickte nachdenklich vor sich hin. »So sehr das Fliegen anfängt, mir zu gefallen, der Plan, ein Flugzeug zu stehlen, erscheint mir nun doch reichlich vermessen. Ich begreife mich nicht mehr, verstehe nicht, woher ich den Mut genommen habe, dich zu einem solchen Unternehmen zu verleiten.«

»Das kann ich dir sagen: Du hast nichts von der Fliegerei verstanden und somit nicht geahnt, wieviel Komplikationen eintreten können. Ich erinnere nur an das Anlassen! Aber gerade deine Unwissenheit hat uns geholfen. Denn hättest du mir erzählt, wie hierzulande Motoren angelassen werden – ich wäre niemals mit dir aufgebrochen.«

»Schön zu wissen, daß auch Unkenntnis helfen kann.«

»Ich würde nicht darauf bauen«, warnte er und zeigte auf eine im Westen liegende hohe Wolkenbank. »Die könnte vorteilhaft für uns werden.«

Jadscha sah ihn fragend an.

»Sie bietet uns die Möglichkeit, über den Wolken zu fliegen oder uns in ihnen zu verstecken.«

»Und wie orientierst du dich dann?«

»Wie soll ich dir das erklären? Dazu gehört, daß ich als erstes unsere Geschwindigkeit über Grund ermitteln muß. Wenn wir den Uralfluß passiert haben, werde ich das können.«

»Ich frage wohl besser nicht, wie du das machst?«

»Eine Feststellung, die Klugheit beweist.«

Amüsiert konterte sie: »Herzlichen Dank, du überwältigendes Mannsbild!«

Markus schmunzelte. »Diese Bezeichnung spricht weniger für Klugheit, aber sie gefällt mir. Doch nun mußt du mich rechnen lassen. Das silbrig schimmernde Band da vor uns dürfte bereits der Ural sein.« Er hatte sich nicht getäuscht und rechnete bald darauf: »400 Kilometer in 80 Minuten, das ergibt eine Geschwindigkeit von 300 km/h! Jadscha, wir haben 40 km/h Rückenwind!«

»Hilft uns das««

»Und ob! Bei 260 km/h beträgt unsere Reichweite 1300 Kilometer. Nun schaffen wir 1500!«

Voraus verdichteten sich die Wolken. Markus überlegte, ob er sie überfliegen oder Schutz in ihnen suchen sollte. Er entschloß sich, in Bodennähe zu bleiben.

Später, bei Erreichen des Malsj Us-en, war die Stadt Nowoja Kasanka, die exakt auf dem eingeschlagenen Kurs lag, nirgendwo zu entdecken. Offensichtlich hatte eine starke Versetzung durch Seitenwind stattgefunden. Aber in welche Richtung?

Hierüber gewann Markus erst Klarheit, als eine Stunde später die Wolga in der Nähe ihres starken Knickes von Südwesten nach Südosten überflogen wurde. »Wir sind um fast 100 Kilometer nach Norden versetzt«, rief er, nachdem er auf der Landkarte einige Messungen vorgenommen hatte.

»Ist das schlimm?« fragte Jadscha besorgt.

Er schüttelte den Kopf. »Im Gegenteil. Die Route, auf der wir uns bewegen, führt direkt zur nördlichen Küste des Asowschen Meers. Und unsere Geschwindigkeit hat noch etwas zugenommen. Der Rückenwind ist stärker geworden. Wir müssen nun allerdings sehr aufpassen. Vor uns liegen viele große Städte. Zum Beispiel Rostow. Um nicht gesehen zu werden, ziehe ich jetzt hoch und fliege über oder in den Wolken, je nachdem, welche Struktur wir antreffen. Es wäre ein Segen, wenn wir am Asowschen Meer die Bucht von Taganrog noch hinter uns brächten. Oder gar Kirlowka. Dann läge die Nogaische Steppe direkt vor uns, und die Chance, nach Cherson zu gelangen ...«

»Beschrei es nicht!« fiel ihm Jadscha erregt ins Wort.

»Du bist abergläubisch?« wunderte er sich.

»Das nicht. Aber heute möchte ich alles vermeiden, was unliebsame Geister wecken könnte.«

Markus ließ die Maschine steigen und gelangte in 3500 Meter Höhe in eine Zwischenschicht, aus der vereinzelte Quellungen in die darüberliegende Wolkendecke hineinragten. Die Wolken unter ihnen wiesen Lücken auf, die zeitweilig eine terrestrische Navigation gestatteten. Sichtlich zufrieden wandte er sich an Jadscha. »Hier werden wir so schnell nicht entdeckt, und wir haben dennoch die Möglichkeit, unseren Standort einigermaßen zu ermitteln. Besonders wenn wir dabei die Uhr zu Rate ziehen, die uns ziemlich genau vermittelt, wieviel Kilometer wir zurückgelegt haben.«

»Ich glaube dir alles, was du sagst. Erwarte aber nicht, daß ich von flugtechnischen oder navigatorischen Dingen etwas verstehe. Auch sollten wir es auskosten, dem Himmel so nahe zu sein.«

»Da gebe ich dir recht«, stimmte er ihr zu.

Jadschas Begeisterung steigerte sich noch, als sich nach einer weiteren Flugstunde die höhergelegene Wolkendecke auflöste und sie unter azurblauem Himmel über blendendweißen Quellungen dahinflogen. »Herrgott, ist das Fliegen schön!« rief sie enthusiastisch.

»Es tut mir leid, dir den prächtigen Anblick nicht länger gewähren zu können«, bedauerte Markus. »Um die Orientierung nicht zu verlieren, muß ich einen Höhenwechsel vornehmen. Die Wolkendecke weist kaum noch Lücken auf, und in einer halben Stunde müssen wir ans Landen denken. Wahrscheinlich befinden wir uns schon über dem Asowschen Meer. Es wäre fatal, wenn wir zu gegebener Zeit nicht wissen, wo.«

Er drosselte die Motoren. Das Flugzeug tauchte in stark nässende Wolken ein, die nach einer Weile in Schwaden übergingen und zeitweilig einen Blick in die Tiefe gestatteten. Die Maschine selbst hingegen konnte von der Erde aus nicht gesehen werden.

Jadscha entdeckte auf ihrer Seite einen Teil der nördlichen Küste des Asowschen Meers. »Ich sehe eine schmale Landzunge!« rief sie.

Markus leitete sofort eine Kurve ein und fand ihre Angabe bestätigt. Unter ihnen verlief ein etwa drei Kilometer breiter, dem Anschein nach unbewohnter Landstreifen in südwestlicher Richtung. Ein kurzer Blick auf die Landkarte genügte, ihn erkennen zu lassen, wo sie sich befanden: Unmittelbar vor der Krim! Keine 20 Kilometer trennten sie vom Rand der Nogaischen Steppe. Aber wie von der schmalen Landzunge aus dorthin gelangen?

Kurz entschlossen nahm er Kurs auf das offene Meer hinaus. Er brauchte Zeit, um nachzudenken. Das Glück half ihnen in kaum begreiflicher Weise. Rückenwind hatte die Reichweite des Flugzeuges vergrößert, eine seitliche Versetzung sie in einen entlegenen Landstrich getragen, der geradezu ideal war, um ungesehen landen zu können. Wieviel Benzin stand noch zur Verfügung? Markus kontrollierte die Kraftstoffmesser und schätzte, daß der Betriebsstoff noch für fast eine Stunde reichen würde. Sollte er riskieren, den nördlichen Teil der Krim zu überqueren und im Schwarzen Meer an der Küste des Golfs von Karkinitskij zu landen? Nach Cherson wäre es von dort nur halb so weit wie vom Asowschen Meer aus.

Nachdenklich betrachtete er die Landkarte. Beim neu eingeschlagenen Kurs nach Süden mußte auf Jadschas Seite eine noch wesentlich schmalere und bedeutend längere Landzunge liegen als die zuvor von ihr entdeckte. Er fragte sie, ob sie diese sehen könne.

»Im Moment verdecken zu viele Schwaden die Sicht«, antwortete sie. »Ich bilde mir aber ein, eben für den Bruchteil einer Sekunde ein weißes Schiff gesehen zu haben. Es sah aus wie ein Passagierdampfer.«

»In welche Richtung fuhr er?«

»Genau auf uns zu.«

»Das bedeutet nach Norden.« Markus prüfte nochmals die Landkarte. »Dort gibt es nur einen Ort, der angelaufen werden könnte: Genitschesk, eine Kleinstadt am äußersten Ende des schmalen Landstreifens, der sich über mindestens 100 Kilometer erstreckt. Das Wasser dahinter trägt auf der Karte die Bezeichnung ›Guiloje More‹.«

»Das heißt ›Faules Meer‹.«

»Klingt wenig verheißungsvoll, läßt aber vermuten, daß es dort keine Siedlungen gibt.«

»Jetzt sehe ich das Schiff wieder!« rief Jadscha. »Es fährt genau seitlich unter uns.«

Markus wollte eine Kurve einleiten, um ein eigenes Bild zu gewinnen, doch die Gefahr, die Besatzung des Dampfers auf das Flugzeug aufmerksam zu machen, hielt ihn ebenso davon ab wie ein Gedanke, der ihm plötzlich kam und ihn förmlich elektrisierte. »Hast du wieder den Eindruck, daß es sich um ein Passagierschiff handelt?«

»Ein Frachter ist es bestimmt nicht.«

»Und die Landzunge kannst du nicht sehen?«

»Nein. Die zerfaserten Wolken gestatten ja nur senkrechte Sicht.«

Ich müßte tiefer fliegen, überlegte Markus. Das aber würde die Gefahr erhöhen, entdeckt zu werden. Er ließ die am Segment befindliche Stoppuhr anlaufen. »Wir fliegen jetzt fünf Minuten nach Süden. Wenn wir uns außer Sicht- und Hörweite des Dampfers befinden, wende ich nach Westen und lege ungefähr die gleiche Entfernung in die neu eingeschlagene Richtung zurück und lasse das Flugzeug dabei langsam sinken. Wir müßten uns dann über dem Faulen Meer befinden, wo es meines Erachtens niemanden gibt, der uns beobachten könnte.«

»Willst du dort etwa landen?« fragte Jadscha entgeistert.

»Nicht gleich. Zunächst werden wir möglichst tief und jederzeit landebereit an dem schmalen Landstrich entlang nach Norden fliegen, bis Genitschesk vor uns auftaucht. Sobald wir die Stadt sehen, reiße ich die Gashebel zurück und setze die Maschine nahe am Ufer mit eingezogenem Fahrwerk aufs Wasser. Wir dürften dann zirka sieben bis zehn Kilometer von der Ortschaft entfernt sein, in der du... Doch das erzähle ich dir, wenn wir festen Boden unter uns haben. Das Schiff hat mich auf eine Idee gebracht, die dir gefallen und uns entscheidend weiterhelfen wird. Aber nun heißt es, alles zur Landung vorzubereiten. Wo hast du den Wachstuchbeutel mit dem Geld?«

»Der befindet sich unter meinem Kittel an einem Band, das ich mir um den Hals gebunden habe.«

»Gut. Die Anschnallgurte mußt du ganz stramm anziehen. Beim Aufsetzen wird's einen Mordsruck nach vorn geben!«

Beide zogen ihre Gurte nach.

»Den Hebel zum Absprengen des Kabinendaches betätige ich erst in letzter Minute. Erschrick nicht, wenn hoher Gischt über uns hinwegfegt!«

»Mir ist jetzt schon blümerant zumute.«

»Du kannst unbesorgt sein. Es läuft alles besser, als zu erwarten stand. Da wir noch über genügend Sprit verfügen, bin ich nicht zu einer schnellen Entscheidung gezwungen. Wir können eine eingeleitete Landung jederzeit korrigieren, falls dies erforderlich werden oder zweckmäßig erscheinen sollte. Ich brauch' die letzte Entscheidung erst zu treffen, wenn wir aus den Wolken herausgeglitten sind und ich das unter uns liegende Gelände überblicken kann.«

»Du wirst es schon richtig machen, Markus. Und ich bin überzeugt, daß wir es schaffen! Der Start dürfte schwieriger gewesen sein, oder?«

»Ich hoffe es.« Er kurvte nach Westen ein. »In wenigen Minuten wissen wir mehr.«

»Befürchtest du ...?«

»Nein, nein!« fiel er ihr ins Wort. »Ich befürchte nichts! In der Fliegerei ist aber immer mit Zwischenfällen zu rechnen.«

Jadscha gab sich zufrieden, und auch der Himmel schien bestrebt zu sein, sie zu beruhigen. Durch höherliegende Wolkenlücken fielen gleißende Sonnenstrahlen in die Führerkanzel. Sekunden später tauchte das Flugzeug aus den Wolken heraus.

Erleichtert stellte Markus fest, daß keine Siedlung zu sehen war. Betroffen aber war er, als er erkannte, daß die Küste des Faulen Meers, über dem sie sich befanden, viele Kilometer weit mit Schilf bewachsen war. Er hatte vorgehabt, in der Nähe eines günstig gelegenen Ufers auf dem Wasser aufzusetzen. Daraus konnte nichts werden. Auch auf der dem Asowschen Meer zugewandten Seite des schmalen Landstreifens gab es weit ins Meer hineinreichende Schilfflächen.

Markus wurde ratlos. War es unter den gegebenen Umständen nicht richtiger, den nördlichen Teil der Krim zu überfliegen und im Schwarzen Meer am Ufer des Golfs von Karkinitskij zu landen? Dafür war es nun zu spät. Der zweimalige Kurswechsel hatte 20 Minuten gekostet. Er prüfte nochmals die Karte und erkannte, daß er keinesfalls, wie er es vorgehabt hatte, neben der Landzunge landen durfte; sie endete wenige Kilometer vor Genitschesk. Wie sollten sie die Meeresenge überbrücken? Ihm blieb nichts anderes übrig, als schleunigst Kurs auf die nördliche Küste des Faulen Meers zu nehmen und dort am Ufer des vermutlich gleichfalls von Schilf bewachsenen Festlandsockels sein Heil zu suchen.

Jadscha ließ sich nicht anmerken, was sie empfand, als er ihr sein Vorhaben schilderte. Bei allem Vertrauen, das sie zu Markus gewonnen hatte – ihr bangte vor der Landung im Schilf. Das Wasser würde wahrscheinlich nicht tief, der Boden aber schlikkerig sein und keinen Halt bieten. Und zwischen Schilfrohren zu schwimmen war bestimmt nicht einfach.

Da weit und breit keine Siedlung zu entdecken war und die Distanz zwischen dem nach Norden fahrenden Dampfer schätzungsweise 20 Kilometer betrug, riskierte es Markus, in einer Höhe zu fliegen, die es gestattete, Genitschesk schon aus der Ferne zu sichten. Und er hatte Glück. Eine Besonderheit der ansonsten unbedeutenden Hafenstadt trug dazu bei, daß er ungewöhnlich frühzeitig auf sie aufmerksam wurde. Rund um den Ort erhoben sich weiße, künstlich aufgeworfene Hügel, die erkennen ließen, daß die Bewohner ihren Lebensunterhalt mit Salzgewinnung verdienten.

»Ich sehe klar«, rief er, drosselte die Motoren und leitete eine Kurve ein, die ihn parallel zu der an dieser Stelle von Westen nach Osten verlaufenden Küste brachte. »Idealer kann's nicht sein! Der Rückenwind, der unseren Flug beschleunigte, bläst uns jetzt entgegen und wird die Landestrecke verkürzen!«

Doch dann trat etwas ein, womit er nicht hatte rechnen können. Als die Maschine auf ungefähr 300 Meter gesunken war und er wieder Gas gab, um an der Küste entlangzufliegen, scheuchte das Motorengeräusch Tausende Vögel aller Art aus dem Schilf heraus. Gleich einer dunklen Wolke, die sich mal ausdehnt und wieder zusammenballt, flüchtete ein riesiger Pulk vor dem Flugzeug. Doch der wurde eingeholt. Die Vögel schlugen gegen den Bug und die Tragflächen, wurden von den Propellern erfaßt und gegen den Rumpf geschleudert. Die Seitenfenster waren im Nu von Körperteilen und Gefieder verschmiert.

»Um Gottes willen!« schrie Jadscha entsetzt.

Markus umklammerte kreidebleich das Segment und steuerte auf einen Punkt zu, den er ins Auge gefaßt hatte. Immer wieder zuckte er zusammen, wenn Vögel gegen die vorderen Fenster prallten und dort Spuren hinterließen, die sein Sichtfeld zunehmend einengten.

»Das geht nicht gut!« ängstigte sich Jadscha.

»Keine Panik! Noch ein bis zwei Kilometer, dann haben wir's geschafft.« Er drosselte die Motoren und ließ das Flugzeug in den Gleitflug übergehen.

»Der Vogelschwarm wird uns verraten!«

»Aufsteigende Schwärme werden hier keine Seltenheit sein.«

Die Flughöhe sank auf 50 – 40 – 30 – 20 – 10 Meter.

»Stemm dich gegen das Instrumentenbrett!«

5 – 4 – 3 Meter! Markus schaltete die Motoren ab und zog das Höhenruder langsam an sich. Der Rumpf fegte durch hohes Schilf; es klang, als würde ein riesiges Messer geschliffen. Dann schlug plötzlich Gischt hoch, sprühte zu den Seiten und über das Flugzeug hinweg. Wie Blei legte sich die Bremswirkung des Wassers auf die Körper, preßte sie nach vorn in die Gurte hinein. Mit Mühe gelang es Markus, den Hebel zum Absprengen des Kabinendaches zu betätigen. Es gab einen Knall, danach ohrenbetäubendes Vogelgeschrei.

Die über das Schilf hinweggefegte Maschine kam in Ruhelage.

»Losschnallen!« rief Markus.

Jadscha ließ für einen Moment den Kopf sinken. Dann hatte sie sich gefangen und öffnete ihren Gurt.

Er zwängte sich zur Einstiegsluke durch und öffnete sie, damit schneller Wasser eindringen konnte. »Tief wird's hier nicht sein. Zwei Meter genügen aber, um Rumpf und Tragflächen verschwinden zu lassen.« Er schaute in die Richtung, in der er zur Landung angesetzt hatte. »Eine verdammt auffällige Schneise haben wir da geschlagen. Zu entdecken ist sie Gott sei Dank nur von oben.«

Jadscha sah ihn entgeistert an. »Gibt es im Augenblick nichts Wichtigeres zu tun, als Betrachtungen ...«

Er schloß ihren Mund mit einem Kuß.

Im Rumpf blubberten Luftblasen.

»Wir müssen machen, daß wir an Land kommen. Ich schwimme voraus und schiebe das Schilf zur Seite. Bleib dicht hinter mir! Passieren kann nichts. Uns trennen höchstens 20 Meter vom Ufer.«

Das war richtig. Aber es war unmöglich, durch die dicht stehenden Schilfrohre zu schwimmen. Auf der Stelle im Wasser tretend, mußte Markus immer wieder eine Bahn brechen, durch die Jadscha folgen konnte. Und über ihnen tobte der nicht enden wollende Lärm von Tausenden aufgescheuchten Vögeln. Mindestens eine Viertelstunde brauchten sie, um ermattet und an Händen und Armen zerschunden das Ufer zu erreichen. Doch das Gefühl, den Flug glücklich beendet zu haben und wieder auf festem Boden zu stehen, ließ sie alle Strapazen und den noch vor ihnen liegenden ungewissen Weg vergessen. Sie fielen sich in die Arme und jubelten wie Kinder, denen es gelungen ist, sich über ein Verbot hinwegzusetzen.

*

Am 5. Juli, drei Wochen nach der Flucht aus der Festung Konoskoje, war es Markus um 7 Uhr 10 gelungen, mit Jadscha vom Militärflughafen Akjubinsk in Richtung Südwesten zu starten. Gut fünf Stunden später, um 12 Uhr 30, erfolgte die Landung etwa acht Kilometer vor Genitschesk im Schilf des Faulen Meers. Und 20 Minuten danach standen beide bis auf die Haut durchnäßt auf festem Boden.

»Schau nach, ob das Geld trocken geblieben ist«, forderte Markus Jadscha auf, als die übersprühende Freude über die geglückte Landung abgeklungen war.

Sie schüttelte den Kopf. »Erst entledigen wir uns unserer Kleidung! Und dann baust du, wie wir es im Arbeitslager gemacht haben, aus jeweils drei Stöcken, in diesem Fall aus Schilfrohren, zwei Pyramiden als Trockenständer.«

»Ein guter Vorschlag.«

»Danach kontrollieren wir das Geld, und du erzählst mir, welche Idee dir gekommen ist, von der du meintest, daß sie mir gefallen und uns entscheidend weiterhelfen werde.«

»Davon bin ich überzeugt.«

Sie begannen, sich zu entkleiden, und Jadscha staunte darüber, daß Markus die von ihr besorgte Landkarte nicht an Bord des Flugzeuges gelassen hatte. Er zog sie wie eine Kostbarkeit unter seinem Kittel hervor, faltete sie behutsam auseinander und legte sie zum Trocknen auf die Erde.

»Daß du die Karte trotz des Dilemmas, in das uns die Vögel brachten, nicht vergessen hast, verdient Bewunderung«, lobte sie ihn.

»Herzlichen Dank. Das geht mir wie Öl durch die Kehle. Aber ist es nicht meine Aufgabe, die von dir so sorgsam vorbereitete Flucht zu einem glücklichen Ende zu führen? Ohne Landkarte geht das nicht.«

Im Verlauf der nächsten Stunde hatten sie das Glück, daß die Wolken zeitweilig aufrissen und heiße Sonnenstrahlen auf sie herabfielen. Nach den Wochen, die sie in der Kühle des Waldes verbracht hatten, genossen sie es, in der Sonne zu liegen und zu wissen, bald über trockene Kleidung zu verfügen. Dies war besonders wichtig, weil die Idee, die Markus beim Auftauchen des Schiffes gekommen war, es notwendig machte, daß Jadscha schnellstens nach Genitschesk ging.

Er begründete die Eile mit den Worten: »Die von mir geschätzte Position, in der sich der Dampfer befand, als du ihn entdecktest, und der Kurs, den er eingeschlagen hatte, lassen mich vermuten, daß er im Laufe des Nachmittags den Hafen von Genitschesk erreichen wird. In dieser Gegend gibt's ja keine andere Küstenstadt. Wenn du nun nach dem Einlaufen des Schiffes einen Gasthof aufsuchst und um Quartier bittest, wird das kein Aufsehen erregen. Man wird vermuten, du seiest mit dem Dampfer gekommen.«

»Von wo, wenn ich fragen darf?«

Markus betrachtete die Landkarte. »Sagen wir von Kertsch.«

»Und weshalb bin ich nach Genitschesk gefahren?«

»Weil du eine Schwester besuchen willst, die hier«, er zeigte auf einen kleinen Ort in der Nogaischen Steppe, »in Askania Nova lebt. Die Entfernung schätze ich auf etwa 60 bis 70 Kilometer.«

»Und wie komme ich dorthin?«

»Mit einem Pferdewagen, den du dir leihst! Nicht *kaufst*! Das würde Verdacht erregen! Du leihst das Gefährt gegen eine auszuhandelnde Gebühr und deponierst – vielleicht beim Wirt der Herberge, in der du untergekommen bist – als Sicherheit dafür, daß du zurückkehrst und mit Pferd und Wagen nicht abhaust, einen Betrag, der dem Kaufpreis entspricht.«

Jadscha konnte ihre Bewunderung nicht verbergen. »Ganz schön raffiniert! Lernt man solche Tricks auf der Fliegerschule?«

Markus lachte. »Wohl kaum. Ich weiß nicht, wie ich darauf gekommen bin. Der Gedanke war einfach plötzlich da. Vielleicht hat mich der Name des Steppenortes Askania Nova, Neues Askanien, inspiriert. Als ich in Dessau tätig war, besuchte ich einmal die bei Aschersleben gelegene Burg Askania, die als ursprünglicher Sitz des askanischen Fürstenhauses gilt. Zwischen jener Burg und dem Ort in der Nogaischen Steppe muß es einen Zusammenhang geben. Es ist ja bekannt, daß die von Anhalt-Zerbst stammende Zarin Katharina die Große viele Deutsche bewog, sich in Rußland ansässig zu machen. Vielleicht ist das Glück weiterhin auf unserer Seite und ...«

»... es fliegen uns gebratene Tauben in den Mund«, frotzelte Jadscha. »Aber unser Plan ist doch, nach Cherson und dort auf ein Schiff zu gelangen.«

»Eben! Und Askania Nova liegt«, er wies erneut auf die Landkarte, »auf dem Weg nach Cherson.«

»Ich fange an, dich zu verstehen, frage mich allerdings: Wie gelangst du dorthin, wenn ich allein losgehen soll?«

»Das ist ganz einfach. Wir dürfen nicht zusammen gesehen werden. Seit ein paar Stunden wird garantiert überall nach dem Paar gesucht, das mit dem Flugzeug geflüchtet ist. Deshalb bleibe ich über Nacht hier, und im Morgengrauen zuckel' ich um

Genitschesk herum in Richtung Norden, bis ich auf den Pfad stoße, den du nehmen wirst.«

»Und was machst du, wenn es mir erst morgen oder übermorgen gelingt, ein Gefährt aufzutreiben?«

»Dann lege ich mich in angemessenem Abstand vom Weg auf den Boden und warte. Mein Magenknurren wirst du bestimmt hören.«

Jadscha wollte es nicht in den Kopf, daß sie Markus allein lassen sollte. Doch er schlug all ihre Gegenargumente in den Wind. Im Grunde genommen war sie von der Richtigkeit seines Vorschlages auch überzeugt, und als kurz vor vier Uhr in der Ferne ein Schiffshorn ertönte, mit dem der Dampfer wahrscheinlich sein Einlaufen in den Hafen ankündigte, brauchte Markus kein Wort mehr zu verlieren. Nach einem hastigen Abschied eilte sie davon.

Er war überzeugt, Jadscha spätestens am nächsten Morgen wiederzusehen. Angesichts der Umsicht und des Geschicks, mit der sie die Vorbereitungen zur Flucht betrieben hatte, konnte er sich nicht vorstellen, daß sie jemals versagen würde.

*

Obwohl Markus nicht daran zweifelte, daß Jadscha die ihr zugedachte Aufgabe noch an diesem Tag lösen würde, überkam ihn mit jeder Stunde, die nach ihrem Fortgang verstrich, eine immer größer werdende Unruhe. Beide hatten sich ineinander verliebt, und er war nicht gewillt, beim guten Ausgang des vermessenen Unternehmens, auf das sie sich eingelassen hatten, sich von ihr zu trennen. Sie war fraglos weniger attraktiv als seine Frau, die trotz vieler liebenswerter Eigenschaften nicht über das verfügte, was er bei Jadscha gefunden hatte. Abgesehen von Alvas Marotte zu glauben, früher schon einmal gelebt zu haben, nahm sie – wie ihre Mutter, eine verwöhnte und etwas exaltierte Frau eines wohlhabenden Berliner Bankiers – alles von der heiteren und gelegentlich auch leichten Seite. Ihn hatte das nicht gestört, in erotischer Hinsicht sogar gefallen. Doch nun, da er Jadscha kennengelernt hatte, wurde ihm bewußt, daß seine Ehe zwar gut, aber eigentlich nur ein lustiges Spiel gewesen war. Und ebendarum glaubte er, und er betrachtete dies als etwas ganz Natürliches, daß seine Frau sich längst anderweitig getröstet habe.

Erst spät am Abend, als nicht der geringste Vogellaut mehr zu hören und völlige Stille eingetreten war, wich im wunderbaren Halbdunkel der mondlosen Nacht die über ihn gekommene Beklemmung. Und als der Morgen graute und ihn erstes Vogelgezwitscher weckte, machte er sich ungeachtet des leeren Magens, der ihm in der Nacht manchmal recht lästig geworden war, auf den mit Jadscha besprochenen Weg. Die Orientierung fiel ihm leicht, da er nach wie vor den Taschenkompaß besaß, der ihm beim Marsch über das Changajn-Gebirge die Richtung gewiesen hatte. Er umging Genitschesk und traf bald auf den Pfad, der nach Askania Nova führte.

Die Nogaische Steppe war mit den weiten baumlosen Grasebenen, die er bisher kennengelernt hatte, nicht zu vergleichen. Er glaubte, seinen Augen nicht zu trauen, als er dunkellilafarbige Disteln, Iris, Goldsterne, Tulpen und manche ihm unbekannte Blume entdeckte. Auch das Gras war nicht mit dem anderer Steppen zu vergleichen. Seine Spitzen endeten in silbernen Federbüscheln, die der unendlichen Weite einen schimmernden Glanz verliehen. Angesichts der unerwarteten Pracht, die sich vor ihm ausbreitete, brachte er es nicht fertig, sich irgendwo hinzulegen und auf Jadscha zu warten. Er ging weiter nach Nordwesten, behielt den Pfad allerdings nach beiden Richtungen im Auge, um sich beim Auftauchen eines Fahrzeuges sofort auf den Boden werfen zu können.

Markus brauchte nicht lange zu warten. Knapp eine Stunde nachdem die Sonne bei wolkenlosem Himmel über den Horizont gestiegen war, sah er hinter sich in der Ferne die Silhouette eines Pferdewagens. Vorsorglich ging er in Deckung, doch er sprang in die Höhe und führte einen wahren Veitstanz auf, als er beim Näherkommen des Fahrzeuges ein russisches Volkslied hörte, das Jadscha mit lauter Stimme sang.

Wenig später lagen sich beide in den Armen.

»Ich hab' gewußt, daß du es schaffst!« jubelte er.

»Dein Plan war ja auch genial!« gab sie das Lob zurück. »Da konnte nichts schiefgehen!«

Er legte die Hände bittend gegeneinander. »Hast du mir etwas zu essen mitgebracht?«

Sie lachte. »Sogar ein halbes Hühnchen, das ich mir gestern abend mit der Begründung, gesättigt zu sein und den Rest als Wegzehrung mitnehmen zu wollen, vom Mund abgezwackt habe. Außerdem konnte ich einige bestrichene Brote, Tomaten und zwei Flaschen Wasser organisieren. Mehr riskierte ich nicht; der Wirt hätte stutzig werden können.«

Markus biß in ein Hühnerbein und entgegnete mit vollem Mund: »In Askania Nova wirst du Nachschub erhalten.«

Ihre Miene wurde ernst. »Dessen bin ich nicht so sicher. Wo immer es einen Radioapparat gibt, weiß man seit gestern nachmittag, daß es einem deutschen Piloten und der Frau eines sowjetischen Offiziers gelungen ist, sich in den Besitz eines Fernaufklärers vom Typ ›SB 2‹ zu setzen. Die Meldung wurde gestern abend dreimal durchgegeben und die Bevölkerung im Raum des Schwarzen und des Asowschen Meers aufgefordert, besonders wachsam zu sein.«

»Damit haben wir rechnen müssen«, erwiderte er. »Aber ich sage dir: Wenn wir bei unserer Masche bleiben, das heißt Ortschaften umfahren beziehungsweise uns trennen, wenn du sie aus Versorgungsgründen aufsuchen mußt, dann schaffen wir es. Ich umgehe die Dörfer, und wir treffen uns, wie heute, am nächsten Morgen auf dem Weg nach Cherson.«

»Jetzt scheinst du über mehr Kraft zu verfügen als ich. Mich haben die Radiomeldungen mächtig nervös gemacht.«

»Von dir habe ich gelernt, daß sich nur Zuversichtliche durchzusetzen vermögen! Vergiß also die Radiomeldungen! Lenk dich ab! Schau dir die wunderbare Steppe an! Hättest du für möglich gehalten, daß es hier so herrliche Blumen gibt?«

»Als ich sie sah, dachte ich unwillkürlich an Gogols mir unverständlich gewesene Worte: ›Tschort was wosjimi, steppi kak wy choroschi! – Hole euch der Teufel, Steppen, wie schön seid ihr!‹«

»Und ich sage dir: Der Teufel wird alle holen, die uns einfangen wollen. Wo es brenzlich werden könnte, fahren wir nur des Nachts. Notfalls erreichen wir Cherson auch ohne Nahrungsnachschub. Dort wird es dir mit deinem Geld, vor allen Dingen mit den Goldmünzen, schon gelingen, mich ungesehen in den Hafen und auf ein Schiff zu lotsen.«

Jadscha legte den Arm um ihn. »Mir ist schon wieder wohler. Die Meldungen hatten mich durcheinandergebracht. Mit Glück und Gottvertrauen werden wir es schaffen!«

»Das soll unser Motto für die nächsten Tage sein.«

Beide bestiegen den von einem kleinen Steppenpferd gezogenen Panjewagen. Jadscha nahm die Zügel in die Hand und erzählte: »Der Wirt, bei dem ich übernachtete, prophezeite mir, daß mich eine blühende Steppe erwarte. Normalerweise sei dies im Mai der Fall. In diesem Jahr sei der Regen jedoch sechs Wochen später als üblich gefallen.«

Markus warf den Knochen fort, an dem er geknabbert hatte. »Auch das wollen wir als gutes Omen werten.«

»Die Fahrzeit nach Askania Nova schätzte der Wirt auf fünf bis sechs Stunden. Als ich seine Frage, ob ich schon dort gewesen sei, verneinte, versicherte er mir: ›Dann werden Sie aus dem Staunen nicht herauskommen! Doch das wissen Sie gewiß von Ihrer Schwester!‹ Ich stimmte natürlich zu, habe aber keine Ahnung, was er meinte.«

»Komische Sache.«

»Finde ich auch.«

In den nächsten Stunden bewunderten beide immer wieder die Pracht des Blütenmeers, das sie umgab. Manchmal glaubten sie, über einen riesigen Blumenteppich zu fahren. Die Sonne aber brannte mit solcher Stärke, daß die Fahrt zur Tortur geworden wäre, wenn sie sich ihre Bauernkittel nicht über die Köpfe hätten legen können.

Gegen Mittag glaubten sie, einer Halluzination zu unterliegen. Sie näherten sich einer Herde friedlich äsender Zebras.

»Wo kommen die denn her?« wunderte sich Jadscha.

»Keine Ahnung. Aber hatte dir der Wirt in Genitschesk nicht erklärt, du würdest in Askania Nova aus dem Staunen nicht herauskommen? Wahrscheinlich dachte er an die Zebras.«

»Und an noch etwas anderes muß er gedacht haben«, entgegnete Jadscha und wies nach Westen. »Sind das dort hinten nicht Kamele?«

Markus war verblüfft. »Es sieht ganz danach aus.«

Im Verlauf der nächsten halben Stunde wurde immer deutlicher, weshalb der Wirt gemeint hatte, Jadscha würde aus dem Staunen nicht herauskommen. Sie näherten sich einem Gebiet, das ein echtes Tierparadies zu sein schien. Unbeaufsichtigt und durch keinen Zaun begrenzt, weideten Widder, Streifengnus, Hirsche, Büffel, Jaks und Wildpferde friedlich beieinander. Inmitten einer Schafherde waren sogar südamerikanische Lamas zu sehen.

Markus wurde besorgt. »So erfreulich der Anblick der Tiere ist, mir wird unheimlich zumute. Askania Nova dürfte mit den üblichen russischen Dörfern nicht zu vergleichen sein. Womöglich befindet sich dort eine Zuchtstation. Anders kann ich mir die Vielfalt der Tierarten hier nicht erklären.«

Eine Schar Vögel strich dicht über sie hinweg.

»Ein weiteres Wunder!« konstatierte Jadscha. »Wenn ich mich nicht täusche, waren das Baumfalken. Die brauchen doch einen Wald, können meines Erachtens in der Steppe nicht leben.«

Markus schüttelte den Kopf. »Wie auch immer – ich mache mich auf die Socken, sobald erste Anzeichen einer Siedlung zu erkennen sind. In Askania Nova gibt es neben einfachen Bauern bestimmt auch Apparatschiks, die das Sagen haben und die Radiomeldungen kennen. Wir müssen auf der Hut sein! Bleib dabei, daß du mit dem Schiff von Kertsch nach Genitschesk gefahren bist. Dort hast du den Panjewagen gemietet – was ja nachzukontrollieren ist –, um schnellstens nach Cherson zu gelangen, wo deine erkrankte Schwester deiner Pflege bedarf.«

Wenig später tauchte aus einer seitlich grasenden Rinderherde ein Reiter auf, der sichtlich stutzte, als er den Panjewagen gewahrte. Augenblicklich riß er sein Pferd herum.

»Verdammter Mist!« fluchte Markus. »Der hat uns gerade noch gefehlt!«

»Was soll ich ihm sagen?« fragte Jadscha verängstigt.

Er zuckte die Achseln. »Keine Ahnung. Hätten wir uns doch bloß schon getrennt!«

Ihr Gesicht erhellte sich. »Sag kein Wort! Ich werde behaupten, du seiest taubstumm.«

Markus atmete auf. »Das könnte uns retten.«

»Überlaß alles mir!«

»Du wirst es schaffen, Jadscha! Du wirst es schaffen!« redete er auf sie ein, um ihr Mut zu machen.

Der Reiter preschte heran und brachte sein Pferd vor ihnen zum Stehen. Er mochte vierzig Jahre alt sein und betrachtete beide prüfend. »Wohin des Wegs?«

»Nach Cherson«, antwortete Jadscha. »Ich soll meinen taubstummen Begleiter zu einem Arzt bringen.«

Der Reiter griff sich ans Kinn. »So, so! Der kann nicht hören und nicht sprechen?«

»Ja, leider.«

»Könnte daran liegen, daß er nur die russische Sprache nicht versteht und sie somit auch nicht sprechen kann?«

Jadscha erblaßte. »Worauf wollen Sie hinaus?«

»Das werden Sie wissen, wenn ich mit dem Herrn gesprochen habe«, erwiderte der Reiter in deutscher Sprache. »Sie sind der Pilot, der sich einen sowjetischen Fernaufklärer unter den Nagel gerissen hat, nicht wahr? Und Ihre Begleiterin ist die Frau des Festungskommandanten von Konoskoje! Stimmt's?«

Markus schoß das Blut in den Kopf. »Zu leugnen dürfte jetzt wohl sinnlos sein.«

»Gut, daß Sie das erkennen.«

»Sind Sie Deutscher?«

»Sächsischer Herkunft, wie mein Dialekt gewiß verrät. Ich lernte Professor Michail Feodorowitsch Iwanow, der zur Zeit in Leningrad, Moskau und anderen Städten Vorträge hält, während meines Studiums in Halle kennen. Er bewog mich, ihm hierher zu folgen und als sein Stellvertreter tätig zu werden.«

Jadscha sah ihn aus geweiteten Augen an. »Wenn Sie Deutscher sind, können Sie uns doch nicht verraten! Flugkapitän Erdmann erhielt zu Unrecht acht Jahre Festung. In Berlin soll aus Gründen, die ich so schnell nicht erklären kann, niemand erfahren, daß ein sowjetischer Agent, der an seinem Flug nach Peking teilnahm, tödlich verunglückt ist. Ich heiratete den Kommandanten der Festung, um aus einem Arbeitslager herauszukommen, in das ich 1917 verbannt wurde! Mit fünfzehn Jahren!«

Der Sachse hob beschwichtigend die Hand. »Beruhigen Sie sich! Ich werde niemandem verraten, will vielmehr versuchen, ihnen beiden zu helfen.«

Jadscha zitterte am ganzen Leib.

Markus legte den Arm um sie.

»Mein Name ist Christian Dörmann«, sagte der Reiter und stieg vom Pferd. »Ich weiß noch nicht, wie ich helfen kann. Das muß ich mit einigen zuverlässigen deutschen Siedlern, deren Familien seit Generationen hier leben, in Ruhe besprechen. Unsere russischen Gutsangestellten dürfen natürlich nichts erfahren.«

Markus stieg vom Wagen. »Tun Sie nichts, was Sie in Gefahr bringen könnte. Uns ist schon geholfen, wenn Sie Frau Jadscha für eine Nacht in Askania Nova aufnehmen und sie morgen, mit einigen Lebensmitteln versorgt, weiterfahren lassen. Wir wollen versuchen, Cherson zu erreichen und uns dort auf ein Schiff zu schmuggeln.«

»Das schaffen Sie nie!« erklärte der Deutsche.

»Auch nicht, wenn wir mit Goldrubelchen ködern können?« fragte Jadscha.

Christian Dörmann spitzte die Lippen. »Damit läßt sich natürlich viel anfangen. Doch zunächst sind Sie noch hier.« Er wandte sich an Markus. »Wo wollen Sie bleiben, wenn Frau Jadscha...?«

»Ich umgehe Askania in der Nacht mit Hilfe eines Kompasses, und morgen treffe ich mich mit ihr auf dem Weg nach Cherson. So haben wir es auch in der letzten Nacht gemacht.«

Der Gutsverwalter blickte nachdenklich vor sich hin. »Nicht schlecht. Ich könnte mir jedoch denken, daß unseren aus Anhalt-Köthen stammenden Mitarbeitern eine bessere Idee kommt. Wir verschiffen nämlich etwas außerhalb der Legalität manchmal Tiere, die sich namhafte zoologische Gärten erwünschen. Professor Dr. Lutz Heck erhielt erst kürzlich für den Berliner Zoo ein Zebroid, eine sehr widerstandsfähige und mit jedem Futter zufriedene Kreuzung von Pferdestute und Zebrahengst. Es bestehen also Kontakte zu Reedern, die eine ausgesprochene Vorliebe für harte Münzen haben.«

Jadscha wurde vor Aufregung puterrot. »Das wäre für uns die Rettung!«

»Die Sache ist sehr heikel und muß vorsichtig eingefädelt werden. Ich mache folgenden Vorschlag: Sie, Frau Jadscha, fahren weiter nach Askania Nova und spielen die Rolle, die Ihnen vorgeschwebt hat. Ich werde vor Ihnen dort sein und so tun, als hätte ich Sie noch nie gesehen. Flugkapitän Erdmann bleibt hier, und nach meinem Gespräch mit unseren deutschen Freunden reite ich zu ihm, um ihm zu sagen, wie es weitergehen soll. Einverstanden?«

Jadscha sprang vom Wagen und umarmte Christian Dörmann. »Der Herrgott hat Sie uns geschickt! Wenn ich nur wüßte, wie ich Ihnen danken könnte.«

»Das sage ich Ihnen gern. Sollte Ihnen, was ich zuversichtlich hoffe, die Flucht aus der Sowjetunion gelingen, dann besuchen Sie meine Mutter in Delitzsch bei Leipzig, und erzählen Sie ihr von unserem zufälligen Treffen in der Nogaischen Steppe. Sie wird sich sehr freuen und Ihnen einen guten Kaffee servieren.«

Markus verabschiedete sich von Jadscha. »Laß dich heute abend verwöhnen. Du hast es verdient!«

*

Noch vor Einbruch der Nacht erschien der Gutsverwalter mit einem zweiten Steppenpferd bei Markus. »Steigen Sie auf!« sagte er kurz angebunden. »Sie werden die nächsten Tage in einer winzigen Stube verbringen, die Sie nicht verlassen dürfen. Aber das ist besser, als hier im Freien zu übernachten. Unsere Anhalt-Köthener brennen darauf, dem Mann zu helfen, der es fertiggebracht hat, ein sowjetisches Militärflugzeug zu stehlen. Gleich morgen fahren zwei von ihnen nach Cherson, um das Terrain zu sondieren. Bis wir Klarheit gewonnen haben, gilt Frau Jadscha dem russischen Personal gegenüber als Expertin für Rentier- und Pelztierzucht. Wir haben erklärt, sie habe die weite Reise von Krasnojarsk auf sich genommen, um sich über unsere Forschungsarbeiten zu informieren. Sie hingegen müssen wir leider um Ihrer und unserer Sicherheit willen in den erwähnten kleinen Raum verbannen. Versorgt werden Sie durch mich. Frau Jadscha darf Sie nicht besuchen. Die Gefahr, daß jemand Lunte riechen könnte, ist zu groß. Gerne hätte ich Ihnen die Sehenswürdigkeiten von Askania Nova gezeigt, doch Frau Jadscha, die ich mit Vergnügen durch unseren Wald und Park führen werde, wird Ihnen später alles schildern.«

»Wald und Park?« fragte Markus ungläubig, während er auf das mitgebrachte Pferd stieg. »Nach allem, was ich bisher gesehen habe, kann mich ja eigentlich nichts mehr überraschen. Aber ein Wald in der Steppe? Tiere lassen sich gewiß verfrachten...«

»Bäume natürlich nicht«, fiel Christian Dörmann ein. »Ja, was hier im Laufe vieler Jahre geleistet wurde, ist erstaunlich und kaum zu begreifen. Zu verdanken ist alles der Initiative eines Mannes, den Zar Nikolaus II. – der sich übrigens persönlich nach Askania Nova bemühte, um das aus dem Nichts heraus geschaffene Tierparadies zu besichtigen – in Würdigung seiner Verdienste in den erblichen Adelsstand erhob: Friedrich von Falz-Fein.«

»Wie hat der das Unbegreifliche bloß geschaffen?«

»Die erste Voraussetzung schuf Katharina die Große. Sie gab Siedlungswilligen aus ganz Europa die Möglichkeit, sich in Rußland auf *eigenem Grund und Boden*, wie sie verkündete, eine neue Heimat aufzubauen. Dem Herzog Ferdinand zu Anhalt-Köthen übertrug sie für seine Landeskinder ein Gebiet von 53 000 Hektar, das heutige Askania Nova. Und hier hatte Ferdinand Falz-Fein eine grandiose Idee: Er nahm Bohrungen vor, weil er der festen Überzeugung war, daß sich unter der Kalksteinschicht, die kein Wasser aufsteigen läßt, Grundwasser des Dnjepr befinden müsse. Seine Vermutung traf zu. Er baute daraufhin einen hohen Wasserturm und beschaffte sich Pumpen, die von Benzinmotoren angetrieben wurden und seither täglich 300 000 Eimer Wasser fördern. Durch ein genial angelegtes Bewässerungssystem gelang es ihm, das Wasser über eine große Fläche zu verteilen, die es ihm gestattete, einen Wald anzulegen, in dem heute 402 Vogelarten leben. Daß er es nicht dabei beließ, hat Ihnen der Wildpark bereits gezeigt. Schafe und Widder, Antilopen, Zebras, Lamas, Gnus, Gazellen, Strauße, Büffel, Wisente, Kamele, Dromedare, Ganakos und viele hier durchgeführte Kreuzungen tummeln sich frei in der Steppe umher. Heute leben 58 verschiedene Tierarten in unserem Distrikt. Leider sind die Verhältnisse nicht mehr so, wie sie vorm Weltkrieg waren. Hunger und Not dezimierten die Bestände. Es folgte die Revolution mit ihren Ungerechtigkeiten. Die treuesten Mitarbeiter, Deutsche wie Russen, wurden verjagt. Askania Nova ist jetzt ein zum Naturschutzgebiet erklärtes volkseigenes Gut. Professor Iwanow, der schon 1904 in den Dienst Falz-Feins trat, führt weiterhin die Forschungsarbeiten auf dem Gebiet der Hybridisation durch.«

»Entschuldigen Sie, der Begriff ist mir so fremd wie Ihnen wahrscheinlich die mathematische Formel, nach der wir Blindlandungen durchführen.«

Christian Dörmann lachte. »Die dürfte aber schwerer zu erklären sein. Unter Hybridisation verstehen wir die Kreuzung von zwei verschiedenen Tierarten.«

Auf dem Weiterritt durch die angebrochene Nacht wurde nur noch wenig gesprochen. Dennoch hatte Markus das Gefühl, einen Freund gewonnen zu haben. Wenige Tage später sollten ihm jedoch erhebliche Zweifel kommen.

*

Daß Markus Bedenken kamen, lag an ihm selbst. Ihn plagte plötzlich Eifersucht. Er wurde erstmals argwöhnisch, als der Gutsverwalter, der ihn täglich zu später Stunde aufsuchte, um ihm Tee, Brote und Obst zu bringen, am dritten Abend in unverkennbar animierter Stimmung offen heraus erklärte, er hätte nicht das geringste dagegen, wenn Frau Jadscha für ein paar Wochen in Askania Nova bleiben würde. Ihr Charme habe ihn betört, und es sei ein Genuß, sich mit ihr zu unterhalten. Professor Michail Feodorowitsch Iwanow kehre von seiner Vortragsreise ohnehin erst in einem Monat zurück, und man müsse die Feste feiern, wie sie fallen.

Markus war wie benommen. Wie mochte Jadscha reagieren, wenn dieser Mensch aufdringlich werden sollte? Diplomatisch oder unbeherrscht? Würde sie es verstehen, ihn so zurückzuweisen, daß er nicht übelnimmt? Der Mann war durchaus in der Lage, sich auf böse Weise zu revanchieren.

Die Folge solcher Überlegungen war eine unruhige Nacht, der dann auch noch ein schlimmer Morgen folgte. Der Gutsverwalter erschien zu völlig ungewohnter Zeit und teilte aufgebracht mit, das Radio habe soeben gemeldet, die vom deutschen Piloten entwendete Maschine sei von einem Aufklärungsflugzeug in der Nähe von Genitschesk im Uferschilf gesichtet worden. Der Sprecher habe die Bevölkerung dieser Stadt aufgefordert, unverzüglich alles zu melden, was ihr im Hinblick auf irgendwelche Feststellungen im nachhinein als verdächtig erscheinen könne. Dabei sei zu berücksichtigen, daß sich das verbrecherische Paar wahrscheinlich vorsorglich getrennt habe.

»Ich brauche Ihnen wohl nicht zu sagen, was das für Sie und für uns bedeutet«, fügte er hinzu. »Keine Minute dürfen wir zögern! Zwei unserer Leute, die gestern von Cherson zurückgekehrt sind, bringen Sie zu einem am Ufer der Dnjepr-Bucht gelegenen alten Leuchtturm, der nicht mehr im Betrieb ist. Dort kommt so schnell niemand hin. Nahrung und Wasser für eine Woche werden Ihnen mitgegeben. Sie folgen mir jetzt und steigen in den ukrainischen Dachwagen, der vor der Remise steht. Damit Sie nicht gesehen werden, habe ich beide Hausmädchen beauftragt, bei einem unserer Leute etwas abzuholen. Frau Jadscha wird vorerst, bis alles geklärt ist, in Askania Nova bleiben. Sie ist nicht gefährdet, weil im Fall einer Kontrolle, mit der jetzt zu rechnen ist, hier jeder inzwischen weiß, daß sie eine Wissenschaftlerin ist, die bei uns Erfahrungen sammelt.«

»Sie wollen uns trennen?« brauste Markus auf.

»Wissen Sie eine bessere Lösung?«

Markus blieb die Antwort schuldig.

»Na also!«

»Und wie soll es weitergehen?«

»Das weiß ich selbst noch nicht. Die beiden, die Sie zum Leuchtturm bringen, fahren nicht nach hier zurück, sondern weiter nach Cherson, wo gewisse Dinge eingeleitet sind, aber noch nicht zu Ende geführt werden konnten. Wenn Klarheit geschaffen ist, werden sie bei Ihnen erscheinen.«

»Ich möchte unbedingt erst mal mit Jadscha sprechen.«

»Das geht nicht. Die Mägde kommen spätestens in ein, zwei Minuten heim. Wir müssen uns beeilen! Folgen Sie mir!«

Markus blieb stehen.

»Wollen Sie Frau Jadscha in Gefahr bringen? Wer würde wohl noch glauben, daß sie eine Expertin für Rentier- und Pelztierzucht ist, wenn sie in diesem Haus mit einem Mann gesehen wird, den niemand kennt? Dann denkt doch jeder sofort an die heutige Radiomeldung!«

»Sie haben recht. Gehen wir. Aber der Teufel soll Sie holen, wenn Sie ein falsches Spiel treiben!«

Christian Dörmann sah ihn entgeistert an. »Was wollen Sie damit sagen?«

»Ach, nichts. Ich bin im Moment total durcheinander.«

»Das verstehe ich.«

Sie traten ins Freie. Der Gutsverwalter wies auf die gegenüberliegende Remise. »Laufen Sie zu dem Wagen, der dort steht. Unsere Männer sitzen bereits auf dem Bock. Und alles Gute! Ich halte Ihnen die Daumen!«

Wirklich? fragte sich Markus. Doch dann sagte er sich: Du verdächtigst zu Unrecht! Ohne noch länger zu zögern, eilte er zum Wagen, der augenblicklich anfuhr. Ihm fiel, er hätte nicht sagen können, wieso und warum, ein Ausspruch Senecas ein: ›Mögen Götter und Göttin verhindern, daß dich das Schicksal verwöhnt!‹ Hatte ihm das Glück in den vergangenen Tagen zu sehr geholfen? Mußte er einen Dämpfer erhalten?

*

Die Männer auf dem Wagen trieben die Pferde zu höchster Eile an. Erst nachdem der Gutshof weit hinter ihnen lag, wandten sie sich an Markus, der neben ihnen auf dem Bock Platz genommen hatte.

»Ist ja kaum zu glauben, was Sie fertiggebracht haben«, meinte einer von ihnen.

»Ja, wirklich!« pflichtete ihm der andere bei. »Aber das sagen wir Ihnen gleich: Sollten wir kontrolliert werden – wir kommen von Askania Nova und fahren nach Cherson. Sie haben uns durch Zeichen zu verstehen gegeben, daß Sie mitgenommen werden wollen. Gesprochen haben Sie mit uns kein Wort. Auf unsere Fragen haben Sie immer nur komische Laute von sich gegeben. Wir vermuten deshalb, daß Sie taubstumm sind. Ist das klar?«

»Absolut!«

»Dann erzählen Sie jetzt mal! Wie haben Sie es angestellt, ein Militärflugzeug zu stehlen? Und wieso haben Sie in einer sowjetischen Festung gesessen?«

Ob Markus wollte oder nicht, er mußte schildern, wie es ihm und seiner russischen Begleiterin gelungen war, mit dem Flugzeug zu fliehen. Erst nach langer Zeit gelang es ihm zu fragen, was man mit ihm und Jadscha vorhabe. Aber die beiden machten nur unbefriedigende Andeutungen.

»Wissen Sie«, sagte der eine, »wir begackern nur gelegte Eier. Das ihre ist erst zur Hälfte heraus.«

»Sie müssen sich doch was dabei denken, wenn Sie mich zu einem alten Leuchtturm bringen«, insistierte Markus.

»Na klar. Das ist ein Ort, den wir jederzeit wiederfinden können. Die Halbinsel, auf der der Turm steht, ist nämlich völlig unbewohnt. So schnell spürt Sie da niemand auf.«

»Herr Dörmann sagte mir, daß Sie in Cherson gewesen seien, um...«

»Jetzt hören Sie mal zu«, unterbrach ihn einer der beiden. »Wir befinden uns hier nicht in Deutschland, sondern in der Sowjetunion, in der Menschen, von denen man was erfahren will, so lange in die Zange genommen werden, bis sie reden. Wenn Sie wissen, mit wem und über was wir verhandelt haben, würden Sie im Falle einer Festnahme gar nicht daran vorbeikommen, irgendwann Farbe zu bekennen. Welche Folgen das für unsere Verbindungsleute und letztlich auch für uns hätte, brauchen wir Ihnen wohl nicht zu sagen. Stellen Sie also keine Fragen über das, was wir eingeleitet haben und in Ihrem und Ihrer Komplizin Interesse zu Ende führen wollen. Über Ihre Vorbereitungen zum Diebstahl des Flugzeuges werden Sie auch mit niemandem geredet haben, oder?«

»Natürlich nicht. Ich werde Sie nicht mehr bedrängen.«

In den folgenden Stunden wurde nur über alltägliche Dinge gesprochen, und die Sonne näherte sich bereits dem Horizont, als einer der Deutschen auf einen verwitterten Holzturm wies. »Dort drüben, das ist der alte Leuchtturm. Der Weg dorthin wird jetzt sumpfig. Sie müssen deshalb den letzten Kilometer zu Fuß zurücklegen. Die Räder des Wagens würden einsacken. Verpflegung und Wasser für die nächsten Tage befinden sich in einem Rucksack, den Sie sich umhängen können.«

»Und wo bleiben Sie?«

»Wir fahren zum Hauptweg zurück und übernachten dort. Das ist das Schöne an den ukrainischen Wagen: Man hat ein Dach über dem Kopf und führt Heu mit sich, das als Schlafunterlage und als Pferdefutter dient. Morgen geht's weiter nach Cherson. Sobald alles geklärt ist, kommen wir zu Ihnen zurück.«

Der Wagen hielt an. Die Männer von Askania Nova sprangen vom Bock, um sich nach der langen Fahrt die Beine zu vertreten.

»Wir begleiten Sie ein Stück«, sagte einer von ihnen und deutete auf einen massiv aus Beton gebauten, rot-weiß gestrichenen

Leuchtturm, der etwa 1500 Meter vom Ufer entfernt auf einer nur wenig aus dem Wasser herausragenden Sandbank errichtet war. »Der da hat den alten abgelöst.«

»Der neue wird mit Strom betrieben und arbeitet vollautomatisch«, ergänzte der andere Begleiter und fragte völlig übergangslos: »Sind Sie ein guter Schwimmer?«

»Ich denke, schon«, antwortete Markus. »Warum wollen Sie das wissen?«

»Weil ich vermute, daß Sie bei der augenblicklichen Hitze oft in der Bucht baden werden. Sehen kann Sie da niemand. Dennoch müssen Sie aufpassen! Die Strömung des Dnjepr ist auch außerhalb der Flußmündung sehr stark. Ich hab' gehört, daß man pro 100 Meter, die man quer zur Strömung schwimmt, um 300 Meter flußabwärts versetzt wird.«

»Gut, daß Sie mir das sagen. Ich werd's nachmessen und sag' Ihnen, wenn Sie zurückkehren, zu welchem Ergebnis ich gekommen bin.«

Seine Begleiter verabschiedeten sich mit der Versicherung, alles in ihrer Macht Stehende zu tun, um ihn und Frau Jadscha auf ein Schiff zu bringen.

»Wird nicht leicht sein«, fügte einer von ihnen hinzu. »Aber mit den Goldrubelchen, über die Ihre Verbündete verfügt, lassen sich hierzulande wahre Wunder vollbringen. Da schließt selbst der schärfste Apparatschik die Augen.«

»Erfreulich, das zu hören«, sagte Markus erleichtert und schöpfte neue Hoffnung. Jadscha hatte die Initiative ergriffen und ihre Goldrubel in die Waagschale geworfen.

*

Markus war an diesem Abend bei weitem nicht mehr so deprimiert wie am Morgen, als er Askania Nova so plötzlich verlassen mußte. Dennoch fand er in der Nacht nur wenig Schlaf. Er kam aus dem Grübeln nicht heraus. Was mochten die beiden Anhalt-Köthener in Cherson eingeleitet haben, das noch zu Ende geführt werden müßte? Der Gutsverwalter hatte am ersten Abend versichert: ›Gleich morgen fahren zwei unserer Leute nach Cherson, um das Terrain zu sondieren.‹ Hatte Jadscha dem Christian Dörmann, bevor dieser ihn aus der Steppe geholt und heimlich ins Haus geschleust hatte, ihre Goldrubel bereits zur Verfügung gestellt? Dann war es gut möglich, daß auf der ersten Fahrt erkundet werden sollte, ob und was gegen Zahlung in hochwertiger Münze zu erreichen sei. Es mußte ja ein Reeder gefunden werden, der sich bereit erklärte, zwei Menschen an Bord eines Schiffes zu schmuggeln. Auch war gewiß zu eruieren, welche Beamten sich für ein nicht gerade alltägliches Bakschisch bewegen ließen, nicht genau hinzusehen, wenn der Wagen des volkseigenen Tierzucht- und Forschungsinstitutes die Hafenwache passiere. Solche und ähnliche Fragen verlangten eine behutsame Klärung, bevor zur Tat geschritten werden konnte. Dieser Zeitpunkt schien gekommen zu sein. Womöglich hatten die beiden, die erneut nach Cherson fuhren, Jadschas Goldrubelchen schon bei sich.

Markus konnte den nächsten Tag kaum erwarten. Bereits im Morgengrauen lief er zum sandigen Ufer der Kinsburnsker Nehrung, auf der der alte Leuchtturm stand, um ein erfrischendes Bad zu nehmen. Am 10. Juni hatte er in Konoskoje das letzte Mal geduscht. Seiner Strichliste zufolge schrieb man den 19. Juli. 39 Tage waren seit dem Ausbruch aus der Festung vergangen. Sein Bart war lang und zottig geworden.

Als er sich ins Wasser stürzte, dachte er an die Warnung, die Strömung nicht zu unterschätzen. Es reizte ihn festzustellen, ob er tatsächlich um 300 Meter versetzt werden würde, wenn er 100 Meter quer zur Strömung schwamm. Er kehrte deshalb nochmals zum Ufer zurück, markierte die Stelle, an der er ins Wasser gehen wollte, schwamm geschätzte 100 Meter und stellte fest, daß er auf dem insgesamt 200 Meter betragenden Hin- und Rückweg um etwa 500 Meter flußabwärts getrieben war.

Am Nachmittag führte er weitere Messungen durch. Er hatte ja nichts zu tun und wollte sich ablenken. Außerdem war es unerträglich heiß, und er hielt sich nicht gern im Schatten des alten Leuchtturms auf. Es genügte ihm, dessen modernden Geruch in der Nacht ertragen zu müssen.

Auch am nächsten Tag schwamm er eifrig und ermittelte, daß die Strömung, selbst wenn er sich weit hinauswagte, nicht stärker wurde. Doch dann verlor er die Lust. Und am dritten Tag tummelte er sich überhaupt nicht mehr herum. Das Schwimmen machte ihn nervös, weil er zwangsläufig immer in die Richtung schaute, aus der der Wagen zurückkehren mußte. Nach Cherson waren es höchstens 60 Kilometer. Die Fahrt dauerte also allenfalls sechs Stunden. Ihm kamen Zweifel, und er fragte sich, ob alles mit rechten Dingen zugehe. Erneut wuchs sein Mißtrauen gegenüber Christian Dörmann. Dachte der womöglich gar nicht daran, ihm zu helfen? Von Jadscha war er ja überaus angetan gewesen. Wenn er sie bedrängen würde... Die verrücktesten Ideen kamen ihm.

Markus war richtig verstört, als am Nachmittag des vierten Tages der Wagen des Gutshofes endlich auftauchte. So schnell er konnte, lief er ihm über das sumpfige Gelände entgegen. »Wo haben Sie so lange gesteckt?« rief er ungehalten, als die Pferde zum Stehen kamen.

»Uns um Ihre und die Zukunft der Russin gekümmert«, antwortete einer der Deutschen vorwurfsvoll. »Und das war 'ne harte Nuß! Frau Jadscha – um das vorwegzunehmen – befindet sich bereits außer Gefahr. Sie ist an Bord des österreichischen Tankschiffes ›Steiermark‹, das regelmäßig Sonnenblumenöl transportiert, unter dem Achterdeck aber auch andere Güter laden kann. Zum Beispiel eine Kreuzung von Pferdestute und Zebrahengst, die so köstlich aussieht, daß jedermann seine Freude daran hat und den Blick von dem Tier nicht wenden kann. Es hat eine wunderschöne rosa Farbe mit pechschwarzem Streifen. Herr Dörmann brachte das Zebroidfüllen«, er blinzelte vielsagend, »mit der Expertin für Rentier- und Pelztierzucht zum Schiff, wo die Wissenschaftlerin so unauffällig verschwand, daß es niemand bemerkte.«

»Mir fällt ein Stein vom Herzen!« seufzte Markus und begriff die Verdächtigungen nicht mehr, die ihm gekommen waren. »Sie ist also in Sicherheit!«

»Hundertprozentig kann man das erst sagen, wenn das Schiff die Zwölf-Meilen-Zone passiert hat«, schränkte einer der beiden ein.

»Gibt's da Befürchtungen?«

»Nein. Die Sache hat ein sehr zuverlässiger armenischer Jude, der nicht gerade billig ist, aber über beste Beziehungen zu Behörden und speziell zur Hafenverwaltung verfügt, in die Wege geleitet. Der Lotse wird das Schiff gleich hinter der Mündung des Dnjepr in die Liman-Bucht verlassen. Damit signalisiert er sein Vertrauen zum Kapitän der ›Steiermark‹, und es ist noch nie vorgekommen, daß sich die Marine in einem solchen Fall für das betreffende Schiff interessiert hat. Der Armenier ist eben mit allen Wassern gewaschen.«

»Und wie komme ich an Bord?« fragte Markus beklommen. Er spürte, daß Unangenehmes auf ihn zukam.

»Da gibt's einen Haken. Unser Vermittler, der so schnell keine Hemmungen hat, traut sich nicht, einem einzigen der von ihm schon oft gepickten und ihm dadurch sehr verbundenen und auch verpflichteten Apparatschiks zu sagen, *wem* geholfen werden soll. Auf Ihren Kopf sind inzwischen 10 000 Rubel ausgesetzt! Er hatte schon bei unserer ersten Rücksprache Bedenken und eine Frage aufgeworfen, die wir an Sie weiterleiteten: Ob Sie ein guter Schwimmer seien?«

Markus war wie versteinert. Es dauerte lange, bis er, zwischen Erregung und Resignation schwankend, entgegnete: »Ich hätte es mir denken können! Darum wiesen Sie auf die Strömung hin!«

»Die einkalkulierte Versetzung hatte uns der Vermittler genannt.«

»Was man von mir erwartet, grenzt an Wahnsinn!« schrie Markus entnervt. »Woher soll ich die Kraft nehmen, so weit in die Bucht hinauszuschwimmen? Und wie soll ich abschätzen, wann und wo ich das Wasser aufsuchen muß?«

»Der Armenier hat da eine gute Idee. Er sagt, die Entfernung vom alten zum neuen Leuchtturm beträgt genau 1350 Meter. Das bedeutet, daß Sie gut vier Kilometer oberhalb des Ufers losschwimmen müssen.«

»Dann komme ich doch nur zum Leuchtturm!« erregte sich Markus.

»Genau! Dorthin sollen Sie morgen vormittag schwimmen. Die schmale Insel, auf der das Signalfeuer steht, ist übrigens über zwei Kilometer lang und somit nicht zu verfehlen. Wenn Sie zeitig rüberschwimmen, verbleibt Ihnen eine lange Ruhepause. Denn die ›Steiermark‹ wird den Turm etwa um zwei Uhr in einer Entfernung von 150 Metern passieren. Auf der Backbordseite, die der Insel zugewandt ist, wird die Gangway bis dicht über das Wasser herabgelassen; auf der Steuerbordseite vorsorglich ein Fallreep. Die Geschwindigkeit wird bis aufs Äußerste reduziert. Nach Meinung des Kapitäns sollten Sie starten, wenn das Schiff auf einen Kilometer herangekommen ist. Um eine Fehleinschätzung zu vermeiden – an Bord verfügt er ja über nautische Meßgeräte –, läßt er das Schiffshorn ganz kurz, wie aus Versehen, ertönen. Was sagen Sie dazu?«

Markus griff sich an den Kopf. »Ich bin zu verwirrt, um den Vorschlag so mir nichts, dir nichts verdauen zu können. Doch mir wird wohl nichts anderes übrigbleiben, als ihn auf Gedeih und Verderben zu akzeptieren.«

»Daß Sie im Moment durcheinander sind, verstehe ich. Aber ein Mann, der es fertiggebracht hat, eine sowjetische Militärmaschine zu klauen, der bringt den Zwei-Etappen-Schwumm doch spielend hinter sich.«

»Zwei-Etappen-Schwumm, haben Sie gesagt?«

»Na ja, wie soll man es anders nennen?«

Trotz der höchst unerfreulichen Situation konnte Markus mit einem Mal lachen. »An Ihre Wortbildung werde ich denken, wenn ich unterwegs bin. Das wird mir Kraft geben.«

*

Seltsamerweise überkam Markus am Abend eine große Gelassenheit. Sie mochte ihren Ursprung in der Erkenntnis haben, daß nun nicht Kaltblütigkeit und Geistesgegenwart, sondern Ausgeglichenheit und Selbstvertrauen die Entscheidung herbeiführen würden. Doch wie auch immer: Er sah dem kommenden Tag entspannt entgegen und fiel in der Nacht in einen tiefen Schlaf. Am Morgen aß er in aller Ruhe das Beste von dem, was ihm als Wegzehrung mitgegeben worden war. Danach blätterte er in den stichwortartigen Aufzeichnungen, die er seit Antritt der Flucht gemacht hatte. Mitnehmen konnte er sie nicht. Bis auf seine Unterhose mußte er alles zurücklassen. Wie um einen Abschluß zu schaffen, schrieb er das Datum auf das letzte Blatt: ›Mittwoch, 24. 7. 1935‹, faltete es in Form eines Schiffchens und ließ es mit der Strömung flußabwärts treiben.

Fahr voraus, dachte er in elegischer Anwandlung. Weit wirst du nicht kommen. Aber du hast dieses verfluchte und dennoch so liebenswerte Land wenigstens verlassen.

Ohne das Fortgleiten des Papierschiffchens zu verfolgen, ging er stromaufwärts. Er hatte festgestellt, daß 100 Schritte 80 Meter ausmachen, mußte somit bis 5000 zählen.

Seine Armbanduhr, die mit dem Papiergeld im Wachstuchbeutel die Landung im Brackwasser des Schilfs gut überstanden hatte, würde heute die Stunde festhalten, in der er sich anschickte, zum neuen Leuchtturm zu schwimmen. Sein erster Blick galt deshalb dieser Uhr, als er gegen Mittag mächtig schnaufend, aber in guter Verfassung die vorgelagerte Sandbank erreichte. Die Uhr war um halb zwölf stehengeblieben.

Obwohl das Wasser nicht sehr kalt gewesen war, legte er sich schleunigst in die Sonne, um sich aufzuwärmen. Ein bißchen veranlaßte ihn freilich auch Eitelkeit. Denn wenn er die »Steiermark« erreichte – und nachdem er die große Strecke relativ mühelos bewältigt hatte, zweifelte er nicht daran –, dann wollte er wenigstens etwas von der Blässe verloren haben, die auf den langen Aufenthalt im Wald zurückzuführen war. Aber die Hitze setzte ihm schon bald mächtig zu. Er zog es deshalb vor, sich in den Schatten des rot-weiß gestrichenen Leuchtturms zu legen. Von dort konnte er die Bucht in östlicher Richtung, aus der das Schiff kommen mußte, gut überschauen.

Der ohne Schwierigkeit gelungene ›Schwumm‹ über die erste Etappe erhöhte seine Zuversicht. Doch als die »Steiermark« am

Horizont auftauchte, begann sein Herz heftig zu klopfen. Er glaubte, es bis zum Hals hinauf zu verspüren. Und je näher der Tanker kam, um so mehr wich die Gelassenheit, die er am Tag zuvor als so wohltuend empfunden hatte. Auch quälte ihn die Frage, ob er sich auf das Horn verlassen sollte, das der Kapitän betätigen wollte, oder ob es nicht richtiger sei, nach eigenem Ermessen loszuschwimmen. Als Pilot war er gewohnt, Entfernungen abzuschätzen. Und bestand nicht die Möglichkeit, daß er das Horn infolge widrigen Windes überhaupt nicht hörte?

Eine kleine weiße Dampfwolke, die sich kurz unterhalb des Schiffsschornsteins bildete, verscheuchte seine Unsicherheit. Gleich darauf hörte er den tiefen Ton des Horns. Wie erlöst und im beruhigenden Gefühl, richtig geschätzt zu haben, sprang er ins Wasser und schwamm, ohne Hast, quer zur Strömung. Beklemmungen, die ihn überfallen hatten, waren wie fortgefegt. Ihn überkam sogar ein Glücksgefühl. Er fühlte sich gefordert und dachte an Jadscha, die nun gewiß in großer Sorge um ihn war. Der Gedanke an sie feuerte ihn weiterhin an.

Zunächst nur gelegentlich, dann immer öfter schaute er zur »Steiermark« hinüber, die ihm mit einem Mal unheimlich schnell näher zu kommen schien. Und dann hatte er plötzlich den Eindruck, sich bereits auf dem Kurs des Schiffes zu befinden. Einen Moment noch zögerte er, bevor er die Richtung wechselte und einschwenkte. Über die Schulter zurückblikkend, erkannte er, daß er recht daran getan hatte, nicht weiter quer zur Strömung zu schwimmen. Kräftig ausholend erhöhte er seine Geschwindigkeit. Der Tanker kam näher und näher. Nur noch wenige Meter trennten sie. Er holte das Letzte aus sich heraus, schwamm unmittelbar neben der schwarzen, jetzt drohend aussehenden Bordwand, die langsam an ihm vorüberglitt.

Hinter sich hörte er jemanden schreien: »Gut so! Weiter so! Gleich sind wir mit der Gangway neben Ihnen! Greifen Sie dann nach der Plattform, auf der wir stehen! Wir ziehen Sie heraus!«

Das Manöver gelang. Als Markus die Plattform unmittelbar hinter sich gewahrte, streckte er den Arm aus und spürte im nächsten Moment eine Hand, die wie eine Zange zugriff. Gleich darauf schob sich ein tätowierter Arm unter seine Achselhöhle, und mit vereinten Kräften wurde er aus der Strömung gezogen.

Markus wollte sich aufrichten, doch die Beine versagten ihm den Dienst.

Einer der beiden Schiffsleute stützte ihn und setzte ihn auf eine Stufe der Gangway. »Mensch, das haben Sie bannig gut gemacht!« sagte er im Hamburger Tonfall. »Genau im richtigen Augenblick haben Sie beigedreht. Da fehlte kein Zoll. Zum Glück zählt unser Rudergänger ja zu den ganz fixen Jungs! Als wir näher an Sie herankamen, hat er sofort zwei Strich Backbord zugelegt. War genau richtig, nöch?« Er klopfte Markus auf die nasse Schulter, daß es klatschte. »Na, wie fühlen Sie sich nach dem Törn?«

»Bin froh, daß ich es geschafft habe. Im Augenblick schlottern mir die Knie.«

»Das kommt von der Aufregung, gibt sich aber bald wieder. Bleiben Sie erst mal ruhig sitzen.«

Markus schaute zur gar nicht hohen Reling hinauf und entdeckte Jadscha zwischen anderen, die ihm zuwinkten. Sie rief seinen Namen.

Er hob die Hand. »Ich komme gleich, muß noch einen Moment verschnaufen.«

»Laß dir Zeit! Ich hatte furchtbare Angst um dich.«

Er erhob sich. »Jetzt geht's schon wieder.«

Kaum oben angekommen, warf Jadscha die Arme um ihn.

»Dein Kleid wird naß!« warnte er.

»Das macht nichts!« jubelte sie und küßte ihn nach Herzenslust.

Die Besatzung stieß anfeuernde Pfiffe aus.

Jadscha lachte. »Es wird wohl besser sein, wenn du dich erst mal anziehst.«

»Gibt's denn was Passendes für mich?«

Sie wies auf den Schiffsführer. »Dank der Güte dieses Herrn beziehungsweise eines seiner Offiziere steht dir ein weißer Dienstanzug zur Verfügung. Den mußt du in Wien natürlich zurückgeben. Die Reinigungskosten werden dir trotz meines Widerspruchs erlassen.«

Der Kapitän reichte ihm die Hand. »Herzlich willkommen an Bord der ›Steiermark‹. Ich bin heilfroh, daß alles gutgegangen ist. Ein zweites Mal laß' ich mich auf ein solches Manöver nicht ein!«

»Das gilt auch für mich!« stimmte ihm Markus zu.

»Dennoch wollen wir das gelungene Unternehmen feiern. Ich erwarte Sie, Frau Jadscha und die nicht diensttuende Besatzung in einer Stunde zu einem Glas Krimsekt in meiner Kabine. Wir nehmen Sie nicht lange in Beschlag. Zum Erzählen bleibt uns ja noch viel Zeit.«

*

Alle Hoffnungen hatten sich erfüllt, alle Sorgen und Ängste waren vergessen. Dennoch begriffen Jadscha und Markus noch nicht ganz, was sie erreicht hatten. Sie erfaßten wohl, daß ein gütiges Schicksal ihnen die Freiheit geschenkt hatte, wußten aber noch nichts anderes damit anzufangen, als sich in die Arme zu nehmen und immer und immer wieder das unbegreifliche Glücksgefühl auszukosten, das sie überkam. Doch am dritten Tag – das fiebrige Donaudelta mit seinem über Hunderte von Kilometern sich ausdehnenden, drei Meter aus dem Wasser herausragenden Schilfmeer war schon passiert, und Pelikane sowie viele andere exotische Sumpf- und Wasservögel strichen über den Tanker hinweg –, da machte ein Gespräch zu später Stunde deutlich, daß noch nicht alle Probleme bewältigt waren.

»Was wirst du tun«, fragte Jadscha, »wenn deine Frau, entgegen deiner Meinung, auf dich gewartet hat?«

Markus wich aus. »Ich kenne Alva und weiß, daß sie... Inzwischen sind fast zwei Jahre vergangen!«

»Und wenn du dich irrst?«

Er richtete sich auf. »Ich täusche mich nicht. Unabhängig davon ist doch klar, daß ich mich keinesfalls von dir trennen werde. Das hat nichts damit zu tun, daß ich dir die Freiheit verdanke. Ohne dich säße ich noch sieben Jahre in Konoskoje. Du bist schlechthin die Frau, die zu mir paßt. Ich kann mir nicht vorstellen, daß es zwischen uns ernsthafte Kontroversen geben könnte.«

»Deinen Schilderungen zufolge gab es die zwischen Alva und dir auch nicht.«

»Das ist richtig, doch das läßt sich nicht vergleichen. Uns verband Erotik und sonst nichts. Ich hatte meine Fliegerei und Spaß mit ihr, sie hatte ihre Marotte und Spaß mit mir. Das war alles.«

Jadscha schüttelte den Kopf. »Gut, ich muß das akzeptieren. Dennoch möchte ich einmal unterstellen, Alva habe auf dich gewartet. Würdest du dich dann von ihr scheiden lassen?«

»Ohne weiteres nicht«, antwortete er in aller Offenheit. »Eine Scheidung kommt ohnehin nur im gegenseitigen Einvernehmen in Frage. In jedem Fall werde ich aber bei dir bleiben.«

Sie gab ihm einen Kuß. »Genau das wollte ich hören.«

»Sag bloß, du hättest das nicht längst gewußt.«

»Ich wollte es halt gern einmal von dir hören! Bislang waren unsere Themen ja zwangsläufig anderer Natur.«

Obwohl damit alles klargestellt war, wußten beide aus eigener Erfahrung, daß das Leben die sonderlichsten Wege geht und daß sich nichts zuverlässig vorherbestimmen läßt.

Wie um dies zu bestätigen, berichtete der Kapitän beim Abendessen: »Das Radio meldete vorhin, in China herrsche eine kaum faßbare Hochwasserkatastrophe. Der Jangtsekiang soll die Provinz Hupeh zu siebzig Prozent überschwemmt haben. Man rechnet mit weit über 200 000 Toten. Ich habe unwillkürlich gedacht: Alles Planen und Vorsorgen nützt nichts, wenn das Schicksal dazwischenfährt und vernichtet, was man aufgebaut oder sich erhofft hat.«

»Tjä, das stimmt genau«, pflichtete ihm ein Hamburger Maat bei. »Meine Großmutter pflegte zu sagen: ›Wer Pech hat, stolpert im Grase, der fällt auf den Rücken und bricht sich die Nase!‹«

Trotz des Lachens, das dieser Spruch auslöste, blieb Jadscha und Markus im Ohr, was der Kapitän zum Ausdruck gebracht hatte. Beide fragten sich insgeheim: Erwartet uns in Berlin ein gnädiges Schicksal, oder wird es vernichten, was wir uns erträumen? Die Vorstellung, daß es Komplikationen geben könnte, trübte zuweilen die herrliche Fahrt über die Donau. Mit jedem Tag, der sie näher an Wien heranbrachte, wo Markus vom Flughafen aus mit der Zentrale der Deutschen Luft Hansa telefonieren wollte, weckte die Frage, was sie über Alva erfahren würden, eine Beklemmung in ihnen, die sich wie Mehltau auf ihr Denken legte. Sie atmeten deshalb auf, als die österreichische Metropole am 13. August erreicht wurde. Aber war das Datum nicht ein böses Omen?

Jadscha sagte: »Nein! Die Dreizehn ist meine Glückszahl! Am 13. Oktober lernte ich dich kennen! Ich spüre, daß wir heute eine gute Nachricht erhalten.«

Mit einem Taxi, das der Schiffskapitän bevorschußte, fuhren sie zum in der Nähe des Hafens gelegenen Flugplatz Aspern. Hier suchte Markus das Büro der deutschen Luftfahrtgesellschaft auf und bat deren Vertreter, ihm umgehend ein Telefongespräch mit dem technischen Direktor der Zentrale in Berlin zu vermitteln.

Der DLH-Bevollmächtigte betrachtete beide von oben bis unten. Markus war noch in der nun nicht mehr ganz blütenweißen Uniform eines Schiffsoffiziers gekleidet, von der die Rangabzeichen freilich abgetrennt waren, und Jadschas russischer Kittel und Bauernrock wirkten auch nicht eben vertrauenserweckend. »Darf ich fragen, weshalb Sie mit Herrn von Gablenz sprechen möchten?«

»Dürfen Sie«, antwortete Markus, zog seinen unansehnlich gewordenen Dienstreisepaß aus der Tasche und überreichte ihn.

Der Vertreter der Luft Hansa schlug das Dokument auf und stutzte. »Sie sind Flugkapitän Erdmann?«

»Wie das Foto zeigt!«

»Sie sind doch ...«

»... in der Mongolei abgestürzt«, beendete Markus den Satz. »Dank dieser Russin – ich darf Sie mit Frau Jadscha bekannt machen – ist es mir gelungen, die Sowjetunion zu verlassen. Ich muß Sie aber bitten, dies bis auf weiteres für sich zu behalten! Es gibt gewichtige Gründe, meine Rückkehr vorerst nicht publik werden zu lassen! Und nun drücken Sie auf die Tube!«

Die Verbindung mit Berlin kam wenige Minuten später zustande, doch die Sekretärin des technischen Direktors erklärte, daß dieser zur Zeit im Ausland sei.

Markus übernahm den Hörer. »Dann geben Sie mir Doktor Wronsky.«

»Der ist heute in München.«

»Wer von den Direktoren ist denn zu erreichen?« schrie Markus unbeherrscht.

»Der kaufmännische Leiter Leuz.«

»Ist ja großartig! Holen Sie den schnellstens an die Strippe!«

»Wen darf ich melden?«

»Das sage ich ihm selber.« Markus wandte sich an Jadscha. »Läuft prima. Ich werde mit einem guten Bekannten verbunden.«

Es knackte einige Male in der Leitung, dann sagte jemand: »Hier Leuz!«

»Mensch, Walter! Bist du schon lange aus China zurück?«

»Mit wem spreche ich?«

»Halt dich fest: mit Markus Erdmann!«

Dem kaufmännischen Direktor und Piloten, der vor Markus mit einer einmotorigen W 34 über Urumschi nach Lantschou geflogen war, schien es die Stimme zu verschlagen. »Soll das ein Scherz sein? Dann ist es ein übler!«

»Walter, sprich mit dem hiesigen DLH-Vertreter, der eben meinen Paß eingesehen hat. Er wird dir bestätigen, daß ich bei ihm bin. Und dann reden wir weiter.« Er übergab den Hörer, und der Wiener Dienststellenleiter erklärte wunschgemäß, Flugkapitän Erdmann vor sich zu haben.

»Glaubst du mir jetzt?« rief Markus in die Sprechmuschel hinein.

»Muß ich wohl. Begreifen kann ich es aber nicht.«

»Das glaub' ich dir gern. Doch nun das Wichtigste: Meine Rückkehr darf fürs erste keinesfalls bekanntgegeben werden! Den Grund nenne ich dir, sobald ich in Berlin bin. Es geht um eine Agentengeschichte, die das Reichsluftfahrtministerium betrifft. Ist das klar?«

»Ja, auch wenn ich wieder nichts begreife.«

»Dafür wirst du die Frage verstehen, die ich nun an dich richte: Weißt du, wie es Alva geht?«

Walter Leuz druckste herum. »Ja, sie ist ... Es wird hart für dich sein. Sie hat ...«

»Was?« drängte Markus, als der Freund schwieg.

»Sie hat vor drei Monaten geheiratet!«

»Mich haut's um. Aber anders, als du denkst. Denn ich bin nicht allein zurückgekehrt! Eine Russin, die meine Flucht aus einer Festung ermöglichte, hat die Sowjetunion mit mir verlassen. Ich verstehe nur nicht, wieso Alva heiraten konnte. Wir sind doch nicht geschieden?«

»Alle am Flug nach Peking Beteiligten wurden aufgrund eines Funkspruchs, der eure Situation andeutete und mit mehrmaligem SOS endete, auf Antrag der Angehörigen, denen die zu ihren Gunsten abgeschlossenen Lebensversicherungen nicht ohne weiteres ausbezahlt werden durften, gerichtlicherseits für tot erklärt.«

Nun verschlug es Markus die Sprache. »Das ist ... Woher wißt ihr ...? Hat Norddeich Stegers letzten Funkspruch aufgefangen?«

»Nein, ein Amateurfunker in Leningrad. Die Sowjets haben uns den Text übermittelt.«

»Und mich haben die Schweine zu acht Jahren Festung verurteilt, damit ich nicht reden konnte!«

»Jetzt verstehe ich überhaupt nichts mehr.«

»Beruhige dich. Ich werd's dir in Berlin haargenau auseinandersetzen. Alva tut mir allerdings leid. Sie wird den schönen Batzen, den sie kassiert hat, wieder rausrücken müssen.«

»Mach dir deshalb keine Sorge. Sie heiratete einen Bankdirektor, und zwar den künftigen Nachfolger ihres Vaters!«

»Mein lieber Mann! Alva hat Nase! Aber da wir gerade von Geld reden: Bitte, weise den hiesigen DLH-Vertreter an, mir den nötigen Zaster zur Beschaffung von Kleidung für meine zukünftige Frau, für mich, für Hotelkosten und so weiter zur Verfügung zu stellen.«

»Mach' ich. Wann dürfen wir dich erwarten?«

»Laß uns zwei, drei Tage Zeit. Wir fliegen selbstverständlich mit der Luft Hansa nach Berlin.«

»Wie erfreulich. Ich werde euch in Tempelhof empfangen.«

»Bis dahin unbedingt Schnauze halten und nur die Direktoren informieren! Der hiesige Vertreter ist bereits vergattert.«

»Ich kann dir nicht sagen, wie sehr es mich bewegt, daß es dich nicht erwischt hat. Ist außer dir keiner am Leben geblieben?«

»Nein.«

»Welch tragischer Ausgang!«

»Das kann man wohl sagen. Aber wir sollten das Gespräch jetzt beenden. Servus, Walter. Ich teile dir mit, mit welcher Maschine wir kommen.«

»Wo kann man dich erreichen?«

»Na, wo schon? Im Imperial!«

Markus hatte den Hörer kaum aufgelegt, da umarmte Jadscha ihn stürmisch: »›Meine zukünftige Frau!‹, hast du gesagt?«

»Ja. Der Weg ist frei! Vollkommen frei!«

Sie holte tief Luft. »Hoffentlich beneiden uns die Götter nicht.«

Cornelius Fischer

Goyas Hand

288 Seiten, gebunden, Schutzumschlag

»Am Karfreitag des Jahres 1814 bemerkte Don Tántalo Ortega, der Stellvertretende Inspektor der Staatlichen Tabakwarenmanufaktur in Sevilla, zum erstenmal, daß seine rechte Hand ganz unverkennbar und ohne jeden Zweifel nicht zum Rest seines Körpers gehörte...«
Goyas Spanien, prächtig und düster, ein unruhiges Spanien der zum letztenmal wütenden Inquisition: Don Tántalo Ortega begibt sich auf die Suche nach seiner rechten Hand. Die Suche wird zur Obsession, zur Irreise von Sevilla nach Rom, durch halb Europa und wieder zurück, führt in Paläste, Klöster und Kerkerlöcher – und zu leidenschaftlicher Liebe...
Fischers originäre Erzählkunst treibt das Geschehen zwischen Witz und kulinarischem Grauen bis zum traumatischen Höhepunkt – ein heiteres Nachspiel löst den magischen Bann.